Début d'une série de documents
en couleur

Fin d'une série de documents en couleur

O² m 26

DU BOUDDHISME.

Orléans. — Imp. Colas-Gardin.

DU

BOUDDHISME

PAR

M. J. BARTHÉLEMY SAINT-HILAIRE

MEMBRE DE L'INSTITUT

(Académie des Sciences morales et politiques)

PARIS

BENJAMIN DUPRAT, LIBRAIRE DE L'INSTITUT,
De la Bibliothèque impériale, des Sociétés asiatiques de Paris,
de Londres, de Madras et de Calcutta, etc.
Rue du Cloître-Saint-Benoît, n° 7.

1855

AVANT-PROPOS.

Cet ouvrage sur le *Bouddhisme indien* est en quelque sorte le pendant de celui que j'ai récemment publié sur les *Védas*. Il est également extrait du *Journal des Savants*, où il a été inséré presque entier par articles séparés, du mois de mai 1854 au mois d'avril 1855. Je n'ai guère fait que réunir ces articles, qui avaient été conçus d'ailleurs dans un ensemble systématique; et comme depuis lors il n'a rien paru d'important sur ce sujet, j'ai pu n'y apporter aucun changement. On verra que cette étude est empruntée aux ouvrages, célèbres à divers titres, de MM. Hodgson, Turnour, Csoma de Körös, Schmidt, E. Burnouf, Ph.-Ed. Foucaux, Stanislas Julien, Chr. Lassen, etc. Je m'y suis proposé surtout de prévenir les erreurs dont le Bouddhisme, quoiqu'il soit aujourd'hui mieux connu, pourrait continuer à être l'objet. Il ne faut ni l'exalter ni le rabaisser outre mesure. A tout prendre, c'est une des pages les plus vastes, mais aussi les plus tristes de l'histoire de l'esprit humain. Né dans le centre de l'Inde et sur les bords du Gange six siècles avant l'ère chrétienne, il règne de nos jours, après plus de deux mille ans, sur la meilleure partie de l'Asie ; il y règnera sans doute bien longtemps encore. Mais la fortune qu'il a faite doit exciter notre curiosité bien plutôt que notre estime. Ses dogmes, quoique suivis par des peuples sans nombre, n'en sont pas moins faux et repoussants ; et je n'ai point été injuste en les réduisant à deux, l'athéisme et le néant. Mais, quelque horreur que ces croyances nous inspirent, il est bon de les connaître dans toute leur abjection, ne serait-ce que pour mieux apprécier les nôtres. Si c'était la religion chrétienne qui eût produit le Bouddhisme, comme l'a cru le zèle plus ardent qu'éclairé de quelques missionnaires, c'est un monstre qu'elle aurait enfanté; et c'était lui faire bien peu d'honneur que de lui attribuer gratuitement cette postérité déplorable.

J'ai pu rétablir, à l'aide des légendes, l'histoire réelle du Bouddha, né fils de roi et se faisant ascète et mendiant à l'âge de vingt-neuf ans, pour prêcher jusqu'à quatre-vingts sa doctrine du salut éternel et la Loi qui devait sauver les créatures. Selon moi, cette histoire doit prendre rang désormais dans les annales de l'humanité, que le réformateur honore par son caractère, si ce n'est par ses théories. Sans doute il serait hasardeux d'affirmer que toutes ces traditions venues jusqu'à nous au travers des âges sont fidèles; mais les faits essentiels qu'elles rapportent, tout en les transformant, sont vrais, si l'on s'en fie au nombre et à l'authenticité des monuments qui les attestent. Le Bouddhisme a pour lui, dans l'Inde, dans le Tibet, dans la Mongolie, à Ceylan et dans la Chine, plus de témoignages irrécusables que n'en peut alléguer aucune autre religion aussi vieille que lui.

A la suite de l'histoire de Çâkyamouni, j'ai exposé sa morale, et la métaphysique sur laquelle elle se fonde; puis je les ai jugées l'une et l'autre, et c'est à une condamnation que j'ai dû aboutir. Mais si le Bouddhisme n'a rien à nous apprendre sur les grandes questions qui sollicitent et troublent la raison humaine, il mérite toute notre attention par son originalité, par sa foi énergique et austère, par ses vertus héroïques, que ne compromet point son extravagante superstition, et j'ajoute, par son désespoir inconsolable autant que sincère. Un tel spectacle doit exciter tout au moins, à défaut de sympathie, un très-douloureux intérêt ; car c'est une des solutions les plus graves, et sans contredit la plus sombre, qui aient jamais été données au problème de la vie humaine.

DU
BOUDDHISME.

I.

CHRONOLOGIE DU BOUDDHISME.

Le génie indien, dans son immense développement, a deux faces principales qu'il faut connaître l'une et l'autre pour apprécier tout ce qu'il est : ce sont le Brahmanisme et le Bouddhisme. J'ai touché, en traitant des Védas, aux origines religieuses et philosophiques du premier; je voudrais aussi consacrer quelques études au second. Les monuments qu'il a produits nous sont désormais accessibles ; découverts, il y a moins de vingt-cinq ans, par d'heureuses recherches, ils commencent à être publiés et traduits dans les principales langues de l'Europe. Plus nombreux encore, s'il est possible, que les monuments de la littérature brahmanique, ils sont d'un tout autre genre; mais ils ne méritent pas un moindre intérêt. Ils doivent même en avoir un tout particulier aux yeux de la philosophie. Avec le récit plus ou moins authentique de la vie du

Bouddha, ils ne traitent jamais que de deux sujets : la morale et la métaphysique. Je ne veux pas dire que dans ces questions, les plus grandes que puisse se proposer l'intelligence humaine, les Bouddhistes aient accompli des chefs-d'œuvre ; tant s'en faut ; et leurs erreurs en philosophie n'ont guère d'égales que leur superstition. Mais c'est toujours un noble spectacle que celui de l'homme aux prises avec les problèmes d'où dépend sa destinée tout entière. Le Bouddhisme nous donnera un exemple de plus de notre grandeur et de notre fragilité. On ne peut pas se proposer un but plus élevé ; car c'est le salut éternel qui seul le préoccupe. On ne peut pas faire de chute plus profonde ; car en voulant sauver l'homme, il en arrive à ne lui offrir pour refuge que le néant. Comment s'est formée cette déplorable croyance ? Quel en a été le fondateur ? Quel était son caractère personnel ? Quelle fut sa vie ? Quels sont les principes de son système ? et à quelles conséquences viennent-ils aboutir ? Voilà quelques-unes des questions que je voudrais examiner et qui me semblent dignes de fixer un instant l'attention.

Le Bouddhisme, on le sait, est né dans le sein de la société indienne et brahmanique, dans le VIIe siècle tout au moins avant notre ère, et peut être plus anciennement encore. Il s'y est présenté comme une réforme qui devait changer les croyances généralement adoptées par cette société, et qu'elle avait tirées, par une lente élaboration, des Védas regardés comme des livres divins. Il s'est développé dans le nord de l'Inde, sur les deux rives du Gange, pendant de longs siècles, à l'état de système philosophique, répandu par une prédication toute pacifique, et acceptable comme tout autre à la tolérance des Brahmanes. Il a fait des prosélytes sans nombre parmi les peuples et parmi les rois. Il est descendu vers le sud, s'est propagé à l'ouest et dans le centre de l'Inde, et a pénétré de proche en proche jusqu'à l'île de Ceylan. Ses conquêtes ne se sont pas bornées au vaste pays qui l'avait vu naître; il en a dépassé les limites, et il s'est étendu au nord et à l'est sur des contrées bien plus vastes encore. Puis, après avoir duré dans l'Inde plus de douze cents ans, il en a été tout à coup expulsé par une persécution violente qui l'a exterminé. Mais il s'est réfugié chez les peuples voisins où son empire n'a fait que s'accroître; et aujourd'hui il règne sans partage au Népâl, au Kachemire, au Tibet, et dans la Mongolie, au nord; dans l'île de Ceylan, au sud; à l'est, chez tous les peuples transgangétiques, au Tchampa, au Birman, au royaume d'Ava, à Siam, dans la Cochinchine; et à l'extrémité de l'Asie, la Chine presque entière et le Japon ne connaissent guère que lui pour religion.

Je ne veux pas suivre le Bouddhisme dans son histoire; car c'est là un sujet qui ne pourra être traité avec quelques chances d'exactitude et de succès qu'après bien des travaux de détail; je veux seulement montrer les origines de ce grand mouvement qui a dominé presque toute l'Asie. Je les trouve dans les Soûtras ou livres canoniques qui passent pour renfermer la doctrine du réformateur recueillie de sa bouche. Ils ont été écrits primitivement en sanscrit et en pâli; et c'est de ces deux langues qu'ils ont été traduits à diverses époques en Chinois, en Tibétain, en Mongol, en Birman, etc.

Notre langue possède déjà deux de ces livres, l'un le *Lalitavistara* publié d'après la traduction tibétaine et revu sur l'original sanscrit par M. Ph. Ed. Foucaux; l'autre, le *Lotus de la bonne loi*, par M. Eug. Burnouf, enlevé si prématurément à la science, pour laquelle il a tant fait, quoique sa carrière ait été bien incomplète. Il y a près de dix ans que déjà je me suis occupé du Bouddhisme, à

1.

l'occasion d'un premier ouvrage de M. E. Burnouf, intitulé : *Introduction à l'histoire du Bouddhisme indien*. Aujourd'hui, en étudiant son ouvrage posthume, je veux rendre un nouvel hommage à ses travaux et à son génie. J'ai eu l'occasion une première fois de dire toute l'estime que le monde savant doit en faire (1) ; mais ses mérites sont d'un tel ordre, et peuvent être d'un si utile exemple, qu'on ne saurait en répéter trop souvent l'éloge. Ce n'est pas seulement une justice reconnaissante ; c'est de plus un moyen de provoquer des imitations fécondes, et de continuer en quelque sorte les leçons du maître ravi trop tôt à son enseignement. Ce que j'ai loué dans les recherches de M. E. Burnouf, c'est moins encore l'importance et la certitude des résultats obtenus que la méthode à la fois pénétrante et circonspecte à l'aide de laquelle il les obtenait. Il a toujours su demeurer dans son rôle de philologue, et malgré des exhortations pressantes que lui adressaient les juges les plus éclairés et les plus bienveillants, il n'a jamais voulu en sortir, pour entrer sur le terrain périlleux de l'histoire. Il s'est borné dans toute sa laborieuse carrière à traduire, à déchiffrer, à interpréter, à analyser des monuments ; et il a su ne pas aller au-delà, quoiqu'il ait dû bien souvent être tenté de franchir ces limites. Il n'a point obéi à des impatiences que peut-être il ressentait lui-même quelquefois, mais que surtout on ressentait autour de lui. Il y a des esprits un peu trop prompts qui ne se contentent pas des magnifiques conquêtes qu'a déjà faites la philologie sanscrite, et qui, peu soucieux d'avoir vu s'ouvrir dans l'espace d'un demi-siècle la littérature brahmanique depuis les Védas et les systèmes de philosophie

---

(1) *Journal des Savants*, 1852, cahiers d'août et de septembre, pages 473 et 561.

jusqu'aux drames et aux poésies légères, la littérature bouddhique du nord et du sud, depuis les Soûtras dépositaires de la parole du réformateur jusqu'aux traités de métaphysique, voudraient encore qu'on leur apprît déjà l'histoire de ces temps reculés, comme on peut leur apprendre celle d'Alexandre et d'Auguste.

M. E. Burnouf n'a point cédé à ces entraînements; et cette prudente réserve fait le plus grand honneur à son caractère scientifique. On ne peut rien dire aujourd'hui que de très-incomplet et de très-vague sur des origines qui se perdent dans la nuit des temps. A quelle date, dans quel temps précis ont été composés ces ouvrages que la philologie explique? par quels auteurs? dans quels pays? sous quels princes? Quelle suite d'événements se sont succédé dans ces époques lointaines et obscures? Ce sont là des questions du plus haut intérêt sans doute, qu'on pourra résoudre plus tard, mais qui sont aujourd'hui prématurées. A l'heure qu'il est, il est impossible d'y répondre; et tenter même une solution, c'est vouloir s'exposer à d'inévitables mécomptes. Ce que doivent faire à présent les intelligences sérieuses et sages, c'est d'étudier les monuments, qui eux aussi sont des faits; c'est de les comprendre dans toutes leurs difficultés, et d'éclaircir les ténèbres de langues encore peu connues. C'est là un terrain solide, où l'on peut faire les pas les plus assurés et recueillir des fruits certains. Mais, hasarder des considérations générales dans un sujet qui ne comporte encore que des vues de détail, c'est risquer de ne poursuivre que des hypothèses et de mettre trop souvent l'imagination à la place de la science. C'était la conviction profonde de M. E. Burnouf, et c'est elle qui l'a guidé, comme elle l'a soutenu, dans ses labeurs incessants, qui devaient abréger sa vie. Il est d'autant plus louable d'y être demeuré fidèle.

qu'il était doué de toutes les qualités d'esprit nécessaires pour jouer encore un autre rôle que celui qu'il a choisi et si constamment gardé. Qui peut douter qu'avec la vivacité et la justesse d'intelligence qu'il possédait, il n'eût pu se faire l'historien brillant du Brahmanisme et du Bouddhisme, au lieu d'être le patient interprète des monuments qu'ils ont produits ? Mais qui peut douter aussi, quand on connaît l'état réel des choses, qu'il n'ait été mille fois plus utile par ces travaux plus modestes en apparence, qu'il ne l'eût été par des travaux plus ambitieux, mais moins sûrs? L'histoire elle-même doit s'applaudir que des esprits de cette puissance se contentent de lui préparer des matériaux, et qu'ils ne se hâtent pas d'élever un édifice dont les assises ne sont encore ni assez nombreuses ni assez fortes.

Le *Lotus de la bonne loi*, que la pieuse bienveillance d'un ami et d'un disciple. M. Jules Mohl et M. Théodore Pavie, a publié après la mort de M. E. Burnouf, confirme les réflexions que je viens de présenter; et je ne crois pas que, dans aucun de ses ouvrages, même dans son *Commentaire sur le Yaçna*, ses éminentes facultés de philologue et son admirable méthode se déploient avec plus d'éclat et de profit. Le livre, comme son titre seul l'indique, se compose de trois parties distinctes : d'abord le *Lotus de la bonne loi*, traduit sur l'original sanscrit, un des Soûtras développés les plus vénérés au Népâl, et qui fait partie des neuf Dharmas, ou livres canoniques, que reconnaît l'orthodoxie Bouddhique (1) ; en second lieu, des notes plus ou moins longues sur chacun des vingt-sept chapitres du *Lotus*, ne laissant aucun terme ni aucun fait un peu obs-

(1) M. E. Burnouf, *Introduction à l'histoire du Bouddhisme indien*, page 14.

eur sans une explication; et enfin une suite de mémoires sur les mots les plus importants de la langue spéciale du Bouddhisme, mémoires dont quelques-uns, comme ceux qui s'adressent aux édits religieux du roi Bouddhiste Piyadasi (Açoka), formeraient des volumes entiers. C'est donc, comme on peut le voir, une œuvre toute philologique; et cependant il en sort des conséquences de la plus haute portée pour l'histoire, ainsi que le prouvera la suite de cet examen. En élucidant des mots avec la sagacité infaillible qu'on lui connaît, M. E. Burnouf constate des faits historiques de la dernière importance, que la philologie seule pouvait découvrir et certifier. Son mémoire sur la langue des édits religieux de Piyadasi pourrait le démontrer de la manière la plus décisive. J'y reviendrai un peu plus loin.

Le *Lotus de la bonne loi* n'est pas précisément une histoire de la vie de Çakya-Mouni ou du Bouddha, comme le Lalitavistara, que M. Ed. Foucaux a traduit du tibétain et revu sur l'original sanscrit; c'est le récit de quelques-unes de ses prédications, récit qui doit nous sembler trop souvent extravagant et même absurde, mais qui, aux yeux des Bouddhistes, a l'autorité d'un livre saint, et même on peut dire révélé. Je tirerai de ces deux monuments, dus à des savants français, et de quelques autres, qu'ont publiés des savants étrangers, MM. Hodgson, Turnour, Schmidt, Csoma de Körös, etc., une analyse fidèle de la morale et de la métaphysique du Bouddhisme; et j'essaierai de faire comprendre les dogmes qui régissent depuis plus de vingt siècles la foi de trois cents millions de nos semblables. Mais auparavant je crois devoir m'arrêter quelques instants sur l'authenticité et la valeur historique des ouvrages bouddhiques, et sur la date approximative qu'on peut dès à présent assigner sans erreur à la grande réforme qui après avoir échoué dans les contrées qui l'avaient produite, et avoir été chassée de l'Inde, s'est répandue triomphante au nord, au sud et à l'est, sur des pays immenses où elle règne encore.

Je ne hasarderai en ceci aucune conjecture, et je loue trop hautement l'exemple prudent de M. E. Burnouf, pour ne pas rester fidèle à ses conseils. C'est à ses propres ouvrages ou à des ouvrages qu'il a lui-même approuvés, que j'emprunterai tous les faits incontestables que je citerai, et qui sont dès à présent beaucoup plus nombreux qu'on ne serait peut-être porté à le croire, si l'on s'en tenait aux reproches tant de fois et si justement adressés à l'Inde, de n'avoir ni chronologie ni histoire. Le Bouddhisme, né dans le sein du monde brahmanique, et tentant de le changer, a, si ce n'est une date précise, du moins une date minimum qui le place sept siècles avant l'ère chrétienne, et l'on verra que ce témoignage si essentiel, emprunté à des auteurs indiens et aux annales singhalaises rédigées en pâli, au quatrième siècle de notre ère, est confirmé dans les limites restreintes où nous le prenons ici, par les témoignages unanimes des peuples bouddhiques, népalais, cachemiriens, tibétains, mongols, et, avant tous les autres, par les Chinois, qui sont de si minutieux annalistes. C'est là un point de fait qu'il ne faut jamais perdre de vue dans tout ce qui concerne l'Inde; car on sent que, si l'on pouvait élever sur l'époque du Bouddhisme les doutes qu'on a si longtemps, quoique si légèrement entretenus, tout intérêt serait à peu près enlevé à ces laborieuses recherches dont l'Inde a été, et sera pour bien des années encore, le légitime objet.

On peut se convaincre, si l'on veut, par un bien décisif exemple de tous les progrès qu'ont faits depuis trente ans seulement ces belles et difficiles études. Pour que cet exemple ne puisse laisser prise à la moindre hésitation, je l'applique à l'un des hommes les plus justement illustres dans la philologie sanscrite, je veux dire Colebrooke. Il suffit de jeter les yeux sur les deux volumes de ses *Mélanges* (1), sans parler de ses autres œuvres, pour reconnaître la variété, l'étendue, la solidité de ses travaux, en même temps que ses rares qualités d'intelligence. Il n'est pas d'homme qui ait rendu plus de services aux études sanscrites, et qui fût mieux au courant de tout ce qui pouvait les servir et les développer. Dans ses Mémoires sur la philosophie indienne, que le premier il a eu la gloire de nous révéler, il en a consacré un, le cinquième (2), aux Djinas et aux Bouddhistes ; et l'on y peut voir combien peu de renseignements les gens les plus savants possédaient alors sur les croyances et l'histoire du Bouddhisme. Colebrooke, avec la réserve qui le distingue, comme elle distinguait et plus encore M. E. Burnouf, croit ne pas trop s'avancer en affirmant que le Bouddhisme est originairement indien ; et il semble que ce soit encore une sorte d'audace à ses yeux que d'oser aller jusque-là. Il ne possède pas un seul des ouvrages originaux du Bouddhisme, bien qu'il sache qu'ils ont été composés en sanscrit et en pâli (3) ; et il en est réduit, pour exposer les opinions des Bouddhistes, qu'il veut faire connaître, à les tirer des réfutations de leurs adversaires brahmaniques. C'est sur la foi des deux Mîmânsâs, première et dernière, sur la foi du Sânkhya de Kapila, qu'il analyse la philosophie du Bouddha. Il fait de Çâkyamouni, qu'il nomme Bouddha-

(1) *Miscellaneous Essays*, by H. T. Colebrooke, in two volumes, 8°, London, 1837.
(2) *Miscellaneous Essays*, t. I, p. 378.
(3) *Ibid.* t. I, p. 380.

mouni, l'auteur des Soûtras, qui forment selon lui un corps de doctrine appelé Agama ou Çâstra. Il connaît d'ailleurs assez précisément les quatre écoles principales entre lesquelles se sont partagés les Bouddhistes qui ont fait usage du sanscrit pour fixer et propager leurs croyances. Enfin, il connaît aussi la théorie du Nirvâna, qu'il signale comme une des opinions spéciales de cette secte (1), sans d'ailleurs lui accorder l'importance capitale que la religion bouddhique lui donne.

Ainsi, on le voit, Colebrooke lui-même, en 1827, époque où il lisait ce mémoire à la Société royale asiatique de la Grande-Bretagne et de l'Irlande, ne savait presque rien du Bouddhisme. Il n'avait aucune notion précise sur la vie du Bouddha, sur la révolution qu'il avait accomplie dans le monde indien, sur les lieux où il avait d'abord prêché sa doctrine, sur les ouvrages originaux qui la renfermaient, sur l'époque où il avait paru, et sur le rapport exact de sa croyance à la croyance brahmanique. Pour lui Çâkyamouni est un philosophe comme un autre ; il cherche à reconstruire son système, bien qu'il n'en ait que des fragments insuffisants, comme il a reconstruit ceux de Kapila ou de Djaïmini. En un mot, le réformateur tout entier lui échappe, et la grandeur de sa tentative si hardie et si profonde n'apparaît pas dans les détails, assez exacts d'ailleurs, mais fort incomplets, que lui consacre l'illustre indianiste. Si Colebrooke n'a pas fait plus, c'est qu'au moment où il écrivait, il était impossible de faire davantage.

Mais quelle prodigieuse distance entre ce qu'on savait alors, et ce qu'on sait aujourd'hui ! et que de faits nous ont appris ces vingt-cinq années à peine, écoulées depuis

---

(1) *Miscellaneous Essays*, t. I, p. 401.

que Colebrooke composait ces mémoires fameux qui sont et qui resteront pour lui un titre de gloire impérissable !

Je ne voudrais pas répéter des choses qu'on a si bien dites déjà (1), et que le monde savant adopte désormais sans contestation ; mais ces faits sont si nouveaux et si graves qu'on m'excusera d'y revenir encore une fois et de les résumer, pour les rendre tout ensemble plus clairs et plus frappants.

Ce fut en 1828, un an après le Mémoire de Colebrooke, que M. Brian Haughton Hodgson, résidant anglais à Kathmandou, capitale du Népâl, publia pour la première fois les résultats de ses recherches dans les monastères bouddhiques de ce pays. Il y avait découvert, après de longues et patientes investigations, une foule d'ouvrages sanscrits qui passaient, au dire des moines qu'il consultait, pour les ouvrages sacrés où les disciples du Bouddha, inspirés par lui, avaient déposé sa doctrine. M. Hodgson recueillait un nombre considérable de ces livres ; et après les avoir consultés lui-même, il les mettait avec la plus noble générosité à la disposition des Sociétés de Calcutta, de Londres, de Paris. Il fut bientôt constaté que ces ouvrages composés en sanscrit étaient les originaux sur lesquels avaient été faites, dans les premiers siècles de notre ère, les traductions chinoises, tibétaines, mongoles, qui avaient transplanté le Bouddhisme au nord et à l'est de l'Inde, chez les peuples innombrables qui l'avaient pieusement recueilli, et qui le gardent encore aujourd'hui.

Presque en même temps que M. Hodgson faisait sa

(1) Voir, dans le *Journal des Savants* de 1845, cahiers d'avril, mai et juin, les articles de M. Biot sur l'ouvrage de M. E. Burnouf intitulé : *Introduction à l'histoire du Bouddhisme indien*.

grande découverte, un jeune médecin hongrois, Csoma, de Körös, en Transylvanie, enflammé du même héroïsme que naguère notre Anquetil-Duperron, pénétrait seul et sans aucun appui au Tibet; il en apprenait la langue, et il publiait quelques années plus tard, en 1834, dans le *Journal de la Société asiatique du Bengale*, et dans les *Recherches* de cette compagnie, des analyses détaillées de deux grands recueils tibétains appelés le Kah-gyour et le Stan-gyour. Ces deux recueils, dont le premier contient, en 100 volumes, 1083 traités, et dont le second, en 225 volumes, en contient près de 4,000, ne sont, comme leur nom l'indique en tibétain, que des traductions (1) faites, au VIIe siècle de notre ère, par les missionnaires bouddhiques réfugiés au Tibet. La loi du Bouddha, transportée dans ce pays par des étrangers, y était devenue bientôt la religion dominante, et le Bouddhisme tenta de faire alors pour ces contrées demi-barbares, ce que l'influence bienfaisante du christianisme faisait pour tant d'autres durant le moyen-âge. Toutes ces traductions ont reproduit avec la fidélité la plus scrupuleuse les originaux sanscrits, dont la lettre était sacrée et presque divine. Or, ces originaux étaient ceux-là mêmes que M. Hodgson avait découverts au Népâl; et la totalité des quatre-vingt-huit ouvrages qu'il s'était procurés et qu'il avait communiqués si libéralement à l'Europe savante, se retrouve dans le recueil du Kah-gyour, que, par une autre libéralité non moins admirable, la Société asiatique du Bengale a offert en don à la Société asiatique de Paris, en 1835.

(1) M. Ph. Ed. Foucaux, traduction française du *Rgya tch'er rol pa*, préface, page VII, en note: *gyour* veut dire « traduction; » *kah* ou *bkah* veut dire « commandements; » et *stan* ou *bstan*, « instructions. »

Ainsi, les travaux de Csoma de Körös, complétaient de la manière la plus heureuse et la plus inattendue ceux de M. Hodgson. La traduction tibétaine tout entière était un gage irréfutable de l'authenticité du texte sanscrit. Pour connaître désormais le Bouddhisme, on pouvait indifféremment s'adresser, soit à la langue tibétaine, soit à la langue sanscrite ; seulement, cette dernière l'emporte sur l'autre de toute la supériorité de l'original à la copie. C'est ainsi que le *Lotus de la bonne loi* (Saddharma poundarîka), que M. E. Burnouf traduisait sur le sanscrit, est en tibétain dans le septième volume du Kah-gyour, et que le *Rgya tch'er rol pa*, que M. Ph. E. Foucaux, interprétant le premier parmi nous un texte tibétain, a traduit du second volume du Kah-gyour, a pu être revu par lui sur le texte sanscrit du *Lalitavistara*, dont il n'est que l'exacte contre-épreuve.

Il n'est que faire d'insister pour que l'on comprenne combien est importante une telle concordance, qui s'est établie entre les livres religieux de ces deux peuples, comme jadis se sont faits aussi des échanges analogues entre les Grecs et les Arabes, qui traduisirent avec une égale ardeur les livres scientifiques de leurs maîtres.

A ce premier témoignage du tibétain contrôlant le sanscrit, vinrent bientôt s'en ajouter d'autres. Sur les traces de Csoma, et avec le secours de ses ouvrages, M. Schmidt, de l'Académie de Saint-Pétersbourg, qui avait étendu la démonstration en traduisant des versions tibétaines de livres sanscrits, ainsi que l'a fait plus tard M. Ed. Foucaux, constatait, en outre, que les traductions mongoles reproduisaient, comme les traductions tibétaines, les traités sanscrits du Népâl ; et quelques-uns de ces ouvrages, imprimés en Mongolie ou restés manuscrits, se retrouvent dans la belle collection dont M. Schilling de

Canstadt a fait présent à l'Institut de France, en 1837. Ainsi les Mongols comme les Tibétains se rattachaient par l'intermédiaire des textes népâlais à la religion du Bouddha.

Mais il y a plus, à côté de ces témoignages étrangers, l'Inde elle-même en fournissait un plus direct encore, s'il est possible. Tandis qu'au nord de la presqu'île et dans le Népâl, le dépôt de la loi était conservé dans les livres qu'avait découverts, après plus de deux mille ans, M. Hodgson, d'autres livres non moins authentiques le gardaient, au sud, dans l'île de Ceylan. Toute la prédication de Çâkyamouni avait été consignée dans des Soûtras écrits en pâli, comme ceux du nord l'étaient en sanscrit; et un autre anglais, M. Turnour, avait le bonheur de retrouver et de traduire ces Soûtras. On sait que le pâli est au sanscrit ce que l'italien est au latin, et que l'affinité des deux langues du nord et du sud est profondément étroite. Mais les Soûtras pâlis ne sont pas une traduction des Soûtras sanscrits. C'est une rédaction différente de la vie et des prédications du Bouddha; cette rédaction a son originalité propre, elle n'est point une copie. Mais si la forme est dissemblable, le fonds, destiné à conserver le souvenir des mêmes faits, est absolument identique; et l'on peut voir par les traductions qu'a données M. Burnouf de quelques Soûtras singhalais (1), que l'on étudierait le Bouddhisme aussi bien dans les uns que dans les autres. Les travaux de M. E. Burnouf devaient s'étendre à la collection singhalaise, après avoir épuisé celle du Népâl, et il devait faire sortir de la comparaison de toutes deux les conséquences les mieux établies et les plus décisives; mais

(1) M. E. Burnouf, traduction du *Lotus de la bonne loi*, p. 449, 490, 534.

quoique la mort l'ait arrêté dans ses desseins, il a cependant assez fait dans les deux volumes qu'il a consacrés au Bouddhisme indien, pour qu'on voie très-nettement la place essentielle que les Soûtras des Singhalais et leurs annales doivent occuper dans toutes ces questions.

Sans doute, cette seconde collection des Soûtras bouddhiques est faite pour soulever les problèmes les plus intéressants et les plus nombreux. Est-ce dans le sanscrit incorrect et plat du Népâl qu'a été recueillie primitivement la parole du réformateur? Est-ce en pâli, devenu plus tard la langue sacrée de l'île de Ceylan? Est-ce plutôt dans un idiome populaire de l'Inde centrale (1)? C'est ce que l'érudition aura plus tard à décider; mais ces questions, si importantes à d'autres égards, ne sont rien pour le point que nous voulons mettre ici en lumière. Pour nous, la collection singhalaise ne fait que confirmer pleinement tout ce que nous ont appris les livres du Népâl. Elle nous expose sous d'autres formes, mais avec une entière identité, les principaux faits de la vie de Çâkyamouni et les points les plus caractéristiques de sa doctrine (2).

Ajoutez que, par une autre analogie, qui peut être aussi féconde, les textes pâlis de Ceylan ont été traduits en birman, comme les Soûtras du Népâl ont été traduits au nord en tibétain, et que selon toute apparence, ils l'ont même été encore dans la langue de quelques autres peuples au-delà du Gange, à l'est. Ainsi les traductions birmanes, qu'avait souvent consultées M. E. Burnouf pour ses travaux,

---

(1) M. E. Burnouf, *Introduction à l'histoire du Bouddhisme indien*, p. 15 et 16.

(2) *Ibid.* p. 30, et aussi le *Lotus de la bonne loi*, p. 449 et 859.

pourront être aussi utiles à étudier que celles du Bot et de la Mongolie.

Voilà déjà, selon moi, un ensemble de faits philologiques de la plus grande importance, et qui tous établissent de la manière la plus incontestable l'authenticité des livres bouddhiques. Mais au milieu de tous ces faits, quelque certains qu'ils soient, il n'y a pas une seule date précise, et avec nos habitudes européennes, cette lacune suffit presque à elle seule pour infirmer et détruire tout le reste. Quand a vécu le Bouddha? A quelle époque a-t-il apparu dans la société indienne, et a-t-il tenté de la convertir à la foi nouvelle? Voilà ce que nous voulons savoir, et tant qu'il reste du doute ou une obscurité sur ce point capital, nous hésitons et nous refusons de croire à quoi que ce soit.

A ne consulter que les monuments brahmaniques, on n'aurait aucune réponse à cette question. Si les Brahmanes ont gardé sur ce fait le plus complet silence, ce n'est pas dédain pour des adversaires qu'ils ont vaincus et qu'ils méprisent profondément; ce n'est pas pour ensevelir dans l'oubli une croyance qu'ils détestent; ils ont eu tout autant de négligence pour eux-mêmes; et le Brahmanisme, qui n'a pas fait sa propre histoire, s'est abstenu de faire celle de ses ennemis. Heureusement que les Tibétains, au nord, les Singhalais, au sud, et surtout les Chinois, à l'est, ont eu plus de sollicitude. Ces trois peuples nous ont conservé chacun à leur manière le souvenir de cette grande époque. Mais ils ne s'accordent pas entre eux, et les dates nombreuses qu'ils assignent à la mort du Bouddha diffèrent de plusieurs siècles. Dans l'incertitude qui plane encore sur cette question capitale, et après bien des recherches, M. Eug. Burnouf s'était arrêté à la date des Singhalais, c'est-à-dire à la plus récente, celle qui place la mort du Bouddha en l'an 543 avant l'ère chrétienne (1). Je ne me propose pas d'entrer dans une discussion aussi épineuse, où les juges compétents ont encore tant de peine à se guider. Je préfère accepter la grave autorité de M. E. Burnouf, que le monde savant respecte autant qu'aucune autre, et la suivre sans la soumettre à un trop difficile examen. Tout ce que je veux faire ici, c'est de montrer que ce minimum est incontestable, et que l'existence du Bouddhisme dès cette époque est attestée de la manière 1. moins douteuse par trois ordres de témoignage à peu près également respectables, les historiens grecs instruits par l'expédition d'Alexandre, les inscriptions indiennes récemment découvertes, et les annales chinoises.

Je reprends une à une ces trois sources d'informations, en commençant par la dernière.

On sait que les Chinois, presque seuls parmi les peuples orientaux, ont eu de très-bonne heure l'idée fort louable de fixer dans des documents authentiques le souvenir des événements qui leur semblaient mériter le plus d'attention et d'intérêt. A cet égard, la Chine forme le plus frappant contraste avec l'Inde, qui, dans les ouvrages si nombreux et si divers qui nous restent d'elle, n'a jamais songé à noter d'une manière un peu claire et précise les pas du temps. Elle a laissé les siècles s'écouler, comme sa propre vie, sa propre histoire, sans daigner en conserver aucune autre trace positive que les œuvres de sa pensée. Loin de là, la Chine a toujours été fort occupée de consacrer la mémoire de ce qu'elle a fait ou de ce qu'elle a observé. Le gouvernement impérial s'est chargé de ce soin dès les temps les plus reculés, et il n'a jamais manqué

---

(1) M. E. Burnouf, *Introduction à l'histoire du Bouddhisme indien*, préface, p. III.

à cette mission, dont l'histoire doit lui savoir bon gré. De là vient que la Chine peut aujourd'hui nous en apprendre sur les peuples voisins avec qui elle a été en relation, beaucoup plus que nous en apprennent ces peuples eux-mêmes, trop désintéressés de leur propre destinée. L'Inde, heureusement, s'est trouvée en contact avec la Chine dès les époques les plus anciennes ; et les annales chinoises, à défaut des annales indiennes, peuvent nous donner sur le Bouddhisme des renseignements incontestables. Voici déjà quelques-uns des principaux. Je les emprunte à la science bien connue de M. Stanislas Julien, qui, sur la demande soit de M. Biot, soit de M. E. Burnouf, soit de M. Foucaux, les a tirés des sources officielles, et l'on pourrait dire des archives de l'empire chinois.

Dans les annales des Han, l'historiographe Pan-Kou, chargé de les rédiger sous l'empereur Ming-Ti, de l'an 58 à l'an 76 de notre ère, parle d'une expédition faite par un général chinois, dans la troisième année de la période Youan tcheou, c'est-à-dire 120 ans avant l'ère chrétienne, contre des barbares, au nord du grand désert de Gobi, auxquels il prit une statue de couleur d'or, qu'ils adoraient. Cette statue, d'après tous les commentateurs de l'ouvrage de Pan-Kou, était celle du Bouddha, dont ces peuples avaient dès cette époque adopté la croyance ; et elle fut rapportée en Chine comme un trophée de la victoire (1). Ainsi, un siècle et demi tout au moins avant Jésus-Christ, le Bouddhisme avait déjà pu se répandre hors de l'Inde, et à plus de 500 lieues de son berceau,

---

(1) Voir le *Journal des Savants*, cahier d'avril 1845, 1er article de M. Biot sur l'ouvrage de M. E. Burnouf, *Introduction à l'histoire du Bouddhisme indien*. Ce fait était déjà connu par le Foe Kouo Ki de M. A. Rémusat, p. 41.

chez des peuples qu'il policait en les convertissant. Dans ces contrées désolées et peu habitables, le prosélytisme n'avait pas dû faire de bien rapides progrès ; et si les hordes du désert de Gobi étaient déjà bouddhistes, il fallait évidemment que l'apparition du Bouddhisme dans l'Inde fût considérablement antérieure.

On sait que la foi nouvelle fut reçue et fondée en Chine publiquement, sous l'empereur Ming-Ti, en l'an 61 de notre ère, et que dès lors commença la traduction des livres bouddhiques en langue chinoise. Aussi M. Stanislas Julien a-t-il pu constater que le *Lalitavistara*, rapporté de l'Inde avec quelques autres ouvrages bouddhiques, avait été traduit jusqu'à quatre fois. La première de ces traductions est placée par les témoignages les plus authentiques des historiens chinois entre les années 70 et 76 de notre ère, tandis que la dernière descend jusqu'aux VIII° ou au IX° siècle (1). Il y avait donc dès le commencement de l'ère chrétienne des communications actives entre les bouddhistes indiens et les néophytes chinois. Elles consistaient surtout en échange de livres ; et la renommée de la religion nouvelle était assez grande pour être parvenue jusqu'aux maîtres du céleste empire ; ils envoyaient des missions dans l'Inde pour en rapporter les Soûtras bouddhiques ; et dans leur enthousiasme pour tant de sagesse et de sainteté, ils n'hésitaient point à embrasser la croyance du Bouddha, dès qu'ils l'avaient suffisamment connue. Il paraît que ces relations religieuses de la Chine et de l'Inde avaient commencé en l'an 217 avant notre ère, par le voyage d'un apôtre samanéen qui, à travers mille périls, avait pénétré le premier dans l'empire du Milieu (Voir le

---

(1) Voir la note de M. Stanislas Julien dans le *Rgya tch'er rol pa* de M. Ed. Foucaux, tome II, préface, p. xvii.

2.

Foe Koue Ki de M. A. Rémusat, p. 41). Ce fait est consigné comme les précédents dans les annales chinoises, et a été rappelé par M. Landresse, dans l'excellente préface qu'il a mise en tête du Foe Koue Ki de M. Abel Rémusat (page XXXVIII).

Ce que M. Stanislas Julien a fait pour le *Lalitavistara* de M. Ed. Foucaux, il l'a fait également pour le *Lotus de la bonne loi* de M. E. Burnouf. Il a constaté par les ouvrages des historiographes chinois que le *Lotus* avait été traduit trois fois en langue chinoise, et que la première traduction est de l'an 280 de notre ère. Mais à ce renseignement, l'historien qui le donne en ajoute un autre plus curieux encore. Il nous apprend que le *Lotus de la bonne loi* avait été composé dans l'Inde mille ans à peu près avant l'époque où il écrit lui-même; et comme cette époque qui correspond à celle de la dynastie des Thang peut s'étendre de l'an 618 à l'an 904, il s'ensuit que le *Lotus de la bonne loi* a dû être composé un siècle au moins, et quatre siècles peut-être, avant notre ère. M. E. Burnouf se proposait de discuter ces faits tout au long dans la préface qu'il devait mettre à la traduction du *Lotus*. On ne saurait trop regretter ce travail, dont la mort nous a privés, comme de tant d'autres que méditait encore M. E. Burnouf; mais ces faits réduits à eux seuls et sans les explications fécondes qu'ils lui auraient fournies, en disent assez. Les livres canoniques du Bouddhisme indien passent en Chine dès les premiers temps de l'ère chrétienne, et ils y deviennent l'objet d'un culte fervent et d'une adoration qui ne s'est point démentie, quelque peu justifiée qu'elle puisse nous paraître.

Je me borne à ces faits parmi ceux que pourraient nous fournir les annales chinoises. Ils nous intéressent plus particulièrement, puisqu'ils concernent les deux ouvrages d'où je veux tirer une exposition de la morale et de la métaphysique du Bouddhisme. Mais je quitte cet ordre de témoignages, et je passe à ceux que nous donne l'Inde elle-même ; ils sont à la fois plus directs et plus anciens que ceux que je viens de rappeler.

Il y a vingt ans à peu près que l'on découvrit dans diverses parties de l'Inde centrale au nord, à l'est et au sud-ouest des inscriptions gravées sur des rochers, sur des colonnes, sur des pierres. C'était presque la première fois que l'Inde offrait à la curiosité européenne des monuments de ce genre, dont jusque-là on la croyait complètement privée. Bientôt M. James Prinsep, secrétaire de la Société asiatique du Bengale, déchiffra ces inscriptions avec la sagacité et l'érudition qui lui ont fait un nom célèbre, bien que lui aussi soit mort fort jeune avant d'avoir rempli sa carrière (1). Ces inscriptions étaient en dialecte mâgadhî, c'est-à-dire dans le dialecte de la province du Magadha, l'une des contrées les plus fameuses de l'Inde, et celle même où selon toutes les traditions, le Bouddhisme avait paru et s'était le plus tôt développé. Elles contenaient des édits d'un roi nommé Piyadasi, donnant à ses peuples des conseils de morale, recommandant la tolérance, et favorisant l'introduction des croyances nouvelles. Peu de temps après les explications de M. James Prinsep, M. Turnour, déjà versé dans l'étude des monuments pâlis de Ceylan, démontra que le Piyadasi de ces inscriptions mâgadhies était le même qu'Açoka, roi du Magadha, qui joue un très-grand rôle dans les premiers siècles de l'histoire du Bouddhisme, et dont la conversion

---

(1) Voir le *Journal de la Société asiatique du Bengale*, tome VI, p. 580, 600, 796, 965, etc., et t. VII, p. 238, 255, 273, 449, etc.

dans la dixième année de son règne est racontée dans le Mahâvamsa, au chapitre V, et du chapitre XI au chapitre XX (1). Un autre ouvrage singhalais, le Dipavamsa, que citait encore M. Turnour, place l'avénement d'Açoka deux cent dix-huit ans après la mort de Çâkyamouni, c'est-à-dire vers l'an 325 avant notre ère, si l'on adopte la date singhalaise de 543 avant J.-C. pour la mort du Bouddha. Plus tard, d'autres découvertes du même genre vinrent confirmer ces premières données, et l'on a retrouvé déjà dans trois endroits au moins, à Guirnar, à Dhauli, à Kapour di Guiri, sans parler de Dehli, d'Allahabad, etc., des reproductions à peu près identiques des édits religieux de Piyadasi. Les dialectes sont un peu différents selon les provinces; mais au fond les édits sont les mêmes, et les expressions n'offrent que des variantes presque insignifiantes. On sent tout ce que de tels rapprochements donnent d'authenticité à ces révélations tout à fait inespérées.

On savait en outre que l'un des trois conciles qui avaient constitué l'orthodoxie bouddhique et avaient arrêté le canon des écritures, s'était tenu sous le règne d'Açoka et par sa protection toute-puissante. En 1840, M. le capitaine Burt a découvert, sur une montagne près de Bhabra, entre Dehli et Djaypour, une inscription de ce même roi Piyadasi, qui lève tous les doutes que pourraient encore laisser les autres (2). Celle-ci, écrite dans la même langue,

---

(1) M. Turnour, *Journal de la Société asiatique du Bengale*, t. VI, p. 1054, année 1837.

(2) Voir l'explication de cette inscription dans le *Journal de la Société asiatique du Bengale*, t. IX, p. 616 et suiv., année 1840.

est, comme le dit M. E. Burnouf (1), une sorte de missive adressée par le roi Piyadasi aux religieux bouddhistes réunis en assemblée dans le Magadha. Le roi indique aux membres du concile les points principaux sur lesquels doivent porter leurs délibérations, l'esprit qui doit les inspirer, et les résultats qu'ils doivent poursuivre. Ce qui donne à cette inscription de Bhabra une importance toute spéciale, c'est que le nom même du bienheureux Bouddha, dont Açoka défend la croyance, s'y trouve répété à plusieurs reprises, tandis qu'il ne se rencontre pas dans les autres monuments (2).

Les conséquences si graves qui en sortent pour l'histoire du Bouddhisme et celle de l'Inde, ont été acceptées dans toute leur étendue par M. Prinsep, par M. Turnour, par M. Lassen (3), par M. E. Burnouf et par M. Albrecht Weber (4), et je crois qu'il serait bien difficile de contester l'autorité de pareils juges. Mais M. Wilson (5), dont le sentiment est d'un si grand poids dans ces matières, n'est pas du même avis; et après un examen approfondi des inscriptions de Guirnar, de Dhauli et de Kapour di guiri, il ne veut reconnaître ni le roi Açoka dans Piyadasi, ni un caractère bouddhique, ce qui est plus grave, dans les exhortations morales que le monarque adresse à

---

(1) *Lotus de la bonne loi*, p. 711.

(2) *Ibid.* p. 724 et 725.

(3) M. Ch. Lassen, *Indische Alterthumskunde*, p. 228 et suivantes.

(4) M. Albrecht Weber, *Die neuern Forschungen über das alte Indien*, p. 34; discours lu à la Société scientifique de Berlin.

(5) M. Wilson, *Journal de la Société asiatique de la Grande-Bretagne*, t. XII, p. 153 et 240.

ses sujets. Il est vrai que M. Wilson, ainsi que le remarque M. E. Burnouf (1), ne s'est pas occupé de l'inscription de Bhabra, la plus décisive de toutes, bien qu'elle fût publiée depuis plus de dix ans. Ce n'est pas d'ailleurs que M. Wilson conteste l'antiquité de ces monuments; et comme dans le 13ᵉ édit de Guirnar, il est question de plusieurs rois grecs successeurs d'Alexandre, qui y sont désignés par leur nom, M. Wilson admet sans contestation que ces édits remontent au temps qu'on leur assigne communément (2). Je ne sais ce que M. Wilson pense des objections que lui a opposées M. E. Burnouf dans son Xᵉ appendice au *Lotus de la bonne loi*; mais en face de ces arguments nouveaux, après ceux de MM. Prinsep, Turnour et Lassen, il ne paraît pas qu'il puisse y avoir encore de doute; et si Piyadasi n'est pas l'Açoka du Magadha, il est très-certainement un roi bouddhiste imposant la doctrine de Çâkyamouni à ses sujets, vers la fin du ivᵉ siècle avant l'ère chrétienne.

Il n'en faut pas davantage pour l'objet qui nous occupe en ce moment, et j'abandonnerais les sources indiennes pour passer aux sources grecques, si je ne voulais prouver par un dernier exemple combien les découvertes que chaque jour amène dans l'Inde, confirment de tout point les grands résultats que je viens d'indiquer sommairement. Sur les parois de belles grottes creusées dans une montagne de granit, près de Bouddha-Gaya, dans le Magadha, on a trouvé des inscriptions dans le même dialecte que les grandes inscriptions de Guirnar et de Dehli, et qui nous apprennent que ces grottes ont été destinées à

(1) M. E. Burnouf, *Lotus de la bonne loi*, p. 711, note 3.
(2) M. Wilson, *Journal de la Société royale asiatique de la Grande-Bretagne*, t. XII, p. 235.

l'habitation et à la retraite de mendiants bouddhistes par le roi Daçaratha, second successeur d'Açoka, et par Piyadasi lui-même, qui est nommé dans trois de ces inscriptions, dont chacune n'a que trois ou quatre lignes (1). Ces inscriptions ne peuvent pas être très-postérieures à l'an 226 avant notre ère (2) ; et bien qu'elles soient beaucoup moins importantes que les grands édits dont je viens de parler, on voit qu'elles s'y rapportent d'une manière frappante, en les contrôlant par un détail qui, tout mince qu'il est, n'en est pas moins intéressant. Je ne doute pas qu'avec le temps on ne découvre peu à peu dans l'Inde une foule de détails aussi authentiques et aussi décisifs.

On voit que les inscriptions de Piyadasi, quel qu'en soit l'objet, quel que soit le roi qui a fait publier ces édits en les gravant sur la pierre, sont contemporaines à peu près de l'expédition d'Alexandre. C'est une date désormais acquise à l'histoire de l'Inde et du Bouddhisme.

Des faits que nous ont attestés les compagnons du héros macédonien ou leurs successeurs, je n'en rappellerai qu'un seul qui semble démontrer que les Grecs ont connu les Bouddhistes, comme ils ont connu les Brahmanes. Néarque (3) et Aristobule (4), qui suivirent Alexandre et lui survécurent, ne nomment que ces derniers, sans que rien indique qu'ils aient connu les autres; mais Mégasthène, qui, trente ans plus tard à peu près, pénétra jusqu'à Patalipoutra, à la cour du roi Tchandragoupta,

---

(1) M. E. Burnouf, *Lotus de la bonne loi*, p. 774 et 778.

(2) *Ibid.* p. 778.

(3) Néarque, dans Strabon, xv, p. 716; fragments de Néarque, p. 60, édit. Firmin Didot.

(4) Aristobule, dans Strabon, xv, p. 701; fragments d'Aristobule, p. 105, édit. Firmin Didot.

indique certainement les Bouddhistes dans les Sarmanai ou Garmanai, dont il fait une secte de philosophes opposés aux Brahmanes (1), et qui s'abstiennent de vin et de tous rapports sexuels. A ces traits, et à l'étymologie même du mot, d'ailleurs très-peu effacée, on ne peut méconnaître les Bouddhistes, qui se sont donné spécialement le nom de Çramana, ou d'ascètes domptant leurs sens. On ne peut les méconnaître non plus à cet autre trait que rappelle aussi Mégasthène : « Les Sarmanes, dit-il, ont avec eux des femmes qui participent à leur philosophie, et qui, comme les hommes, sont vouées à un chaste célibat. » Enfin Mégasthène ajoute que ces philosophes, pleins de frugalité, vivent des aliments qu'on leur donne et que personne ne leur refuse. N'est-ce pas là, je le demande, une description fidèle des mœurs particulières aux Bouddhistes et que les Brahmanes n'ont jamais partagées? Ne se rappelle-t-on pas que le célibat et la mendicité sont deux conditions imposées par le Bouddha à ses religieux? Si Mégasthène est le seul des historiens grecs de cette époque à parler aussi distinctement des Bouddhistes, c'est que, selon toute apparence, il est le seul qui en ait vu. Dans la partie du Penjab, où pénétra l'expédition macédonienne, le Bouddhisme ne s'était pas propagé, tandis qu'il florissait dans la contrée dont Pataliputra était la capitale (2). Onésicrite, Néarque, Aristobule ne rencontrèrent pas de Bouddhistes sur les bords de l'Indus et de l'Hypasis; Mé-

(1) Mégasthène, dans Strabon, xv, p. 711; *Fragments des historiens*, t. II, p. 435, édit. Firmin Didot.
(2) C'est à Pataliputra, capitale du Magadha, que fut convoqué le concile auquel s'adresse Piyadasi dans la missive dont il a été question plus haut. Voir M. E. Burnouf, *Lotus de la bonne loi*, p. 727.

gasthène dut en rencontrer beaucoup sur les bords du Gange. Je ne doute pas non plus qu'il ne faille reconnaître encore des Bouddhistes dans les Pramnes (altération du mot Sarmanes), dont parle Strabon (1), adversaires des Brahmanes, dont ils se moquent et qu'ils traitent de charlatans.

A ces renseignements, qui nous ont été transmis par les Grecs, j'en ajoute un dernier. Le nom de Bouddha est cité pour la première fois par saint Clément d'Alexandrie, c'est-à-dire dans le III° siècle de notre ère (2); et comme saint Clément tire de Mégasthène tout ce qu'il dit des philosophes indiens, il ne serait pas impossible de supposer qu'il lui emprunte aussi le nom du réformateur; car l'ambassadeur de Séleucus Nicator, l'aura sans doute entendu prononcer plus d'une fois dans le cours de son voyage, et dans une ville qui avait été d'assez bonne heure le centre de la réforme.

Ainsi les documents les plus avérés, grecs, indiens, chinois (3), s'accordent et se soutiennent pour attester de la manière la plus irrécusable que le Bouddhisme existait dans l'Inde avant l'expédition d'Alexandre; ainsi nous pouvons admettre sans scrupule la date minimum de la mort du Bouddha que nous empruntons des Singhalais;

---

(1) Strabon, livre xv, p. 494, édit. de Casaubon.

(2) Saint Clément d'Alexandrie, Stromat. t. I, p. 305, éd. de Sylburge.

(3) Les documents arabes, fort curieux pour l'histoire moderne de l'Inde, ne nous apprennent rien sur ces temps reculés; on peut voir le savant mémoire de M. Reinaud sur *l'Inde antérieurement au milieu du xi° siècle de l'ère chrétienne*, Mémoires de l'Académie des inscriptions et belles-lettres, tome XVIII.

et quand nous parlerons de la morale bouddhique, nous pourrons être assurés que cette prédication s'est bien réellement adressée aux populations indiennes six siècles avant l'ère chrétienne, en essayant de les convertir à des croyances meilleures, et de renverser la foi antique des Védas, jugée désormais insuffisante pour conduire l'homme au bien et au salut.

II.

CARACTÈRE ET VIE DE ÇAKYAMOUNI.

Pour bien comprendre la réforme morale que Çâkyamouni est venu tenter dans le monde indien, il faut à la fois connaître le caractère du réformateur avec les principaux incidents de sa vie, et la croyance qu'il a prétendu remplacer par une croyance meilleure. C'est à ces deux conditions seulement qu'on peut s'expliquer avec quelque précision ce que vaut le dogme nouveau qu'il a proposé au genre humain, et les fortunes diverses qu'a subies cette grande entreprise. Si le Bouddhisme, né dans l'Inde, a échoué dans son propre pays, il s'est propagé parmi les peuples voisins, qui l'ont recueilli avec un enthousiasme que les siècles n'ont pas refroidi ; et il domine souverainement encore à l'heure qu'il est, avec les formes variées qu'il a revêtues, sur le quart tout au moins de l'humanité.

Il nous est assez facile de connaître les doctrines religieuses et morales de la société dans laquelle apparut le Bouddha, et qu'il essaya d'éclairer d'une lumière plus pure. Les Védas d'une part, et de l'autre les systèmes de philosophie, avec les commentaires de tout ordre qui les développent et les expliquent, nous sont désormais ouverts ; et l'esprit brahmanique, bien qu'on soit très-loin d'avoir étudié toutes ses œuvres, n'a plus guère de secrets pour nous. On sait d'une manière certaine ce qu'il a pensé sur les grands problèmes qui intéressent la raison humaine, sur Dieu, sur le monde et sur l'homme. On pourra bien approfondir davantage les solutions qu'il en a données, à mesure que l'on publiera les monuments où il les a déposées ; mais on ne fera pas sur ces points essentiels des découvertes imprévues, capables de renverser le jugement général qu'on peut, dès à présent, porter sur la religion brahmanique.

Ainsi, l'une des deux conditions qui semblent nécessaires à l'intelligence de la réforme bouddhique est assez bien remplie. Quant à l'autre, c'est-à-dire la connaissance de la vie du Bouddha, si elle n'est pas remplie aussi complètement, je ne crois pas qu'elle soit cependant impossible, et il me semble qu'on peut, à l'aide des nombreux documents que nous possédons déjà, refaire d'une manière assez plausible l'histoire du réformateur, au moins dans ses circonstances principales. Je les emprunterai aux ouvrages de MM. Hodgson, Csoma de Körös, Turnour, Schmidt, E. Burnouf, Ed. Foucaux ; et avec des guides aussi savants et aussi exacts, on peut être sûr de ne point s'égarer.

La source la plus abondante et la plus ancienne de renseignements, c'est le *Lalitavistara*. Ce Soûtra contient, sous des développements fabuleux, un récit assez régulier et très-acceptable des événements les plus importants de la vie de Çâkyamouni, depuis sa naissance jusqu'à sa prédication à Bénarès ; et si on le complète par les détails extraits de cette partie du Kah-gyour tibétain, appelé le Doul-va, les recevant lui-même des autorités indiennes, ce récit comprend une biographie tout entière (1). A côté de ces deux sources, qui suffisent déjà par elles seules, on doit puiser aussi dans les légendes presque innombrables que renferment, soit la collection du Népâl au nord, soit la collection des Singhalais au sud, soit les immenses recueils des Tibétains et des Mongols, soit enfin les ouvrages chinois. Le seul soin qu'il faille prendre et que je prendrai ici, c'est de laisser de côté tout ce que la tradition superstitieuse et même extravagante s'est permis d'ajouter aux faits qui composent le fond même du récit. Ces faits sont peu nombreux; ils sont fort simples, et la raison la plus circonspecte peut les accepter sans le plus léger scrupule. J'avoue qu'il serait impossible d'affirmer absolument qu'ils sont vrais; mais comme ils sont parfaitement vraisemblables, et qu'ils se trouvent répétés, sans d'ailleurs qu'on les copie, chez des peuples divers et fort éloignés les uns des autres, ce serait pousser le scepticisme au-delà des bornes que de ne pas y donner foi, parce qu'ils ne seraient pas présentés dans les formes auxquelles nous autres européens et occidentaux nous sommes dès longtemps habitués. Sous la légende, dont je montrerai d'ailleurs les défauts et les puérilités, on peut retrouver assez sûrement l'histoire; et, pour ma part, je ne fais pas difficulté de croire à la fidélité du tableau que je vais essayer de tracer. Chacun des incidents, même les plus minces, de cette existence mémorable, ont été consacrés par la piété des fidèles, et il n'est pas un seul de ces incidents qui n'ait laissé des traces profondes, soit dans des monuments, soit dans des livres, dont le nombre est à peu près incalculable.

(1) Voir dans l'analyse de Csoma de Körös, *Asiatic Researches*, t. XX, p. 309 et suiv., et dans le *Rgya tch'er rol pa* de M. Ed. Foucaux, t. II, p. 417 et suiv., le récit de la mort de Çâkyamouni.

Ce fut vers la fin du VII° siècle avant notre ère que naquit le Bouddha, dans la ville de Kapilavastou, capitale d'un royaume de ce nom dans l'Inde centrale (1). Son père Çouddhodana, de la famille des Çâkyas, et issu de la grande race solaire des Gôtamides, était roi de la contrée. Sa mère Mâyâ Dévî était fille du roi Souprabouddha, et sa beauté était tellement extraordinaire, qu'on lui avait donné le surnom de Mâyâ ou l'Illusion, parce que son corps, ainsi que le dit le *Lalitavistara* (chap. III), semblait être le produit d'une illusion ravissante. Les vertus et les talents de Mâya Dévî surpassaient encore sa beauté ; et elle réunissait les qualités les plus rares et les plus hautes de l'intelligence et de la piété. Çouddhodana était

(1) Kapilavastou, lieu de naissance du Bouddha, est par cela seul la ville la plus célèbre des légendes bouddhiques. M. Klaproth a établi par des recherches, auxquelles M. E. Burnouf donne son assentiment, qu'elle devait être située sur les bords de la rivière Rohinî, l'un des affluents de la Raptî, près des montagnes qui séparent le Népâl du district de Gorakpour. (*Foe Koue Ki*, p. 199; *Introduction à l'histoire du Bouddhisme indien*, p. 143, en note; *Rgya tch'er rol pa* de M. Éd. Foucaux, p. 31.) Dans la légende de Roudrâyana du Divya avadâna, il est dit que « le Bouddha est né sur le flanc de l'Himavat, au « bord de la Bhâguîrathî, non loin de l'ermitage du Richi Ka- « pila. » (*Introd. à l'hist. du Bouddh. ind.*, p. 343.) Au temps de Fa Hian, c'est-à-dire à la fin du IV° siècle de notre ère, Kapilavastou était déjà en ruines (*Foe Koue Ki*, p. 198). Hiouen Thsang visita ces ruines vers l'an 632 de J.-C. Il donne au royaume de Kapilavastou 400 lieues de tour. Il ne peut déterminer l'étendue de la ville, mais elle devait être considérable, puisque les murs seuls de la résidence du roi avaient à peu près une lieue et demie de circonférence. (M. Stanislas Julien, *Histoire de la vie de Hiouen Thsang*, p. 126.)

digne d'une telle compagne, et, « roi de la loi, il com-
« mandait selon la loi. Dans le pays des Çâkyas, pas un
« prince n'était honoré et respecté autant que lui de toutes
« les classes de ses sujets, depuis ses conseillers et les
« gens de sa cour jusqu'aux chefs de maisons et aux mar-
« chands (1). »

Telle était la noble famille dans laquelle devait naître le libérateur; il appartenait donc à la caste des Kshattriyas ou des guerriers; et lorsque plus tard il embrassa la vie religieuse, on le nomma, pour rappeler son illustre origine, Çâkya Mouni, c'est-à-dire le solitaire (le moine, μόνος) des Çâkyas, ou bien encore Çramana Gaoutama, l'ascète des Gotamides. Son nom personnel, choisi par son père, était Siddhârtha ou Sarvârthasiddha (2), et il conserva ce nom tout le temps qu'il résida près de sa famille à Kapilavastou comme prince royal (Koumârarâdjâ). Plus tard, il devait l'échanger pour de plus glorieux. La reine sa mère, qui s'était retirée vers l'époque de l'accouchement dans un jardin de plaisance appelé le jardin de Loumbinî, du nom de sa grand'mère, fut surprise par les douleurs de l'enfantement sous un arbre (plaksha), et elle donna naissance à Siddhârtha, le 3 du mois outtâraçâdha. Mais affaiblie sans doute par les austérités pieuses auxquelles elle s'était livrée durant sa grossesse, inquiète aussi des prédictions que les brahmanes avaient faites sur le fils qui devait sortir d'elle (3), Mâyâ Dévî mourut sept jours après, afin qu'elle n'eût pas ensuite, dit la légende, le cœur brisé de voir son fils la quitter, pour aller errer en religieux et

---

(1) *Rgya tch'er rol pa*, de M. Éd. Foucaux, t. II, ch. III, p. 31.

(2) *Idem, ibid.,* ch. VII, p. 97, et ch. XV, p. 215.

(3) *Idem, ibid.,* ch. VI, p. 55 et 63.

en mendiant (1). L'orphelin fut confié aux soins de sa tante maternelle Pradjâpatî Gaoutamî, qui était aussi une des femmes de son père, et qui devait être plus tard, au temps de la prédication, une de ses adhérentes les plus dévouées.

L'enfant était aussi beau que l'avait été sa mère, et le brahmane Asita, chargé de le présenter au temple des dieux, suivant l'antique usage, prétendait reconnaître sur lui les trente-deux signes principaux et les quatre-vingts marques secondaires qui caractérisent le grand homme (2), selon les croyances populaires de l'Inde. Quelle que fût la vérité de ces pronostics, Siddhârtha ne tarda pas à justifier la haute opinion qu'on s'était faite de lui. Conduit aux écoles d'écriture (3), il s'y montrait plus habile que ses maîtres; et l'un d'eux, Viçvamitra, sous la direction de qui il était plus spécialement placé, déclara bientôt qu'il n'avait plus rien à lui apprendre. Au milieu des compagnons de son âge, l'enfant ne prenait point part à leurs jeux; il semblait dès lors nourrir les pensées les plus hautes; souvent il se retirait à l'écart pour méditer, et un jour qu'il était allé visiter avec ses camarades « le village de l'Agriculture (4), » il s'égara seul dans un vaste bois, où il resta de longues heures sans qu'on sût ce qu'il était devenu. L'inquiétude gagna jusqu'au roi son père, qui alla de sa personne le chercher dans la forêt, et qui le trouva sous l'ombre d'un djambou, plongé depuis longtemps dans une réflexion profonde.

Cependant l'âge arrivait où le jeune prince devait être

---

(1) *Rgya tch'er rol pa*, de M. Ed. Foucaux, ch. vii, p. 100.
(2) *Idem, ibid.*, ch. vii, p. 105.
(3) *Idem, ibid.*, ch. x, p. 120.
(4) *Idem, ibid.*, ch. xi, p. 125.

marié. Les principaux vieillards des Çâkyas se souvenaient de la prédiction des brahmanes, qui avaient annoncé que Siddhârtha pourrait bien renoncer à la couronne pour se faire ascète. Ils allèrent donc prier le roi de marier son fils le plus tôt qu'il pourrait, pour assurer l'avenir de sa race. Ils espéraient enchaîner le jeune homme au trône par une union précoce. Mais le roi, qui connaissait sans doute les intentions du prince, n'osa pas lui parler lui-même; il chargea les vieillards de s'entendre avec lui, et de lui faire la proposition à laquelle ils attachaient tant d'importance (1). Siddhârtha, qui craignait « les maux du désir, » plus redoutables encore que le poison, le feu ou l'épée, demanda sept jours pour réfléchir; puis, sûr de lui-même après s'être longtemps consulté, et certain que le mariage, accepté par tant de sages avant lui, ne lui ôterait ni le calme de sa réflexion, ni le loisir de ses méditations, il consentit à la prière qu'on lui adressait, ne mettant à son union qu'une seule condition : la femme qu'on lui offrirait ne serait point une créature vulgaire et sans retenue; peu lui importait d'ailleurs quelle serait sa caste; il la prendrait parmi les vaisyas et les çoûdras, aussi bien que parmi les Brahmanes et les Kshattriyas, pourvu qu'elle fût douée des qualités qu'il désirait dans sa compagne; il remettait aux vieillards une liste complète de ces qualités, destinée à les guider dans leurs recherches.

Le pourohita, ou prêtre domestique du roi Çouddhodana, fut donc chargé de parcourir toutes les maisons de Kapilavastou, et d'y découvrir, en examinant les jeunes filles, celle qui remplissait le mieux les vœux du prince, « dont le cœur, sans se laisser éblouir ni par la famille ni par la race, ne se plaisait qu'aux qualités vraies et à la

(1) *Rgya tch'er rol pa*, de M. Ed. Foucaux, ch. xii, p. 131.

moralité (1). » La liste des vertus exigées fut successivement présentée à une foule de jeunes filles de tout rang, de toute classe; aucune ne parut y satisfaire. L'une d'elles enfin répondit au pourohita qu'elle possédait toutes les qualités que désirait le prince, et qu'elle serait sa compagne, s'il désirait l'accepter. Mandée devant le jeune homme avec une foule d'autres beautés de son âge, elle fut distinguée par lui, et le roi donna son consentement à ce mariage. Mais le père de la jeune fille, Dandapâni, de la famille des Çâkyas, se montra moins facile; et, comme le jeune prince passait pour être complètement abandonné à la mollesse et à l'indolence, il exigea, avant de lui accorder sa fille, la belle Gopâ, qu'il fît preuve des talents qu'il possédait en tout genre. « Le noble jeune
« homme, disait le sévère Dandapâni, a vécu dans l'oisi-
« veté au milieu du palais; et c'est une loi de ne donner
« nos filles qu'à des hommes habiles dans les arts, jamais
« à ceux qui y sont étrangers. Ce jeune homme ne connaît
« ni l'escrime, ni l'exercice de l'arc, ni le pugilat, ni les
« règles de la lutte; comment pourrais-je donner ma
« fille à celui qui n'est point habile dans les arts (2) ? »

Le jeune Siddhârtha fut donc obligé, tout prince qu'il était, de montrer des talents que sa modestie avait cachés jusque-là. On réunit cinq cents des plus distingués parmi les jeunes Çâkyas, et la belle Gopâ fut promise au vainqueur. Le prince royal l'emporta aisément sur ses rivaux. Mais la lutte porta d'abord sur des exercices plus relevés que ceux auxquels le conviait Dandapâni. Siddhârtha se montra plus habile, non-seulement que ses concurrents, mais encore que les juges, dans l'art de l'écriture, dans

(1) *Rgya tch'er rol pa*, de M. Ed. Foucaux, p. 133.
(2) *Idem, ibid.*, ch. xii, p. 136.

l'arithmétique, dans la grammaire, la syllogistique, la connaissance des Védas, des systèmes philosophiques et de la morale, etc. Puis, des exercices de l'esprit passant à ceux du corps, il resta victorieux de tous ses compagnons, au saut, à la natation, à la course, à l'arc, et à une foule d'autres jeux où il déployait autant de force que d'adresse (1). Parmi ses adversaires figuraient ses deux cousins, Ananda, qui fut l'un de ses disciples les plus fidèles, et Dévadatta, qui, profondément irrité d'une défaite, devint, à partir de ce jour, son implacable ennemi. La belle Gopâ fut le prix de son triomphe, et la jeune fille, qui s'était crue digne d'un roi, fut déclarée la première de ses épouses. Dès ce moment, elle prit, malgré les conseils de ses parents, l'habitude de ne jamais se voiler le visage, ni devant eux, ni devant les gens du palais (2). « Assis, debout ou marchant, disait-elle, les gens respec« tables, quoique découverts, sont toujours beaux. Le dia« mant précieux et brillant brille encore plus au sommet « d'un étendard. Les femmes qui, maîtrisant leurs pen« sées et domptant leurs sens, satisfaites de leur mari, ne « pensent jamais à un autre, peuvent paraître sans voile « comme le soleil et la lune. Le suprême et magnanime « Rishi, ainsi que la foule des autres dieux, connaissent « ma pensée, mes mœurs, mes qualités, ma retenue et « ma modestie. Pourquoi donc me voilerais-je le vi« sage ? »

Toute heureuse qu'était cette union contractée sous de

---

(1) Hiouen Thsang vit le lieu de la lutte qu'on montrait encore au milieu des ruines de Kapilavastou; voir M. Stanislas Julien, *Histoire de la vie de Hiouen Thsang*, p. 129.

(2) *Rgya tch'er rol pa*, de M. Ed. Foucaux, t. II, ch. xii, p. 152.

tels auspices, elle ne pouvait détourner Siddhârtha des desseins qu'il avait dès longtemps formés. Au milieu de son splendide palais et du luxe qui l'entoure, au milieu même des fêtes et des concerts qui se succèdent perpétuellement, le jeune prince ne cesse de méditer courageusement sa sainte entreprise ; et, dans l'amertume et l'héroïsme de son cœur, il se disait souvent : « Les trois
« mondes, le monde des dieux, celui des asouras et celui
« des hommes, sont brûlés par les douleurs de la vieillesse
« et de la maladie; ils sont dévorés par le feu de la mort
« et privés de guide. La vie d'une créature est pareille à
« l'éclair des cieux. Comme le torrent qui descend de la
« montagne, elle coule avec une irrésistible vitesse. Par le
« fait de l'existence, du désir et de l'ignorance, les créa-
« tures, dans le séjour des hommes et des dieux, sont
« dans la voie des trois maux (1). Les ignorants roulent
« en ce monde, de même que tourne la roue du potier (2).
« Les qualités du désir, toujours accompagnées de crainte
« et de misère, sont les racines des douleurs; elles sont
« plus redoutables que le tranchant de l'épée ou la feuille
« de l'arbre vénéneux. Comme une image réfléchie, comme
« un écho, comme un éblouissement ou le vertige de la
« danse, comme un songe, comme un discours vain et futile,
« comme la magie et le mirage, elles sont remplies de faus-
« seté, et vides comme l'écume ou la bulle d'eau. La maladie
« ravit aux êtres leur lustre et fait décliner les sens, le corps
« et les forces ; elle amène la fin des richesses et des biens ;
« elle amène le temps de la mort et de la transmigration.

(1) Voir le premier Mémoire sur le Sânkhya, p. 125, dans les Mémoires de l'Académie des sciences morales et politiques, t. VIII.

(2) *Idem, ibid.*, p. 351.

« La créature la plus agréable et la plus aimée disparaît
« pour toujours; elle ne revient plus à nos yeux, pareille
« à la feuille et au fruit tombé de l'arbre dans le courant
« du fleuve. L'homme alors, sans compagnon, sans second,
« s'en va tout seul et impuissant avec la possession du fruit
« de ses œuvres (1). »

Puis, à ces réflexions pleines de mélancolie et de miséricorde, il ajoutait encore :

« Tout composé est périssable : ce qui est composé n'est
« jamais stable; c'est le vase d'argile que brise le moindre
« choc; c'est la fortune empruntée à un autre; c'est une
« ville de sable qui ne se soutient pas; c'est le bord sablon-
« neux d'un fleuve (2). Tout composé est tour à tour effet
« et cause. L'un est dans l'autre, comme dans la semence
« est le germe, quoique le germe ne soit pas la semence.
« Mais la substance, sans être durable, n'a pas cepen-
« dant d'interruption; nul être n'existe qui ne vienne d'un
« autre; et de là, la perpétuité apparente des substances.
« Mais le sage ne s'y laisse point tromper. Ainsi le bois qui
« est frotté, le bois avec lequel on frotte et l'effort des
« mains, voilà trois choses d'où naît le feu; mais il ne tarde
« pas à s'éteindre; et le sage, le cherchant vainement dans
« l'espace, se demande : D'où est-il venu? Où est-il allé ?
« En s'appuyant sur les lèvres, sur le gosier et le palais,
« le son des lettres naît par le mouvement de la langue, et
« la parole se forme par le jugement de l'esprit. Mais tout
« discours n'est qu'un écho, et le langage, à lui seul, est
« sans essence. C'est le son d'un luth, le son d'une flûte,
« dont le sage se demande encore : D'où est-il venu? Où

---

(1) *Rgya tch'er rol pa*, de M. Ed. Foucaux, t. II, ch. XIII, p. 155 et suiv., p. 172.

(2) *Idem, ibid.*, p. 173 et suiv.

« est-il allé ? Ainsi de causes et d'effets naissent toutes les
« aggrégations ; et le yogui, en y réfléchissant, s'aperçoit
« que les aggrégations ne sont que le vide, qui seul est
« immuable. Les êtres que nos sens nous révèlent sont
« vides au dedans ; ils sont vides au dehors. Aucun d'eux
« n'a la fixité, qui est la marque véritable de la loi (1).
« Mais cette loi qui doit sauver le monde, je l'ai comprise ;
« je dois la faire comprendre aux dieux et aux hommes
« réunis. Cent fois je me suis dit : Après avoir atteint l'in-
« telligence suprême (Bodhi), je rassemblerai les êtres vi-
« vants ; je leur montrerai la porte de l'immortalité. Les
« retirant de la création, je les établirai dans le calme, le
« bien-être et l'exemption des maladies ; je les établirai
« dans la terre de la patience. Hors des pensées nées du
« trouble des sens, je les établirai dans le repos. En fai-
« sant voir la clarté de la loi aux créatures obscurcies par
« les ténèbres d'une ignorance profonde, je leur donnerai
« l'œil qui voit clairement les choses ; je leur donnerai le
« beau rayon de la pure sagesse, l'œil de la loi, sans tache
« et sans corruption (2). »

Ces pensées poursuivaient le jeune Siddhârtha jusque
dans ses songes : et une nuit, l'un des dieux du Touchita,
le séjour de la joie, Hridéva, dieu de la modestie, lui apparut et l'encouragea par ces douces paroles à remplir enfin la mission à laquelle il se préparait depuis de si longues
années : « Pour celui qui a la pensée d'apparaître dans le
« monde, dit le dieu, c'est aujourd'hui le temps et l'heure.
« Celui qui n'est pas délivré ne peut délivrer ; l'aveugle
« ne peut montrer la route. Mais celui qui est libre peut
« délivrer ; celui qui a ses yeux peut montrer la route.

---

(1) *Rgya tch'er rol pa*, ch. de l'Exhortation, p. 174 et 175.
(2) *Idem, ibid.*, p. 175 et 176.

« Aux êtres, quels qu'ils soient, brûlés par le désir, atta-
« chés à leurs maisons, à leurs richesses, à leurs fils, à
« leurs femmes, fais désirer, après les avoir instruits,
« d'aller dans le monde errer en religieux (1). »

Cependant le roi Çouddhodana devinait les projets qui agitaient son fils. Il redoubla de caresses et de soins pour lui. Il lui fit faire trois palais nouveaux, un pour le printemps, un pour l'été et un autre pour l'hiver; et craignant que le jeune prince ne profitât de ses excursions pour échapper à sa famille, il donna les ordres les plus sévères et les plus secrets pour qu'on surveillât toutes ses démarches. Mais toutes ces précautions d'un père qui craignait de perdre son fils, étaient inutiles. Les circonstances les plus imprévues et les plus ordinaires venaient donner aux résolutions du prince une énergie toujours croissante (2).

Un jour qu'avec une suite nombreuse il sortait par la porte orientale de la ville pour se rendre au jardin de Loumbinî, auquel s'attachaient tous les souvenirs de son enfance, il rencontra sur sa route un homme vieux, cassé, décrépit; ses veines et ses muscles étaient saillants sur tout son corps; ses dents étaient branlantes; il était couvert de rides, chauve, articulant à peine des sons rauques et désagréables; il était tout incliné sur un bâton; tous ses membres, toutes ses jointures tremblaient. — « Quel est
« cet homme, dit avec intention le prince à son cocher?
« Il est de petite taille et sans force; ses chairs et son sang
« sont desséchés; ses muscles sont collés à sa peau, sa
« tête est blanchie, ses dents sont branlantes, son corps
« est amaigri; appuyé sur un bâton, il marche avec pei-

---

(1) *Rgya tch'er rol pa*, de M. Ed. Foucaux, t. II, ch. xiii, de l'Exhortation, p. 179.

(2) *Idem, Ibid.*, ch. xiv, p. 180.

« ne, trébuchant à chaque pas. Est-ce la condition par-
« ticulière de sa famille? ou bien est-ce la loi de toutes
« les créatures du monde? » — « Seigneur, répondit le
« cocher, cet homme est accablé par la vieillesse; tous
« ses sens sont affaiblis; la souffrance a détruit sa force;
« il est dédaigné par ses proches, il est sans guide; inha-
« bile aux affaires, on l'abandonne comme le bois mort
« dans la forêt. Mais ce n'est pas la condition particulière
« de sa famille. En toute créature la jeunesse est vaincue
« par la vieillesse; votre père, votre mère, la foule de
« vos parents et de vos alliés finiront par la vieillesse aus-
« si : il n'y a pas d'autre issue pour les créatures. » —
« Ainsi donc, reprit le prince, la créature ignorante et
« faible, au jugement mauvais, est fière de la jeunesse
« qui l'enivre, et elle ne voit pas la vieillesse qui l'attend.
« Pour moi, je m'en vais; cocher, détourne prompte-
« ment mon char. Moi, qui suis aussi la demeure future
« de la vieillesse, qu'ai-je à faire avec le plaisir et la
« joie? » Et le jeune prince, détournant son char, rentra
dans la ville, sans aller à Loumbinî (1).

Une autre fois, il se dirigeait, avec une suite nombreuse, par la porte du midi au jardin de plaisance, quand il
aperçut sur le chemin un homme atteint de maladie,
brûlé de la fièvre, le corps tout amaigri et tout souillé,
sans guide, sans asyle, respirant avec une grande peine,
tout essoufflé, et paraissant obsédé de la frayeur du mal et
des approches de la mort. Après s'être adressé à son cocher,
et en avoir reçu la réponse qu'il en attendait : « La santé,
« dit le jeune prince, est donc comme le jeu d'un rêve,
« et la crainte du mal a donc cette forme insupportable!

---

(1) *Rgya tch'er rol pa*, de M. Ed. Foucaux, t. II, ch. xiv, p. 182.

« Quel est l'homme sage qui, après avoir vu ce qu'elle
« est, pourra désormais avoir l'idée de la joie et du plai-
« sir ? » Le prince détourna son char et rentra dans la
ville, sans vouloir aller plus loin (1).

Une autre fois encore, il se rendait, par la porte de
l'ouest, au jardin de plaisance, quand sur la route il vit
un homme mort, placé dans une bière et recouvert d'une
toile. La foule de ses parents tout en pleurs l'entouraient,
se lamentant avec de longs gémissements, s'arrachant les
cheveux, se couvrant la tête de poussière et se frappant
la poitrine en poussant de grands cris. Le prince, prenant
encore son cocher à témoin de ce douloureux spectacle,
s'écria : « Ah ! malheur à la jeunesse que la vieillesse doit
« détruire ; ah ! malheur à la santé que détruisent tant de
« maladies ; ah ! malheur à la vie où l'homme reste si peu
« de temps. S'il n'y avait ni vieillesse, ni maladie, ni
« mort ! si la vieillesse, la maladie, la mort étaient pour
« toujours enchaînées ! » Puis, trahissant pour la première
fois sa pensée, le jeune prince ajouta : « Retournons en
« arrière ; je songerai à accomplir la délivrance (2). »

Une dernière rencontre vint le décider et terminer toutes ses hésitations (3) ; il sortait par la porte du nord pour
se rendre au jardin de plaisance, quand il vit un bhikshou,

---

(1) *Rgya tch'er rol pa*, de M. Ed. Foucaux, p. 183.

(2) *Idem*, *Ibid.* p. 184.

(3) Ces rencontres diverses sont fameuses dans les légendes
bouddhiques. Le roi Açoka avait fait élever des stoupas et des
viharas dans tous les lieux où le Bouddha les avait faites. Hiouen
Thsang, au VIIe siècle de notre ère, vit encore ces monuments.
Voir M. Stanislas Julien, *Histoire de la vie de Hiouen Thsang*,
p. 128 ; voir aussi la légende d'Açoka, *Introduction à l'hist. du
Bouddhisme indien*, de M. E. de Burnouf, p. 385.

ou mendiant, qui paraissait dans tout son extérieur calme, discipliné, retenu, voué aux pratiques d'un brahmatchari (1), tenant les yeux baissés, ne considérant que le joug qui le retient, ayant une tenue accomplie, portant avec dignité le vêtement du religieux et le vase aux aumônes : « Quel est cet homme ? demanda le prince. — Sei-
« gneur, répondit le cocher, cet homme est un de ceux
« qu'on nomme bhikshous ; il a renoncé à toutes les joies
« du désir et il mène une vie très-austère ; il s'efforce de se
« dompter lui-même et s'est fait religieux. Sans passion,
« sans envie, il s'en va cherchant des aumônes. — Cela
« est bon et bien dit, reprit Siddhârtha. L'entrée en reli-
« gion a toujours été louée par les sages ; elle sera mon
« secours et le secours des autres créatures ; elle devien-
« dra pour nous un fruit de vie, de bonheur et d'immor-
« talité. » Puis le jeune prince, ayant détourné son char, rentra dans la ville sans voir Loumbini. Sa résolution était prise (2).

Elle ne pouvait rester longtemps un secret. Le roi, qui en fut bientôt instruit, devint plus vigilant que jamais (3). Il fit placer des gardes à toutes les issues du palais ; et les serviteurs dévoués, dans leur inquiétude, veillaient jour et nuit. Mais le jeune prince ne devait point d'abord chercher à s'échapper par ruse ; et ce moyen, qui lui répugnait, ne devait être pour lui qu'une ressource extrême. Gopâ, sa femme, fut la première à laquelle il s'ouvrit ; et

---

(1) Brahmatchari, ou celui qui marche dans la voie des Brahmanes, est le nom du jeune brahmane tout le temps qu'il étudie les Védas, c'est-à-dire jusqu'à trente-cinq ans à peu près. La condition principale de son noviciat est une chasteté absolue.

(2) *Rgya tch'er rol pa*, t. II, ch. xiv, p. 185.

(3) *Idem, ibid.*, p. 186.

dans une nuit où, tout effrayée d'un rêve, elle lui en demandait l'explication, il lui confia son projet et sut la consoler, du moins pour ce moment, de la perte qu'elle allait faire (1). Puis, rempli de respect et de soumission pour son père, il alla le trouver cette nuit même, et lui dit : « Seigneur, voici que le temps de mon apparition dans
« le monde est arrivé ; n'y faites point obstacle et n'en
« soyez point chagrin. Souffrez, ô roi, ainsi que votre
« famille et votre peuple, souffrez que je m'éloigne. »

Le roi, les yeux remplis de larmes, lui répondit :
« Que faut-il, ô mon fils, pour te faire changer de des-
« sein? Dis-moi le don que tu désires ; je te le ferai ; moi-
« même, ce palais, ces serviteurs, ce royaume ; prends
« tout. »

« — Seigneur, répondit Siddhârtha d'une voix douce,
« je désire quatre choses, accordez-les moi. Si vous pou-
« vez me les donner, je resterai près de vous, et vous me
« verrez toujours dans cette demeure, que je ne quitte-
« rai pas. Que la vieillesse, Seigneur, ne s'empare jamais
« de moi ; que je reste toujours en possession de la jeu-
« nesse aux belles couleurs ; que la maladie, sans aucun
« pouvoir sur moi, ne m'attaque jamais ; que ma vie soit
« sans bornes et sans déclin. »

Le roi, en écoutant ces paroles, fut accablé de douleur.
« O mon enfant, s'écria-t-il, ce que tu demandes est im-
« possible, et je n'y puis rien. Les Rishis, eux-mêmes,
« au milieu du Kalpa où ils ont vécu, n'ont jamais échappé
« à la crainte de la vieillesse, de la maladie et de la mort,
« ni au déclin. — Si je ne puis éviter la crainte de la vieil-
« lesse, de la maladie et de la mort, ni le déclin, reprit
« le jeune homme ; si vous ne pouvez, Seigneur,

(1) *Rgya tch'er rol pa*, de M. Ed. Foucaux, t. II, p. 190.

« m'accorder ces quatre choses principales, veuillez du
« moins, ô roi, m'en accorder une autre qui n'est pas
« moins importante : faites qu'en disparaissant d'ici-bas je
« ne sois plus sujet aux vicissitudes de la transmigra-
« tion (1). »

Le roi comprit qu'il n'y avait point à combattre un dessein qui semblait si bien arrêté, et dès que le jour parut il convoqua les Çâkyas pour leur apprendre cette triste nouvelle. On résolut de s'opposer par la force à la fuite du prince. On se distribua la garde des portes, et tandis que les jeunes gens faisaient sentinelle, les plus anciens d'entre les vieillards se répandaient en grand nombre dans toutes les parties de la ville pour y semer l'alarme et avertir les habitants. Le roi Çouddhodana lui-même, entouré de cinq cents jeunes Çâkyas, veillait à la porte du palais (2), tandis que ses trois frères, oncles du jeune prince, étaient à chacune des portes de la ville, et que l'un des principaux Çâkyas se tenait au centre pour faire exécuter tous les ordres avec ponctualité. A l'intérieur du palais, la tante de Siddhârtha, Mahâ Pradjâpatî Gaoutama, dirigeait la vigilance des femmes; et, pour les exciter, elle leur disait : « Si après avoir quitté la royauté et ce pays,
« il allait loin d'ici errer en religieux, tout ce palais, dès
« qu'il serait parti, serait rempli de tristesse, et la race
« du roi, qui dure depuis si longtemps, serait interrom-
« pue. »

Tous ces efforts étaient vains; dans l'une des nuits suivantes, quand tous les gardes fatigués par de longues veil-

(1) *Rgya tch'er rol pa*, de M. Ed. Foucaux, t. II, ch. xv, p. 192.

(2) *Idem, ibid.*, p. 193, et aussi dans l'*Abhinichkramana Soûtra*, fol. 40, cité par M. Ed. Foucaux.

les étaient assoupis, le jeune prince donna l'ordre à son cocher Tchhandaka de seller son cheval Kantaka, et il put s'échapper de la ville sans que personne l'eût aperçu. Avant de lui céder, le fidèle serviteur lui avait livré un dernier assaut ; et, le visage baigné de pleurs, il l'avait supplié de ne point sacrifier ainsi sa belle jeunesse pour aller mener la vie misérable d'un mendiant, et de ne point quitter ce splendide palais, séjour de tous les plaisirs et de toutes les joies. Mais le prince n'avait point faibli devant ces prières d'un cœur dévoué, et il avait répondu : « Évi-
« tés par les sages comme la tête d'un serpent, abandon-
« nés sans retour comme un vase impur, ô Tchhandaka,
« les désirs, je ne le sais que trop, sont destructeurs de
« de toute vertu ; j'ai connu les désirs, et je n'ai plus de
« joie (1). Une pluie de tonnerres, de haches, de piques,
« de flèches, de fers enflammés, comme les éclairs étince-
« lants ou le sommet embrasé d'une montagne, tombe-
« rait sur ma tête, que je ne renaîtrais pas avec le désir
« d'avoir une maison (2). »

Il était minuit quand le prince sortit de Kapilavastou, et l'astre Pouchya, qui avait présidé à sa naissance (3), se levait à ce moment au-dessus de l'horizon. Sur le point de quitter tout ce qu'il avait aimé jusque-là, le cœur du jeune homme fut un instant attendri ; et jetant un dernier regard sur le palais et sur la ville qu'il abandonnait : « Avant d'a-
« voir obtenu la cessation de la naissance et de la mort,
« dit-il d'une voix douce, je ne rentrerai pas dans la ville
« de Kapila ; je n'y rentrerai pas avant d'avoir obtenu la

---

(1) *Rgya tch'er rol pa*, de M. Ed. Foucaux, t. II, ch. xv, p. 203.
(2) *Idem*, *ibid.*, p. 207.
(3) *Idem*, *ibid.*, p. 199.

« loi suprême exempte de vieillesse et de mort, ainsi que
« l'intelligence pure. Quand j'y reviendrai, la ville de
« Kapila sera debout, et non point appesantie par le som-
« meil (1). »

Il ne devait, en effet, revoir son père et Kapilavastou
que douze ans plus tard, pour les convertir à la foi nouvelle (2).

Cependant Siddhârtha marcha toute la nuit; après avoir
quitté le pays des Çâkyas et celui des Kaoudyas, il tra-
versa celui des Mallas (3) et la ville de Ménéya. Quand le
jour parut, il était arrivé à la distance de six yodjanas (4)
alors il descendit de son cheval, et le remit aux mains de
Tchhandaka; puis il lui donna le bonnet dont sa tête était
couverte, et l'aigrette de perles qui l'ornait, parures désormais inutiles (5); et il le congédia.

Le *Lalitavistara*, auquel sont puisés une partie de ces
détails, ajoute qu'à l'endroit de la terre où Tchhandaka
retourna sur ses pas, un tchâitya fut bâti; « et aujour-
« d'hui encore, dit l'auteur, ce tchâitya est connu sous le
« nom de Tchhandaka nivartana, c'est-à-dire Retour de
« Tchhandaka sur ses pas. » Hiouen Thsang vit encore ce
stoûpa, qui avait été bâti, à ce qu'il rapporte, par le roi

(1) *Rgya tch'er rol pa*, Chapitre de l'Entrée dans le monde,
t. II, p. 213.
(2) Csoma de Körös, vie de Çâkyamouni, extraite des auteurs
tibétains, *Asiatic Researchs*, t. XX, 2e partie, p. 294 et suiv.
(3) Voir M. E. Burnouf, *Introd. à l'hist. du Bouddh.
ind.*, p. 87.
(4) Le yodjana valant cinq milles, c'est dix lieues à peu près.
Hiouen Thsang semble compter une distance beaucoup plus
grande : au moins soixante lieues.
(5) M. Stanislas Julien, *Histoire de la vie de Hiouen Thsang*,
p. 129.

Açoka (1), et qui se trouvait sur la lisière d'une grande forêt que Siddhârtha dût traverser, et qui était la route de Kouçinagara, où il devait mourir.

Resté seul, le prince voulut se dépouiller des derniers insignes de sa caste et de son rang. D'abord il se coupa les cheveux avec son glaive, et les jeta au vent; un religieux ne pouvait plus porter la chevelure d'un guerrier (2). Puis, trouvant que des vêtements précieux lui convenaient moins encore, il échangea les siens, qui étaient en soie de Bénarès (de Kaçi), avec un chasseur qui en avait de tout usés de couleur jaune. Le chasseur accepta non sans quelque embarras (3); car il s'apercevait bien qu'il avait affaire à un personnage de haute distinction.

A peine s'était-on aperçu dans le palais de l'évasion de Siddhârtha, que le roi avait envoyé à sa poursuite des courriers qui ne devaient pas revenir sans lui. Dans leur course rapide, ils rencontrèrent bientôt le chasseur qui était couvert des vêtements du prince; et peut-être lui eussent-ils fait un mauvais parti, quand la présence de Tchhandâka vint les calmer. Il leur raconta la fuite de Siddhârtha; et comme les messagers, pour se montrer obéissants aux ordres du roi, voulaient poursuivre leur route jusqu'à ce qu'ils eussent atteint le prince, le cocher

---

(1) M. Stanislas Julien, *Histoire de la vie de Hiouen Thsang*, p. 130.

(2) *Rgya tch'er rol pa*, de M. Ed. Foucaux, t. II, ch. xv, p. 214; Hiouen Thsang dit que le Bouddha se fit couper les cheveux et non qu'il les coupa lui-même, opération assez difficile en effet avec un glaive. Voir M. Stanislas Julien, *Histoire de la vie de Hiouen Thsang*, p. 130.

(3) *Rgya tch'er rol pa*, de M. Ed. Foucaux, t. II, ch. xv, p. 215.

les en détourna : « Vous ne pourrez pas le ramener, leur
« dit-il ; le jeune homme est ferme dans son courage et
« dans ses promesses. Il a dit : Je ne retournerai pas dans
« la grande cité de Kapilavastou avant d'avoir atteint l'in-
« telligence suprême, parfaite et accomplie, avant d'être
« Bouddha. Il ne reviendra pas sur ses paroles ; et comme
« il l'a dit, cela sera ; le jeune homme ne variera pas (1). »
Tchhandaka ne put offrir d'autres consolations au roi ; il
rendit à Mahâ Pradjâpatî Gaoutama les joyaux que Siddhârtha lui avait remis ; mais la reine ne pouvant regarder ces ornements qui lui rappelaient de trop tristes souvenirs, les jeta dans un étang, appelé depuis lors l'Étang
des ornements (Abharanapoushkari). Quant à Gopâ, la
jeune épouse de Siddhârtha, elle connaissait trop sa fer-
meté inébranlable pour se flatter qu'il reviendrait bientôt,
comme on voulait le lui faire espérer ; et toute préparée
qu'elle était à cette affreuse séparation, elle ne pouvait
s'en consoler, malgré le glorieux avenir de son mari, que
lui rappelait le fidèle Tchhandaka.

Après avoir séjourné chez plusieurs Brahmanes, qui lui
offrirent successivement l'hospitalité, le jeune prince arriva
de proche en proche dans la grande ville de Vaiçâli (2).
Il avait à se préparer encore à la grande lutte qu'il allait
engager avec la doctrine brahmanique ; trop modeste pour

---

(1) *Rgya tch'er rol pa*, t. II, p. 217.

(2) Située dans l'Inde centrale, au nord de Patalipouttra, sur la rivière de Hiranyavatî, la Gandaki des modernes, presque en face de Patna, et sur les confins du Mithila. M. E. Burnouf croit que Csoma s'est trompé en identifiant Vaiçâli avec Allahabad, l'ancienne Prayâga, *Introd. à l'hist. du Boud. ind.*, p. 86. Voir aussi M. Stanislas Julien, *Histoire de Hiouen Thsang*, p. 135.

se croire déjà en état de la vaincre, il voulut se mettre lui-même à l'épreuve, et savoir en même temps ce que valait précisément cette doctrine. Il alla trouver le brahmane Arâta·Kâlâma, qui passait pour le plus savant des maîtres, et qui n'avait pas moins de trois cents disciples, sans compter une foule d'auditeurs. La beauté du jeune homme, quand il parut pour la première fois dans cette grande assemblée, frappa tous les assistants d'admiration, à commencer par Kâlâma lui-même ; mais bientôt il admira davantage encore la science de Siddhârtha, et il le pria de partager avec lui le fardeau de l'enseignement. Mais le jeune sage se disait déjà : « Cette doctrine d'Arâta « n'est pas vraiment libératrice ; la pratiquer n'est pas une « vraie libération, ni un épuisement complet de la misè- « re. » Puis il ajoutait dans son cœur : « En perfectionnant « cette doctrine, qui consiste dans la pauvreté et la res- « triction des sens, je parviendrai à la vraie délivrance ; « mais il me faut encore de plus grandes recherches (1). »

Il resta donc quelque temps à Vaiçâlî. En la quittant, il s'avança dans le pays de Magadha (2) jusqu'à Râdjagriha, qui en était la capitale. La réputation de sa sagesse et de sa beauté l'y avait précédé ; et le peuple, frappé d'étonnement de voir une telle abnégation dans un si beau jeune homme, se porta en foule à sa rencontre ; la multitude qui ce jour-là remplissait les rues de la ville, cessa, dit la légende, ses achats et ses ventes, et s'abstint même de boire des liqueurs et du vin, pour aller contempler le noble mendiant qui venait quêter l'aumône. Le roi lui-

---

(1) *Rgya tch'er rol pa*, de M. Ed. Foucaux, t. II, ch. XVI, p. 228.

(2) Le Bihar moderne. Voir aussi M. Stanislas Julien, *Histoire de la vie de Hiouen Thsang*, p. 236 et suivantes.

même, Bimbisâra (1), l'apercevant des fenêtres de son palais où l'avait amené cette émotion populaire, le fit observer jusqu'au lieu de sa retraite sur le penchant du mont Pandava; et dès le lendemain matin, pour lui faire honneur, il s'y rendit de sa personne, accompagné d'une suite nombreuse. Bimbisâra était du même âge à peu près que Siddhârtha; et profondément ému de la condition étrange où il voyait le jeune prince, charmé de ses discours à la fois si élevés et si simples, touché de sa magnanimité et de sa vertu, il fut dès ce moment gagné à sa cause; et il ne cessa de le protéger durant tout son règne. Mais ses offres les plus séduisantes ne purent ébranler le jeune ascète; et après avoir demeuré assez longtemps dans la capitale, Siddhârtha se retira loin du bruit et de la foule sur les bords de la rivière Naïrandjâna (2).

Si l'on en croit le Mahâvamsa, cette chronique singhalaise rédigée en vers au v° siècle de notre ère, par Mahânâma, qui la composa sur les plus anciens documents bouddhiques, le roi Bimbisâra se convertit au Bouddhisme, ou, pour prendre les expressions mêmes de l'auteur, se réunit à la congrégation du Vainqueur, dans la seizième année de son règne. Il était monté sur le trône à l'âge de 15 ans, et il n'en régna pas moins de cinquante-deux. Son père était lié d'une amitié étroite avec le père de Siddhârtha; et c'était là sans doute aussi l'un des motifs qui avaient

---

(1) M. E. Burnouf croit qu'il vaut mieux dire Bimbisâra que Bimbasâra ou Vimbasâra. (Voir l'*Introd. à l'Hist. du Bouddh. ind.*, p. 145.) La transcription chinoise vient à l'appui de l'opinion de M. E. Burnouf. Voir l'*Histoire de la vie de Hiouen-Thsang*, par M. Stanislas Julien, p. 137.

(2) Le Phalgou des modernes. Cette rivière se réunit au Gange près du village de Rouinallân.

disposé Bimbisâra à tant de bienveillance (1). Son fils Adjatâçatrou, qui fut son assassin, ne partagea point d'abord ses sentiments pour le Bouddha ; et il le persécuta assez longtemps avant de recevoir sa doctrine, ainsi que nous le verrons plus tard.

Cependant, le Çramana-Gaoutama, malgré l'accueil enthousiaste qu'il recevait des peuples et des rois eux-mêmes, ne se croyait pas encore suffisamment prêt à sa grande mission. Il voulut faire une dernière et décisive épreuve des forces qu'il apporterait dans le combat. Il y avait à Râdjagriha un brahmane plus célèbre encore que celui de Vaiçâlî. Il se nommait Roudraka, fils de Râma, et il jouissait d'une renommée sans égale dans le vulgaire et même parmi les savants (2). Siddhârtha se rendit modestement auprès de lui, et lui demanda d'être son disciple. Après quelques entretiens, Roudraka, aussi sincère que l'avait été Arâta-Kâlâma, fit de son disciple un égal, et l'établit dans une demeure d'instituteur, en lui disant : « Toi et moi nous enseignerons notre doctrine à cette « multitude. » Ses disciples étaient au nombre de sept cents. Mais, comme à Vaiçâlî, la supériorité du jeune ascète ne tarda point à éclater, et bientôt il dut se séparer de Roudraka : « Ami, lui dit-il, cette voie ne conduit pas à « l'indifférence pour les objets du monde, ne conduit pas « à l'affranchissement de la passion, ne conduit pas à l'em- « pêchement des vicissitudes de l'être, ne conduit pas au « calme, ne conduit pas à l'intelligence parfaite, ne con- « duit pas à l'état de çramana, ne conduit pas au Nir-

---

(1) M. Georges Turnour, traduction du *Mahâvamsa*, p. 9 et 10. Voir plus loin, p. 73.

(2) *Rgya tch'er rol pa*, de M. Ed. Foucaux, t. II, ch. XVII, p 233.

« vâna. » Puis, en présence de tous les disciples de Roudraka, il se sépara de lui.

Parmi eux, il s'en trouva cinq qui, séduits par l'enseignement de Siddhârtha et la clarté de ses leçons, quittèrent leur ancien maître pour suivre le réformateur. Ce furent ses premiers disciples (1). Ils étaient tous les cinq de bonne caste, comme le dit la légende. Siddhârtha se retira d'abord avec eux sur le mont Gaya ; puis il revint sur les bords de la Nairandjanâ, dans un village nommé Ourouvilva, où il résolut de rester avec ses compagnons avant d'aller instruire le monde. Désormais il était fixé sur la science des brahmanes ; il en connaissait toute la portée ou plutôt toute l'insuffisance. Il se sentait plus fort qu'eux. Mais il lui restait à se fortifier contre lui-même ; et bien qu'il désapprouvât les excès de l'ascétisme brahmanique, il résolut de se soumettre pendant plusieurs années aux austérités et aux mortifications. C'était peut-être un moyen de gagner une considération égale à celle des Brahmanes auprès du vulgaire ; mais c'était peut-être aussi un moyen de se dompter lui-même.

Siddhârtha avait vingt-neuf ans quand il quitta le palais de Kapilavastou (2).

Ourouvilva est illustre dans les fastes du Bouddhisme par cette longue retraite, qui ne dura pas moins de six ans, et pendant laquelle Siddhârtha se livra, sans que son courage faillît un seul instant, aux austérités les plus

---

(1) La tradition a conservé leurs noms, bien qu'ils n'aient joué aucun rôle considérable : c'était Adjnana-Kaoundinya, Açvadjit, Vâshpa, Mahânâma, Bhadrika. Voir M. Ed. Foucaux, *Rgya tch'er rol pa*, t. II, ch. I, p. 2, et ch. XVII, page 235.

(2) M. Georges Turnour, *Mahâvamsa*, p. 9.

rudes, « dont les dieux eux-mêmes furent épouvantés. » Il y soutint contre ses propres passions les assauts les plus formidables, et nous verrons plus tard comment la légende a transformé ces luttes tout intérieures, en combats où le démon Pâpîyân (le très-méchant), avec toutes ses ruses et ses violences, se trouve enfin terrassé et vaincu, malgré son armée innombrable, sans avoir pu séduire ou effrayer le jeune ascète, qui, par sa vertu, détruisait l'empire de Mâra, le pêcheur. Mais au bout de six ans de privations et de souffrances inouïes, et de jeûnes accablants, Siddhârtha, persuadé que l'ascétisme n'était point la voie qui mène à l'intelligence accomplie, résolut de cesser des pratiques aussi insensées, et il reprit une nourriture abondante, que lui apportait une jeune fille du village, nommée Soudjâtâ. Il recouvra en peu de temps ses forces et sa beauté détruites dans ces macérations affreuses. Mais ses cinq disciples qui lui étaient restés fidèles et l'avaient imité pendant ces six années, furent scandalisés de sa faiblesse ; ils le prirent en dédain, et l'abandonnèrent pour s'en aller à Bénarès, au lieu dit *Rishipatana*, où il devait lui-même les rejoindre bientôt.

Resté seul dans son ermitage d'Ourouvilva, Siddhârtha continua ses méditations, s'il ralentit ses austérités. C'est dans cette solitude qu'il acheva, selon toute apparence, d'arrêter pour jamais et les principes de son système, et les règles de la discipline qu'il comptait proposer à ses adhérents. Il prit dès lors personnellement la tenue et les habitudes qu'il devait leur imposer plus tard ; et, par son exemple, il crut devoir prévenir les résistances que ses préceptes austères pourraient rencontrer parmi les sectateurs même les plus enthousiastes. Depuis six ans qu'il errait de villes en villes, de forêts en forêts, le plus souvent sans abri, et ne reposant que sur le sol, les vêtements que le chasseur lui avait jadis cédés tombaient en lambeaux. Il fallait les renouveler; voici comment il les remplaça. Une esclave de Soudjâtâ, la fille du chef d'Ourouvilva, qui se montrait si dévouée pour lui, et qui continuait à le nourrir, de concert avec dix de ses compagnes, était morte. On avait enterré cette femme dans le cimetière voisin. Son corps avait été enveloppé d'une toile de çâna, espèce de lin assez grossier. Siddhârtha, quelques jours après, creusa la terre et reprit le linceul. Puis, « voulant montrer ce que doit faire un religieux, » il lava ce linceul tout rempli de terre dans un étang, et le façonna de ses propres mains en le cousant. Le lieu où il s'assit en ce moment reçut depuis lors le nom de Pânçoukoulasivana, c'est-à-dire, la couture du linceul (1). De là vient que, dans la suite, il ordonna que ses religieux ne se couvrissent que de haillons rapiécés, qu'ils devaient recueillir dans les rues, sur les routes et même dans les cimetières. Qui d'entre eux aurait osé se plaindre ou résister, quand le rejeton illustre d'une grande famille royale, l'unique héritier des Çâkyas, abandonnant la puissance et la richesse, avait imposé ces lugubres vêtements à sa jeunesse et à sa beauté?

Cependant le terme de ces longues et pénibles épreuves approchait. Siddhârtha n'avait plus qu'un seul pas à franchir. Il connaissait ses futurs adversaires; il se connaissait

---

(1) M. Ed. Foucaux, *Rgya tch'er rol pa*, ch. xviii, p. 256. L'esclave de Soudjâtâ, dont le Bouddha revêtit le funèbre vêtement, s'appelait Râdhâ. Pour les détails qui précèdent et ceux qui vont suivre, il faut toujours comparer le *Foe Koue Ki* et l'histoire de *Htouen Thsang* avec le *Lalitavistara* et la légende d'Açoka dans l'*Introd. à l'hist. du Bouddh. ind.*, de M. E. Burnouf, p. 382 et suiv.

lui-même ; il était sûr de leur faiblesse et de ses forces ; mais sa modestie éprouvait quelques derniers scrupules. Chargé du salut des créatures, il se demandait s'il avait enfin obtenu cette vue définitive et immuable de la vérité qu'il devait enseigner au monde : « Par tout ce que j'ai
« fait et acquis, se disait-il quelquefois, j'ai de beaucoup
« dépassé la loi humaine ; mais je ne suis pas encore ar-
« rivé à distinguer clairement la vénérable sagesse. Ce n'est
« pas là encore la voie de l'intelligence. Cette voie ne peut
« mettre un terme irrévocable ni à la vieillesse, ni à la
« maladie, ni à la mort (1). » Puis il revenait aux méditations de son enfance ; il se rappelait ces premières et splendides visions qu'il avait eues jadis dans le jardin de son père, à l'ombre d'un djambou ; et il se demandait si sa pensée, mûrie par l'âge et par la réflexion, tenait bien toutes les merveilleuses promesses que s'était faites sa jeune imagination (2). Pouvait-il bien être le sauveur du genre humain ?

Dans une de ces fréquentes extases qu'avait le jeune solitaire, après une méditation qui paraît avoir duré, presque sans interruption, pendant une semaine, Siddhârtha crut pouvoir, dans toute la sincérité de son cœur, se répondre à lui-même affirmativement : « Oui, il avait
« enfin trouvé la voie forte du grand homme, la voie du
« sacrifice des sens, la voie infaillible et sans abattement,
« la voie de la bénédiction et de la vertu, la voie sans
« tache, sans envie, sans ignorance et sans passion (3); la

---

(1) M. Ed. Foucaux, *Rgya tch'er rol pa*, t. II, ch. XVIII, p. 253.
(2) *Idem, ibid.*
(3) *Idem, ibid*, t. II, ch. XIX, p. 261.

« voie qui montre le chemin de la délivrance, et qui fait
« que la force du démon n'est pas une force ; la voie qui
« fait que les régions de la transmigration ne sont pas des
« régions ; la voie qui surpasse Çakra, Brahma, Mahésvara
« et les gardiens du monde ; la voie qui mène à la posses-
« sion de la science universelle, la voie du souvenir et du
« jugement, la voie qui adoucit la vieillesse et la mort,
« la voie calme et sans trouble, exempte des craintes du
« démon, qui conduit à la cité du Nirvâna (1). » En un
mot Siddhârtha crut à ce moment suprême pouvoir se
dire qu'il était enfin le Bouddha parfaitement accompli,
c'est-à-dire, le sage dans toute sa pureté, sa grandeur, et
dans sa puissance plus qu'humaine, plus que divine.

Le lieu où Siddhârtha devint enfin Bouddha est aussi
fameux dans la légende que Kapilavastou, le lieu de sa
naissance, Ourouvilva, le lieu de sa retraite des six
années, et Kouçinagarâ, le lieu de sa mort. L'endroit précis où se révéla le Bouddha est appelé Bodhimanda, c'est-à-dire « le siége de l'intelligence (2) ; » et la

---

(1) M. Ed. Foucaux, *Rgya tch'er rol pa*, t. II, ch. xix, p. 262.
(2) *Idem, ibid.* Voir aussi M. E. Burnouf, *Introd. à l'hist.
du Bouddh. ind.*, p. 386, et le *Foe Koue Ki*, p. 281 et suiv. Il
ne faut pas confondre Bodhi avec Bouddhi. Les deux mots ont
le même sens en sanscrit, et tous deux signifient l'intelligence ;
seulement le premier s'applique plus particulièrement à cet état
d'intelligence qu'atteint le Bouddha quand il est parfaitement
accompli ; l'autre n'exprime que l'intelligence en général. Voir,
pour la Bodhi, le *Lotus de la bonne loi* de M. E. Burnouf,
p. 796, appendice n° xii. Tout ce récit se retrouve dans une légende chinoise traduite par M. Klaproth. Voir le *Foe Koue Ki*,
ch. xxxi, p. 285 et suiv. D'après le *Lotus de la bonne loi*, il
semblerait que Bodhimanda était situé dans l'intérieur d'une

tradition a conservé les moindres détails de cet acte solennel. En se rendant des bords de la Naïrandjanâ à Bodhimanda, le Bodhisattva (1) rencontra près de la route, à sa droite, un marchand d'herbes qui coupait « une herbe « douce, flexible, propre à faire des nattes et d'une odeur « très-suave. » Le Bodhisattva se détourna de son chemin, et, allant à cet homme, nommé Svastika, il lui demanda de l'herbe qu'il fauchait; puis, s'en faisant un tapis, la pointe du gazon en dedans et la racine en dehors, il s'assit, les jambes croisées, le corps droit, et tourné à l'orient, au pied d'un arbre qui est appelé « l'arbre de l'intelligence, » Bodhidrouma (2). « Qu'ici, sur ce siége, « dit-il en s'asseyant, mon corps se dessèche, que ma « peau, ma chair et mes os se dissolvent, si, avant d'avoir « obtenu l'intelligence suprême, je soulève mon corps de « ce gazon où je l'assieds (3). » Il y resta tout un jour et

ville appelée Gâyâ : voir la traduction de M. E. Burnouf, p. 191. D'après le *Rgya tch'er rol pa*, Bodhimanda serait près du mont Gâya : voir la traduction de M. Ed. Foucaux, p. 378. *Hiouen Thsang* (voir l'histoire de sa vie, par M. Stanislas Julien, page 140) parle d'une ceinture de montagnes près de Bodhimanda.

(1) Le Bodhisattva est le futur Bouddha, c'est-à-dire l'être qui a toutes les qualités requises pour devenir Bouddha, mais qui ne l'est pas encore entièrement.

(2) M. Ed. Foucaux, *Rgya tch'er rol pa*, t. II, ch. xix, p. 262, 273, 277. On appelle aussi cet arbre Tarâyana, c'est-à-dire, « qui fait traverser l'océan de la vie. » *Idem, ibid.*, p. 356.

(3) La position que prit le Bodhisattva à Bodhimanda est celle que lui donnent tous les monuments figurés, statues, bas-reliefs, tableaux, etc., qu'on a découverts ou observés dans l'Inde. Voir, pour un récit un peu différent, le *Lotus de la bonne loi*, de M. E. Burnouf, p. 414.

toute une nuit sans mouvement, et ce fut à la dernière veille, au moment du lever de l'aurore, à l'instant où l'on est le plus endormi, et, comme le disent les Tibétains, à l'instant où l'on bat le tambour (1), que s'étant revêtu de la qualité de Bouddha parfaitement accompli, et de celle de l'intelligence parfaite et accomplie, il atteignit la triple science (Trividiyâ) : « Oui, s'écria-t-il alors, oui, « c'est ainsi que je mettrai fin à cette douleur du monde. » Et frappant la terre avec sa main : « Que cette terre, « ajouta-t-il, soit mon témoin; elle est la demeure de « toutes les créatures ; elle renferme tout ce qui est mo- « bile ou immobile ; elle est impartiale ; elle témoignera « que je ne mens pas (2). »

Si le genre humain n'était pas sauvé, comme put le croire à ce moment Siddhârtha, du moins, une religion nouvelle était fondée. Le Bouddha avait alors trente-six ans.

L'arbre sous lequel il s'assit à Bodhimanda était un figuier de l'espèce appelée *pippala* (3); et la vénération des fidèles ne tarda pas à l'entourer d'un culte fervent, qui dura de longs siècles (4). Dans l'année 632 de notre ère, c'est-à-dire onze cents ans tout au moins après la mort

(1) *Rgya tch'er rol pa*, M. Ed. Foucaux, t. II, ch. xxii, p. 331 et 335.

(2) *Idem, ibid.*, p. 336 et 305.

(3) Voir Fa Hian dans le *Foe Koue Ki* de M. Abel Rémusat, ch. xxxiv, p. 276, avec les notes très-instructives de M. Klaproth, et l'*Histoire de la vie de Hiouen Thsang et de ses voyages*, par M. Stanislas Julien, p. 141. On dit aussi que cet arbre était un sâla ou un tâla. Voir le *Foe Koue Ki*, p. 290, note extraite d'une légende chinoise par M. Klaproth.

(4) D'après l'*Açoka avadana* ou *légende d'Açoka*, c'est le roi Açoka qui fit construire des stoûpas dans tous les lieux consa-

du Bouddha, Hiouen-Thsang, le pèlerin chinois, vit encore le Bodhidrouma, ou l'arbre qui passait pour l'être. C'était à peu près à quinze lieues de Râdjagriha, la capitale du Magadha (1), et non loin de la Naïrandjanâ, comme l'indique le *Lalitavistara* (2). L'arbre était protégé par des murs en briques très-élevés et fort solides, qui avaient une étendue considérable de l'est à l'ouest et se rétrécissaient sensiblement du nord au sud. La porte principale s'ouvrait à l'est, en face de la rivière Naïrandjanâ. La porte du midi était voisine d'un grand étang, sans doute celui où Siddhârtha avait lavé le linceul. A l'ouest était une ceinture de montagnes escarpées, et la partie du nord communiquait avec un grand couvent. Le tronc de l'arbre était d'un blanc jaune; ses feuilles étaient vertes et luisantes, et, d'après ce qu'on dit au voyageur, elles ne tombaient ni en automne, ni en hiver. Seulement, lui dit-on aussi, le jour anniversaire du Nirvâna du Bouddha, elles se détachent tout d'un coup pour renaître le lendemain plus belles qu'auparavant (3). Tous les ans, les rois,

crés. Voir M. E. Burnouf, *Introd. à l'hist. du Bouddh. indien*, p. 386, 388. Un rameau du Bodhidrouma fut miraculeusement transporté à Ceylan, *Foe Koue Ki*, p. 343.

(1) *Histoire d'Hiouen Thsang*, p. 139.

(2) Comparer entre elles les citations qui viennent d'être faites un peu plus haut, d'après le *Rgya tch'or rol pa*, de M. Ed. Foucaux. On peut voir aussi dans la *légende d'Açoka*, *Introd. à l'hist. du Bouddh. indien*, de M. E. Burnouf, p. 393, comment la femme du roi Açoka, Tishya Rakshitâ, essaya de faire périr l'arbre Bodhi, pour lequel le roi faisait d'énormes dépenses. Voir aussi Fa Hian dans le *Foe Koue Ki*, de M. A. de Rémusat, ch. xxxii.

(3) *Histoire de la vie d'Hiouen Thsang et de ses voyages*, par M. Stanislas Julien, p. 139, 140, 142.

les ministres et les magistrats se rassemblaient encore, à pareil jour, au-dessous de cet arbre, l'arrosaient avec du lait, allumaient des lampes, répandaient des fleurs, et se retiraient après avoir recueilli les feuilles qui en étaient tombées.

Près de l'« arbre de l'Intelligence », Hiouen Thsang vit une statue du Bouddha devant laquelle il se prosterna; on en attribuait l'érection à Maitréya, l'un des disciples les plus renommés du maître. Tout à l'entour de l'arbre et de la statue, et dans un espace très-resserré, on voyait une foule de monuments sacrés qui rappelaient chacun quelque pieux souvenir. Il ne fallut pas moins de huit à neuf jours au dévot chinois pour les adorer tous l'un après l'autre (1). C'étaient des stoûpas et des vihâras ou monastères, de diverses grandeurs et de diverses formes. On y montrait surtout à l'admiration des fidèles le Vadjrâsanam, c'est-à-dire le Trône de Diamant (2), l'un des siéges sans doute dont quelque prince avait fait présent au Bouddha, et qui devait disparaître un jour quand les hommes seraient moins vertueux, à ce que croyait la superstition populaire.

Je n'hésite pas à penser qu'à l'aide des indications si précises que nous donnent le *Lalitavistara*, Fa Hian et Hiouen Thsang, il ne fût possible de retrouver Bodhi-

---

(1) *Histoire d'Hiouen Thsang*, p. 143.

(2) *Idem, ibid*, p. 140. Le Vradjrâsanam, dans l'aveugle crédulité des populations bouddhiques, passait pour être contemporain de la création, ou plutôt il s'était élevé en même temps que le ciel et la terre. Tout bodhisattva qui voulait devenir Bouddha devait s'asseoir sur ce trône. S'il s'asseyait ailleurs, la terre perdrait son équilibre. Id. *ib.*, p. 143; voir aussi M. E. Burnouf, *Introd. à l'Hist. du Bouddh. ind.*, p. 387.

manda ; et je ne serais pas étonné que quelque jour un des officiers de l'armée anglaise, si intelligents et si courageux, ne nous apprît qu'il a fait cette découverte ; elle vaudrait certainement toutes les peines qu'elle aurait coûtées, et que probablement on ne se donnerait pas en vain. La configuration des lieux n'a pas changé ; et si les arbres ont péri, les ruines de tant de monuments doivent avoir laissé sur le sol des traces reconnaissables.

Cependant la retraite du Bouddha sous le figuier sacré de Bodhimanda, sous le Târâyana, n'était pas si étroite qu'il n'y fût déjà visité. Sans compter Soudjâtâ et ses jeunes compagnes, qui nourrissaient le Bouddha de leurs aumônes, il y vit au moins deux autres personnes, qu'il convertit à la foi nouvelle. C'étaient deux frères, tous deux marchands, et qui passaient près de Bodhimanda revenant du sud, et remportant au nord, d'où ils étaient partis, des marchandises considérables. La caravane qui les suivait était nombreuse, puisqu'elle conduisait plusieurs centaines de chariots. Quelques attelages s'étant embourbés, les deux frères, qui se nommaient Trapousha et Bhallika, s'adressèrent au saint ascète pour sortir d'embarras ; et, tout en suivant ses avis, ils furent touchés de sa vertu et de sa sagesse surhumaines. « Les deux « frères, dit le *Lalitavistara*, ainsi que tous leurs compa- « gnons, allèrent en refuge dans la loi du Bouddha (1). »

Malgré ce premier succès de bon augure, le Bouddha hésitait encore. Il était désormais certain d'avoir la pleine

---

(1) *Rgya tch'er rol pa*, de M. Ed. Foucaux, t. II, ch. xxiv, p. 357 et 363, et M. E. Burnouf, *Introd. à l'hist. du Bouddh. indien*, p. 389. Le vase d'or dans lequel les deux frères avaient offert au Bouddha le lait de leur vache, se nomma depuis *Aboutchandra*, c'est-à-dire, qui rassasie.

possession de la vérité. Mais comment serait-elle accueillie par les hommes ? Il apportait aux créatures la lumière et le salut ; mais voudraient-elles ouvrir les yeux ? entreraient-elles dans la voie où on les conviait à marcher ? Le Bouddha se retira donc de nouveau dans la solitude ; et y étant resté dans la contemplation, il méditait ainsi en son cœur : « La loi qui vient de moi est profonde, lumineuse,
« déliée, difficile à comprendre ; elle échappe à l'examen ;
« elle est hors de la portée du raisonnement, accessible
« seulement aux savants et aux sages ; elle est en opposi-
« tion avec tous les mondes. Ayant abandonné toute idée
« d'individualité, éteint toute notion, interrompu toute
« existence par la voie du calme, elle est invisible en son
« essence de vide ; ayant épuisé le désir, exempte de
« passion, empêchant toute production des êtres, elle
« conduit au Nirvâna. Mais si, devenu Bouddha vraiment
« accompli, j'enseigne cette loi, les autres êtres ne la
« comprendront pas ; et elle peut m'exposer à leurs in-
« sultes. Je ne me laisserai point aller à ma miséri-
« corde (1). » Trois fois le Bouddha fut sur le point de succomber à cette faiblesse (2) ; et peut-être eût-il renoncé pour jamais à sa grande entreprise, satisfait d'avoir trouvé pour lui seul le secret de la délivrance éternelle ; mais une suprême réflexion vint le décider et trancher sans retour ses irrésolutions. « Tous les êtres, se dit-il, qu'ils
« soient infimes, médiocres ou élevés, qu'ils soient très-

---

(1) *Rgya tch'er rol pa*, de M. Ed. Foucaux, t. II, ch. xxv, p. 368.

(2) *Idem*, *ibid.* p. 370. On pourrait montrer comment la légende fait intervenir l'armée innombrable des dieux dans ces délibérations du Bouddha. Ici je ne le considère qu'à un point de vue tout individuel et tout humain.

« bons, moyens ou très-mauvais, peuvent être rangés en
« trois classes : un tiers est dans le faux et y restera ; un
« tiers est dans le vrai ; un tiers est dans l'incertitude.
« Ainsi un homme au bord d'un étang voit des lotus qui
« ne sont pas sortis de l'eau, d'autres qui sont au niveau
« de l'eau, d'autres enfin qui sont élevés au-dessus de
« l'eau. Que j'enseigne ou que je n'enseigne pas la loi ;
« cette partie des êtres, qui est certainement dans le faux,
« ne la connaîtra pas ; que j'enseigne ou que je n'enseigne
« pas la loi, cette partie des êtres, qui est certainement
« dans le vrai, la connaîtra ; mais cette partie des êtres
« qui est dans l'incertitude, si j'enseigne la loi, la con-
« naîtra ; si je n'enseigne pas la loi, elle ne la connaîtra
« pas (1). »

Le Bouddha se sentit alors « pris d'une grande pitié
« pour cet assemblage d'êtres plongés dans l'incertitude ; »
et ce fut une pensée de miséricorde qui le décida (2). Il
allait ouvrir aux êtres, depuis longtemps égarés dans
leurs pensées mauvaises, la porte de l'immortalité (3), en
leur révélant les Quatre vérités sublimes qu'il venait enfin de comprendre, et l'Enchaînement mutuel des causes.

Une fois fixé sur les bases de sa doctrine, et résolu de
tout braver pour en propager les bienfaits, Siddhârtha se

---

(1) *Rgya tch'er rol pa*, p. 364, 368, 372.
(2) *Idem, ibid.* p. 373.
(3) *Idem, ibid.* p. 371. Voir aussi un passage très-curieux du *Djina alamkâra* singhalais, *Lotus de la bonne loi*, de M. E. Burnouf, p. 376. Pour les Quatre vérités sublimes dont il sera question plus bas dans l'examen de la métaphysique du Bouddhisme, voir le mémoire spécial de M. E. Burnouf, *Lotus de la bonne loi*, p. 517, Appendice n° 5 ; pour l'Enchaînement mutuel des causes, *ibid.* p. 530, Appendice n° 6.

demanda quels seraient ceux à qui d'abord il la communiquerait. Sa première pensée fut pour ses anciens maîtres de Râdjagriha et de Vaiçâlî. Tous deux l'avaient naguère accueilli ; il les avait trouvés tous les deux purs, bons, sans passion, sans envie, pleins de science et de sincérité. Il leur devait de partager avec eux la lumière nouvelle qui l'éclairait lui-même, et qu'ils avaient jadis vainement cherchée ensemble. Avant d'aller prêcher sa doctrine à Varânaçî, la ville sainte, il voulait instruire Roudraka, le fils de Râma, et Arâta Kâlâma dont il avait conservé un souvenir reconnaissant ; mais dans l'intervalle tous deux étaient morts (1). En l'apprenant, le Bouddha fut saisi d'un profond regret ; il les eût sauvés l'un et l'autre, et ceux-là certainement n'eussent point tourné en dérision l'enseignement de la Loi. Sa pensée se reporta donc sur les cinq disciples qui avaient longtemps partagé sa solitude, et qui l'avaient entouré de soins pendant qu'il pratiquait ses austérités. Il est vrai qu'ils l'avaient quitté par un excès de zèle ; mais « ces cinq personnages de bonne caste
« n'en étaient pas moins très-bons, faciles à discipliner,
« à instruire, à purifier complètement ; ils étaient faits
« aux pratiques austères ; évidemment ils étaient tournés
« vers la route de la délivrance, et déjà ils étaient affran-
« chis des obstacles qui la ferment à tant d'autres (2). »
Eux non plus ne feraient point d'injure au Bouddha. Il résolut de les aller trouver.

(1) M. Ed. Foucaux, *Rgya tch'er rol pa*, ch. xxvi, p. 376, 377. Comparez aussi le *Lotus de la bonne loi*, trad. de M. E. Burnouf, p. 19, 25, 62 et 69. Le Bouddha entrevoit de grandes difficultés à faire accepter la loi.

(2) *Rgya tch'er rol pa*, de M. Ed. Foucaux, t. II, ch. xxvi, p. 378.

Il quitta donc Bodhimanda, en se dirigeant au nord, franchit le mont Gâya qui en était peu éloigné (1), et où il prit un repas (2), et s'arrêta successivement à Rohitavastou, Ourouvilvakalpa, Anâla et Sârathi (3), où des maîtres de maisons lui offrirent l'hospitalité. Il parvint ainsi à la grande rivière Gangâ, le Gange. Elle coulait à pleins bords dans cette saison, et elle était extrêmement rapide. Le Bouddha dut s'adresser à un batelier pour la passer; mais comme il n'avait pas de quoi acquitter le péage, ce ne fut pas sans peine qu'il put traverser à l'autre rive. Dès que le roi Bimbisâra apprit la difficulté qui l'avait arrêté quelques instants, il abolit le péage pour tous les religieux.

A peine arrivé dans la grande ville de Bénarès, le Bouddha se rendit auprès de ses cinq disciples qui se trouvaient alors dans un bois appelé le bois de l'Antilope (mriga dâva), lieu appelé aussi Rishipatana (4). Ceux-ci aperçurent de loin Siddhârtha, et tous leurs griefs contre lui se réveillèrent; ils n'avaient pas oublié ce qu'ils appelaient sa faiblesse, quand il avait cru devoir cesser d'inutiles austérités; et pendant qu'il s'approchait d'eux, ils se dirent : « Il ne faut rien avoir de commun avec lui; il ne

---

(1) *Rgya tch'er rol pa*, de M. E. Foucaux, t. II, ch. xxvi, p. 378.

(2) *Idem*, *ibid*. p. 380. Gayâ est aussi le nom d'une ville qui se trouvait dans le voisinage, voir M. E. Burnouf, *Introd. à l'histoire du Bouddh. ind.*, p. 387, en note.

(3) On ne sait rien de plus sur ces différentes villes.

(4) *Rgya tch'er rol pa*, de M. Ed. Foucaux, t. II, ch. xxiv, p. 381, et M. Stanislas Julien, *Histoire de la vie d'Hiouen Thsang*, p. 132. Le *Lalitavistara*, ch. iii, p. 21, donne une explication de ces deux noms de Mrigadâva et de Rishipâtana; mais pour le dernier l'explication est absurdement fabuleuse.

« faut ni aller au-devant de lui avec respect ni se lever ;
« il ne faut lui prendre ni son vêtement de religieux ni
« son vase aux aumônes ; il ne faut lui donner ni breu-
« vage préparé, ni tapis, ni place pour ses pieds ; s'il
« nous demande à s'asseoir, nous lui offrirons ce qui dé-
« passe de ces tapis, où nous garderons nos siéges (1). »
Mais cette froideur et cette malveillance ne purent pas
tenir longtemps. A mesure que le maître s'approchait, ils
se sentaient mal à l'aise sur leurs siéges, et ils voulaient
se lever par un instinct secret qui les dominait malgré eux.
Bientôt, ne pouvant plus supporter la majesté et la gloire
du Bouddha, ils se levèrent spontanément sans tenir
compte de leurs conventions. Les uns lui témoignent
leur respect ; les autres vont au-devant de lui ; ils lui
prennent sa tunique, son vêtement de religieux, son
vase aux aumônes ; ils étendent un tapis et lui préparent
de l'eau pour ses pieds, et lui disent : « Ayoushmat (sei-
« gneur) Gaoutama (2), vous êtes le bienvenu, daignez
« vous asseoir sur ce tapis. » Puis après l'avoir entretenu
de sujets propres à le réjouir, ils se placèrent tous d'un
seul côté auprès de lui, et ils lui dirent : « Les sens
« d'Ayoushmat Gaoutama sont parfaitement purifiés ; sa
« peau est parfaitement pure ; le tour de son visage est
« parfaitement pur. Ayoushmat Gaoutama, y a-t-il en
« vous, bien au-dessus de la loi humaine, le discerne-
« ment de la science vénérable ? »

Le Bouddha leur répondit : « Ne me donnez pas le titre

(1) *Rgya tch'er rol pa*, de M. Ed. Foucaux, t. II, ch. xxvi,
p. 381. Fa Hian dans le *Foe Koue Ki* de M. Abel Rémusat,
ch. xxxiv, raconte les mêmes faits en les abrégeant.

(2) *Idem, ibid.* p. 382. Gaoutama est le patronymique de
Gotama, c'est à dire descendant de Gotama, Gotamide.

5.

« d'Âyoushmat. Longtemps je vous suis resté inutile ; je
« ne vous ai procuré ni secours ni bien-être. Oui, je suis
« arrivé à voir clairement l'immortalité et la voie qui
« conduit à l'immortalité. Je suis Bouddha ; je connais
« tout, je vois tout, j'ai effacé les fautes, je suis maître
« en toutes lois ; venez que je vous enseigne la Loi ; écou-
« tez, prêtez attentivement l'oreille ; je vous instruirai en
« vous conseillant ; et votre esprit étant délivré par la
« destruction des fautes et par la connaissance manifeste
« de vous-mêmes, vous achèverez vos naissances, vous
« arriverez à être brahmatcharis, vous aurez fait ce qu'il
« faut faire, et vous ne connaîtrez plus d'autre existence
« après celle-ci ; voilà ce que vous apprendrez. » Puis il
leur rappela avec douceur le langage peu bienveillant que
quelques instants auparavant ils tenaient sur lui (1).

Les cinq disciples, honteux de leur faute, la confessèrent en se jetant à ses pieds, et reconnaissant dans le
Bouddha l'instituteur du monde, ils se donnèrent à lui
avec foi et respect. Durant ce premier entretien, et jusqu'à la dernière veille de la nuit, le Bouddha leur expli-
qua sa doctrine ; ce furent les premières conversions un
peu importantes qu'il opéra.

Varânaçî, que nous avons appelée Bénarès, est plus
sainte encore aux yeux des Bouddhistes que pour les Brahmanes. C'est à Bénarès que le Bouddha prêcha pour la
première fois, ou comme s'exprime le mysticisme bouddhique, qu'il fit tourner pour la première fois la roue de
la Loi, langage symbolique et sacramentel qu'ont adopté
toutes les sectes du Bouddhisme, au Nord, au Sud, à
l'Est, depuis le Tibet et le Népâl jusqu'à Ceylan et à la

---

(1) *Rgya tch'er rol pa*, p. 383.

Chine (1). Bénarès, si l'on en juge par la description qu'en fait Hiouen Thsang au vii° siècle de notre ère (2), ne devait point avoir, au temps du Bouddha, l'importance qu'elle acquit plus tard. Ce devait être cependant dès cette époque une ville assez considérable et l'un des principaux foyers du Brahmanisme. C'était pour cela sans doute que le Bouddha s'y était rendu. Si à Vaiçâli, à Râdjagriha, les brahmanes avaient des écoles de trois cents et de sept cents disciples, il est probable qu'à Bénarès leurs auditeurs étaient encore plus nombreux. Le Bouddha ne pouvait trouver un théâtre plus vaste ni plus redoutable pour produire sa doctrine.

Malheureusement, nous avons peu de détails sur son séjour à Bénarès (3). Le *Lalitavistara*, qui nous a surtout guidé jusqu'à présent, cesse précisément avec la prédication du Bouddha à ses cinq disciples et ne va point au-delà. Les autres Soûtras, qui ne sont point, comme le *Lalitavistara*, une biographie régulière de Çâkyamouni,

(1) C .e rappelle les curieux détails qu'a donnés M. Biot sur les roues à prières des Tibétains, qui ont pris au propre cette expression figurée des premiers Soûtras, et qui, pour prier le Bouddha, font tourner par leurs lamas de grandes roues sur lesquelles sont inscrites des formules sacrées. Voir le *Journal des Savants*, cahier de juin 1845.

(2) Hiouen Thsang donne à Bénarès deux lieues de long sur une de large; il y vit entre autres monuments un stoûpa haut de cent pieds, et une colonne de pierre haute de soixante-dix, qu'avait élevés Açoka sur l'endroit même où le Bouddha avait fait, pour la première fois, tourner la roue de la Loi. Voir M. Stanislas Julien, *Histoire de la vie d'Hiouen Thsang*, p. 132 et 133.

(3) Voir le *Foe Koue Ki* de M. A. Rémusat, note de M. Klaproth sur le ch. xxii, p. 225.

nous apprennent peu de choses sur les luttes qu'il eut vraisemblablement à soutenir contre les Brahmanes de Varânaçî. Au point où nous en sommes arrivés de sa vie, et après avoir assisté à la lente élaboration de ses idées, il eût été curieux de savoir quels furent ses premiers succès et ses premiers revers. Mais il faut nous passer de ces renseignements, tout intéressants qu'ils seraient, en attendant que, peut-être, la publication de quelques nouveaux Soûtras nous les procurent. Dans aucun de ceux qui ont été traduits jusqu'à ce jour, nous ne trouvons, pour la suite de la carrière du Bouddha, un récit aussi complet que celui du *Lalitavistara*. La plupart des Soûtras ne comprennent qu'un des actes de sa vie, une de ses prédications; il n'en est pas un seul, si l'on en excepte celui-là, qui se soit attaché à une exposition de son histoire. Il nous est possible cependant, à l'aide des matériaux divers qu'ils nous offrent, de reconstruire cette histoire et de l'achever. La vraisemblance n'y fera pas défaut plus qu'au reste; seulement l'ordre des faits y sera moins certain. Les événements principaux de l'existence du Bouddha y seront racontés un peu confusément, et il nous sera difficile de dire, avec toute l'exactitude désirable, comment ces événements se sont succédé.

Il paraît probable que le séjour de Çâkyamouni à Varânaçî ne fut pas très-prolongé, bien qu'il y ait fait encore quelques autres conversions. La plus grande partie des Soûtras connus jusqu'aujourd'hui nous le montrent soit dans le Magadha à Râdjagriha, soit dans le Koçala à Çrâvastî. C'est dans ces deux royaumes qu'il passa presque tout le reste de sa vie, qui devait durer encore environ quarante ans. Les rois de ces deux contrées le protègent, et ils embrassent l'un et l'autre le Bouddhisme. Bimbisâra est le roi du Magadha, et nous avons déjà vu quelle bienveillance il avait témoignée à Siddhârtha (1), quand le jeune prince commençait à peine son apostolat religieux. Cette bienveillance ne se démentit point pendant toute la durée d'un très-long règne. Aussi le Bouddha se plaisait-il beaucoup à séjourner à Râdjagriha, qui était à peu près au centre du royaume (2), et à visiter de là les contrées voisines. Tous ces lieux devaient lui être chers, comme ils devinrent sacrés plus tard pour ses sectateurs. Bodhimanda, Ourouvilva, ainsi que je l'ai dit, étaient à peu de distance (3). A deux ou trois lieues de la ville, s'élevait la montagne appelée le pic ou la tour du Vautour (Gridhrakoûta parvata), dont l'un des sommets, vu de loin, rappelle en effet la forme de cet oiseau, si l'on en croit le témoignage d'Hiouen Thsang. Le Bouddha aimait à fréquenter cette montagne où se trouvaient de magnifiques ombrages, de fraîches fontaines et des aspects pittoresques et grandioses. C'est là qu'entouré de ses religieux, il prêcha le *Lotus de la bonne loi*, le Mahâprajnâ pâramita soûtra, sans compter un grand nombre d'autres Soûtras (4).

(1) Voir plus haut, p. 52.

(2) *Histoire de la vie d'Hiouen Thsang*, de M. Stanislas Julien, p. 153.

(3) Voir plus haut, p. 53 et 57.

(4) *Histoire de la vie d'Hiouen Thsang*, de M. Stanislas Julien, p. 154; *Foe Koue Ki*, p. 253, 269, 270; *Lotus de la bonne loi*, de M. E. Burnouf, p. 1 et 287, et aussi l'*Introd. à l'hist. du Bouddh. ind.*, p. 100 et 529. Le mot de Gridhrakoûta s'est en partie conservé dans la dénomination actuelle de Guiddhaur ou Guiddore. Les Anglais ont élevé une citadelle sur le point culminant de cette montagne. Il paraît d'ailleurs que ce lieu, naturellement fort, avait, dès les plus anciens temps, servi d'asyle à des proscrits. D'après la citation de M. E. Burnouf, le *Mahâbhârata (Çântiparvan*, ch. XLIX, st. 1796, t. III,

Aux portes mêmes de la ville, au nord, se trouvait un superbe vihâra, où le Bouddha résidait souvent. Ce lieu s'appelait Kalantaka ou Kalanta vénouvana, c'est-à-dire le Jardin des bambous de Kalanta. D'après Hiouen Thsang (1), Kalanta était un marchand fort riche, qui avait d'abord donné son jardin à des brahmanes; quand il eut entendu la Loi sublime, il regretta de le leur avoir donné, et il le leur retira. Il y fit construi ̀ une superbe maison qu'il offrit au Bouddha. C'est là que le Bouddha convertit plusieurs de ses plus fameux disciples, Câripouttra, Maoudgalyâyana et Kâtyâyana (2); c'est là aussi que devait se réunir le premier concile de ses religieux après sa mort. A une distance plus éloignée de Râdjagriha, il y avait aussi un lieu nommé Nâlanda où le Bouddha paraît avoir fait d'assez longs et d'assez doux séjours, si l'on en juge par la richesse et le nombre des monuments qu'y éleva plus tard la piété des rois Bouddhistes. Dans l'origine, ce lieu était un jardin de manguiers (âmras) appartenant à un riche maître de maison et situé près d'un étang. Cinq cents marchands l'avaient acheté pour en faire don au Bouddha, qui, pendant trois mois, leur avait expliqué la Loi en cet endroit. Aussi les rois qui succédèrent à Bimbisâra, s'étaient-ils attachés à orner ce lieu des plus splendides constructions : c'étaient des couvents appelés du

---

p. 428, éd. de Calcutta) parle de Kshattriyas vaincus qui se sont retirés à Gridhrakoûta, pour fuir la vengeance d'un prince.

(1) *Histoire de la vie d'Hiouen Thsang et de ses voyages*, par M. Stanislas Julien, p. 155 et 156; *Foe Koue Ki*, de M. A. Rémusat, ch. xxx, p. 272.

(2) Csoma de Körös, *Vie de Çâkyamouni*, d'après les auteurs tibétains, *Asiat. Research.*, t. XX, IIe partie, p. 294; *Foe Koue Ki*, de M. A. Rémusat, ch. xxx, p. 272, et la note de M. Klaproth, p. 274.

nom particulier de Sanghârâmas (lieux d'assemblée) ; ils étaient au nombre de six, tous plus grands les uns que les autres, et un roi les avait fait entourer d'une nouvelle muraille de briques pour les réunir en un seul. Quand Hiouen Thsang les vit, il les admira comme les plus vastes et les plus beaux édifices de ce genre qu'il eût rencontrés dans l'Inde entière. On y comptait encore, si on l'en croit, dix mille religieux ou étudiants, qui étaient entretenus par les libéralités du roi sur le revenu de plusieurs villes chargées tour à tour de les nourrir. Chaque jour il y avait cent chaires ouvertes dans l'intérieur de cet immense couvent, où les élèves ne montraient pas moins de zèle que les maîtres (1). Par une tolérance non moins surprenante, les sectateurs des dix-huit écoles différentes du Grand Véhicule s'y trouvaient réunis en bonne intelligence; et l'on y enseignait les Védas en même temps que les Soûtras bouddhiques, sans oublier la médecine et les sciences occultes. Je veux bien que le voyageur chinois ait exagéré les choses ; mais il n'en demeure pas moins avéré que cet antique séjour du Bouddha était resté pendant de longs siècles l'objet d'une vénération profonde. Cet établissement pieux n'avait pas moins de sept cents ans de date quand Hiouen Thsang le visita, et y reçut plusieurs mois une hospitalité généreuse et cordiale.

Bimbisâra, qui était monté fort jeune sur le trône, ne régna pas moins de trente ans encore après sa conversion au Bouddhisme (2); mais son fils et son successeur Adjâta-

(1) *Histoire de la vie d'Hiouen Thsang*, par M. Stanislas Julien, p. 143, 149 et suiv.

(2) *Mahâvamsa*, de M. Georges Turnour, p. 10. On se rappelle que Bimbisâra avait été mis par son père à la tête du royaume, étant à peine âgé de quinze ans; il en régna cinquante-deux, et il se convertit dans la seizième année de son règne.

çatrou, qui avait remplacé son père en l'assassinant, ne se montra pas d'abord très-favorable à la nouvelle doctrine; il dressa plus d'un piége au Bouddha, d'accord avec Dévadatta, le perfide cousin de Siddhârtha (1); mais il se laissa toucher enfin aux vertus et aux conseils du Bouddha, et se convertit en faisant l'aveu du crime qui lui avait acquis le pouvoir suprême. Tout un soutta singhalais, le Sâmanna phala soutta, est consacré au récit de cette conversion qui semble avoir été l'une des plus difficiles et des plus importantes du réformateur (2). Adjâtaçatrou figure parmi les huit personnages qui se partagèrent les reliques du Bouddha et qui avaient droit à les réclamer, à ce que raconte le Doul va tibétain (tome XI, p. 635).

Quelle que fût l'affection que le Bouddha put avoir pour le Magadha, pays témoin de son rude noviciat et de ses éclatants triomphes, il paraît qu'il y résida moins fréquemment encore que dans le Koçala. Cette dernière contrée, dont Bénarès fait partie, était un peu plus au nord et à l'ouest que le Magadha; elle avait pour capitale Çrâvastî, où résidait le roi Prasénadjit, et dont l'emplacement devait être assez près des lieux où est aujourd'hui Fizabad, l'une des villes les plus riches du royaume d'Aoudh (3). Le Bouddha n'était venu à Çrâvastî qu'avec l'assenti-

---

(1) *Foe Koue Ki* de M. Abel Rémusat, ch. xx, p. 174 et 185; *Histoire de la vie d'Hiouen Thsang* de M. Stanislas Julien, p. 153; pour Dévadatta et sa haine contre Siddhârtha, voir un peu plus haut, p. 36.

(2) On peut lire le Sâmanna phala soutta dans le *Lotus de la bonne loi* de M. E. Burnouf, p. 449 à 482.

(3) *Introduc. à l'hist. du Bouddh. ind.* de M. E. Burnouf, p. 22; et M. Wilson, *Journal of the roy. asiat. society*, t. V, p. 123.

ment du roi Bimbisâra (1), et sur l'invitation formelle de Prasénadjit.

C'était tout près de Çrâvastî qu'était situé Djétavana, le fameux jardin d'Anâtha Pindika ou Anâtha Pindada; le Bouddha y fit presque toutes les prédications dont les Soûtras ont consacré le souvenir (2). D'après ce que rapporte Hiouen Thsang, Anâtha Pindika, qui devait son nom glorieux à sa bienfaisance sans bornes pour les pauvres et les orphelins, avait fait présent de ce magnifique jardin au Bouddha. Ministre de Prasénadjit, il l'avait acheté lui-même, au poids de l'or, du fils aîné de ce roi, appelé Djétâ, d'où le nom Djétavana, le bois de Djéta (3). Anâtha Pindika avait fait construire au milieu; et sous les ombrages les plus frais, un vihâra dont le Bouddha fit pendant vingt-trois ans sa principale résidence. Prasénadjit lui-même, quand il se fut converti, éleva pour lui une salle de conférences située à l'est de la ville, et dont Hiouen Thsang vit encore les ruines surmontées par un stoûpa (4).

(1) Avadâna Çataka, cité par M. E. Burnouf, *Introd. à l'hist. du Bouddh. ind.*, p. 211, et Prâtihârya soûtra, *id., ibid.*, p. 167.

(2) M. E. Burnouf a remarqué que huit soûtras à peu près sur dix commencent par la formule suivante: « Voici ce qui a été entendu par moi : Un jour le bienheureux se trouvait à Çravastî, à Djétavana, dans le jardin d'Anâtha Pindika. » *Introd. à l'hist. du Bouddh. indien*, p. 22.

(3) Djéta veut dire « le vainqueur, » nom qui convenait très-bien à un prince royal de la caste des Kshattriyas.

(4) Voir *l'histoire de la vie de Hiouen Thsang* de M. Stanislas Julien, p. 124. Avant Hiouen Thsang, Fa Hian avait aussi visité ce monastère, *Foe Koue Ki* de M. Abel Rémusat, p. 179. Voir aussi le *Prâtihârya soûtra du Divya avaddna* cité par M E. Burnouf, *Introd. à l'hist. du Bouddh. indien.*, p. 175.

Non loin de là s'élevait une tour, restes de l'antique vihâra de Pradjâpatî, la tante du Bouddha. Ce détail et quelques autres donneraient à croire que la famille de Siddhârtha, ou du moins une partie de sa famille, était venue le retrouver dans ces beaux lieux, où il était si bien accueilli, et où il se plaisait à rester. Mahâ Pradjâpatî était la première femme à laquelle il eût permis d'embrasser la vie religieuse (1), sur les pressantes instances de son cousin Ananda, converti avant elle. A six ou sept lieues de la ville au sud, on montrait encore au temps d'Hiouen Thsang le lieu où le Bouddha revit son père pour la première fois après douze ans d'absence (2). Çouddhodana, désolé de l'éloignement de son fils, avait fait de continuels efforts pour le rapprocher de lui. Il lui avait envoyé successivement jusqu'à huit messagers; mais tous séduits par l'éloquence et l'ascendant du prince étaient restés avec lui et s'étaient faits religieux. Enfin il lui avait adressé l'un de ses ministres, nommé Tcharka, qui s'était converti comme les autres, mais qui était revenu vers le roi pour lui annoncer la visite que son fils comptait bientôt lui faire (3). Il paraît que le père avait prévenu ce voyage en allant personnellement auprès du Bouddha. Mais le Bouddha n'en rendit pas moins au roi de Kapilavastou la visite qu'il en avait reçue. A en croire les auteurs tibétains], les Çâ-

---

(1) M. E. Burnouf, *Introd. à l'hist. du Bouddh. ind.*, p. 278; M. Abel Rémusat, *Foe Koue Ki*, p. 3; Csoma de Kôrôs, *Asiat. Researches*, t. XX, p. 90.

(2) M. Stanislas Julien, *Hist. de la vie d'Hiouen Thsang*, p. 126. Fa Hian avait déjà vu 220 ans auparavant le Stoûpa élevé en ce lieu, *Foe Koue Ki* de M. A. Rémusat, ch. xxiii, p. 198.

(3) Csoma de Kôrôs, *Vie de Çâkyamouni*, *Asiat. Researches*, t. XX, 2ᵉ partie, p. 295.

kyas adoptèrent le Bouddhisme à l'imitation de leur roi, ce qui n'a rien d'improbable ; et ils prirent pour la plupart le caractère religieux, que revêtirent aussi les trois femmes du Bouddha, Gopâ, Yaçodbarâ et Outpalavarna (1), suivies par bien d'autres.

Malgré la protection des rois et l'enthousiasme populaire, il semble que le Bouddha eut à soutenir les luttes les plus vives et les plus persévérantes contre les Brahmanes. Ces rivalités furent même parfois dangereuses. Il est vrai que le Bouddha ne ménageait pas les critiques à ses adversaires. Non content de les convaincre d'erreur ou d'ignorance sur le fond même de leur système, il les traitait d'hypocrites, de charlatans, de jongleurs, reproches d'autant plus blessants qu'ils étaient mérités (2). Son influence ne s'étendait qu'aux dépens de la leur, et il n'est pas de moyens qu'ils ne prissent pour arrêter des progrès aussi menaçants ; leur vanité n'y était pas moins intéressée

(1) Csoma de Körös, *Vie de Çâkyamouni*, *Asiat. Researc..es*, t. XX, 2ᵉ partie, p. 295. Dans les croyances Bouddhiques, le plus grand service qu'un fils pouvait rendre à ses parents, c'était de les convertir ; voir la légende de Poûrna, *Introd. à l'hist. du Bouddh. ind.* de M. E. Burnouf, p. 270 et 278. Aussi la légende raconte-t-elle que le Bouddha remonta dans le ciel des Trayâstrimçats pour enseigner la Loi à sa mère, qu'il n'avait pas connue, mais pour qui il ne ressentait pas moins une affection reconnaissante, *Foe Koue Ki* de M. A. Rémusat, chap. xvii, p. 124, et chap. xxi, p. 171, et la note de M. Klaproth. Un des devoirs les plus étroits de tous les Bouddhas, c'est de convertir leur mère.

(2) *Rgya tch'er rol pa*, de M. Ed. Foucaux, ch. xvii, p. 236, 239 et suiv. ; M. E. Burnouf, *Introd. à l'hist. du Bouddh. ind.*, p. 168 et suiv. ; *Lotus de la bonne loi*, p. 494, dans le Tévidjdja Soûtta du Digha Nikâya singhalais.

que leur pouvoir. Une légende, intitulée le *Prâtihârya Soûtra*, est consacrée presque entière au récit d'une grande défaite que subirent les Brahmanes vaincus par le Bouddha en présence de Prasénadjit (1); c'est comme un tournoi dont le roi et le peuple sont les juges. Dans une autre légende, plus curieuse encore, on voit les Brahmanes faire promettre au peuple de la petite ville de Bhadramkara (2), qu'ils dominent à leur gré, de ne point recevoir le Bouddha, qui s'approche. On convient d'une amende contre quiconque oserait se rendre auprès de lui, et le peuple consent à tout ce que veulent les Brahmanes. Mais quand Bhagavat est entré dans la ville, une Brahmine de Kapilavastou, mariée dans le pays, enfreint la défense. Elle sort pendant la nuit, escalade les murs avec une échelle, et va se jeter aux pieds du Bouddha pour entendre la Loi. Elle sait se faire suivre bientôt d'un des plus riches habitants de la ville, appelé Mendhaka, qui harangue le peuple et l'entraîne en un instant auprès du libérateur que les Brahmanes voulaient humilier et proscrire (3). Les choses allaient encore quelquefois plus loin, et autant qu'on peut en juger par les traditions qu'ont rapportées Fa Hian et Hiouen Thsang (4), le Bouddha dut être assez souvent menacé dans sa personne et jusque dans sa vie. Il n'y a

(1) M. E. Burnouf, *Introd. à l'hist. du Bouddh. ind.*, p. 162 et suiv.

(2) Bhadramkara était à 65 yodjanas ou 85 lieues au sud de Râdjagriha, *Lotus de la bonne loi* de M. E. Burnouf, p. 689.

(3) *Mendhaka avadâna*, dans le *Divya avadâna*, cité par M. E. Burnouf, *Introd. à l'hist. du Bouddh. ind.*, p. 190 et suivantes.

(4) *Foe Koue Ki* de M. de Rémusat, ch. xx, p. 173, 183 et 267; *Histoire de la vie d'Hiouen Thsang*, de M. Stanislas Julien, p. 125, 153, 254 et 209.

rien en ceci qui puisse nous étonner, et s'il est quelque chose qui doive nous surprendre, c'est que le Bouddha n'ait point succombé aux embûches dont il fut certainement entouré.

S'il reste des obscurités dans quelques parties de son existence, il n'y a pas le moindre doute sur le lieu de sa mort. Toutes les légendes, sans exception, s'accordent à le placer à Kouçinagari ou Kouçinârâ, en Pâli (1), dans le royaume de Kouçinagara, qui faisait sans doute partie du Koçala au temps de Prasénadjit. Le Bouddha, âgé de quatre-vingts ans, revenait de Râdjagriha dans le Magadha (2); il était accompagné d'Ananda, son cousin, et d'une foule innombrable de religieux et de disciples (3). Arrivé sur le bord méridional du Gange et sur le point de le passer, il se tint debout sur une grande pierre carrée, regarda son compagnon avec émotion et lui dit : « C'est pour la der-
« nière fois que je contemple de loin la ville de Râdja-

---

(1) Voir la légende d'Açoka, dans l'*Introd. à l'hist. du Bouddh. ind.* de M. E. Burnouf, p. 389; voir aussi, dans le même ouvrage, la note de la page 85; et le *Lotus de la bonne loi*, p. 491; *Foe Koue Ki* de M. A. Rémusat, ch. xxiv, p. 235 et 236; *Histoire de la vie d'Hiouen Thsang*, par M. Stanislas Julien, p. 130.

(2) Ceci est une induction que je tire de l'itinéraire d'Hiouen Thsang. Autant qu'on peut le suivre au milieu de détails assez confus, il semble que le Bouddha quitte le Magadha au sud du Gange, qu'il passe le fleuve en se dirigeant au nord, et qu'il atteint le royaume de Kouçinagara en allant vers Kapilavastou, qu'il désirait peut-être aussi revoir avant de mourir.

(3) *Foe Koue Ki* de M. A. Rémusat, ch. xxiv, p. 235, avec la note de M. Klaproth, p. 237, et ch. xxviii, p. 335 ; et l'*Histoire d'Hiouen Thsang*, par M. Stanislas Julien, p. 131 et 283.

« griha et le Trône de Diamant (Vadjrâsanam) (1). » Après avoir traversé le Gange, il visita la ville de Vaiçâlî, à laquelle il fit, dans les mêmes termes à peu près, d'aussi touchants adieux, et il ordonna lui-même plusieurs religieux, dont le dernier fut le mendiant Soubhadra (2). Il était à une demi-lieue tout au plus au nord-ouest de la ville de Kouçinagarî, dans le pays des Mallas et près de la rivière Atchiravati (3), quand il se sentit atteint de défaillance. Il s'arrêta dans une forêt de çâlas, sous un arbre de cette espèce (shorea robusta), et y mourut ; ou bien, comme le disent les légendes bouddhiques, il entra dans le Nirvâna. Hiouen Thsang vit encore quatre çâlas d'égale hauteur sous lesquels, disait-on, le Bouddha s'était assis pour rendre le dernier soupir (4). Le Bouddha mourut la

(1) *Histoire de la vie d'Hiouen Thsang*, par M. Stanislas Julien, p. 139.

(2) *Idem, ibid.*, p. 136, et M. E. Burnouf, *Introd. à l'Hist. du Bouddh. ind.*, p. 78 et 87, *Soûtra de Mândhâtri, du Divya avadâna*, et aussi p. 234 ; *Lotus de la bonne loi*, p. 335.

(3) D'après une note de M. E. Burnouf, *Lotus de la bonne loi*, p. 491, l'*Atchiravati* ou *Hiranyavati* serait la *Raptî* des modernes, dont le nom ne serait qu'une abréviation mutilée du mot ancien. Voir aussi l'*Introd. à l'hist. du Bouddh. ind.*, p. 85. Le major Cunningham, qui est allé sur les lieux, plaçait la forêt de Çâlas, dont parle Hiouen-Thsang, entre la Raptî et la petite Gandakî ; il croit aussi que les ruines de Kouçinagarî se retrouvent actuellement dans le voisinage, au lieu appelé Kousia (*Journ. of the roy. asiat. society*, tome XVII, 1re partie, p. 30). Dans une de ses notes, M. E. Burnouf se promettait de revenir sur ce dernier voyage que fit Çâkya de Râdjagriha à Kouçinârâ ; la mort l'en a empêché.

(4) *Histoire de la vie d'Hiouen Thsang* de M. Stanislas Julien, p. 130 et 354. Les légendes bouddhiques ne parlent ordi-

huitième année du règne d'Adjâtaçatrou, si l'on s'en rapporte à la chronologie singhalaise (*Mahâvansa* de M. Turnour, p. 10).

Le Doul va tibétain raconte en grands détails les funérailles qui lui furent faites. Elles eurent toute la solennité de celles qu'on réservait alors aux monarques souverains appelés Tchakravartins (1). Le plus illustre de ses disciples, Kâçyapa, l'auteur de l'Abhidharma, qui était alors à Râdjagriha, et qui allait jouer un si grand rôle dans le premier concile (2), se rendit en toute hâte à Koucinagarî. Le corps du Bouddha ne fut brûlé que le huitième jour. Après des contestations qui faillirent devenir sanglantes, et qu'on ne put apaiser qu'au nom de la concorde et de la douceur toujours prêchées par le réformateur, ses reliques furent divisées en huit parties, parmi lesquelles on n'oublia pas celle des Çâkyas de Kapilavastou.

Telle est, dans ses traits principaux, la vie de Çâkyamouni (3). Tous les faits qu'elle renferme sont tellement naturels, tout grands qu'ils sont, que je n'hésite pas à les

---

nairement que de deux çâlas au lieu de quatre. Voir le *Soûtra de Mândhâtri*, *Introd. à l'hist. du Bouddh. ind.*, p. 87, et le *Foe Koue Ki* de M. A. Rémusat, ch. xxiv, p. 235, avec la note de M. Klaproth, p. 237.

(1) Csoma de Koros, trad. du *Doul va*, t. XI, p. 635, *Asiat. Rescar.*, tome XX, 2ᵉ partie, p. 309 et suiv.

(2) *Histoire d'Hiouen Thsang* de M. Stanislas Julien, page 156, et *Introd. à l'hist. du Bouddh. ind.* de M. E. Burnouf, p. 45 et 446; *Foe Koue Ki* de M. A. Rémusat, ch. xxiv, p. 240.

(3) Hiouen Thsang en donne un résumé succinct; voir l'*Histoire de sa vie et de ses voyages*, par M. Stanislas Julien, page 282; et aussi l'Açoka avadâna, dans l'*Introd. à l'hist. du Bouddh. ind.*, de M. E. Burnouf, p. 382 et suiv.

croire vrais, d'après tant de témoignages si concordants qui nous les attestent. Je l'ai racontée telle qu'elle ressort des documents de toute sorte qui sont déjà connus, et que des documents nouveaux pourront seulement compléter, sans devoir y rien changer d'essentiel. La figure du Bouddha nous apparaît dans les conditions les plus simples et les plus croyables. Si elles nous révèlent la grandeur de son génie, elles nous expliquent non moins clairement l'immense empire qu'il a exercé sur les esprits. Mais je dois le dire en historien sincère : j'ai transformé les légendes bouddhiques en leur empruntant le récit vraisemblable qu'elles m'ont fourni. Je l'en ai extrait fidèlement et je n'y ai rien changé. Mais ces faits sont trop simples pour avoir suffi à l'imagination superstitieuse des peuples indiens. Les légendes les ont noyés dans une foule de détails extravagants et fabuleux, que je dois faire connaître aussi, du moins dans leur caractère général, afin qu'on sache avec précision ce que valent les livres canoniques du Bouddhisme, pour avoir fait une si grande fortune dans le monde asiatique. Le lecteur sourira quelquefois en parcourant ces légendes, qui, le plus souvent, courront grand risque de lui causer un insupportable ennui. Mais ces folies aussi font partie de l'histoire de l'esprit humain, qu'il faut toujours étudier sans dédain, même alors qu'il s'égare dans ces rêveries monstrueuses. Ceci, d'ailleurs, pourra contribuer à nous faire mieux connaître l'intelligence des peuples auxquels s'adressait le Bouddha, et qu'il devait réformer.

III.

LÉGENDE DE ÇÂKYAMOUNI.

Voici l'analyse exacte du *Lalitavistara*, dans sa partie fabuleuse ; je donnerai ensuite celle du *Lotus de la bonne loi*.

C'est Ananda, cousin du Bouddha, qui porte la parole et qui est censé l'auteur de ce Soûtra, classé parmi les Soûtras développés ou de Grand Véhicule. Ananda se borne à rappeler ce qu'il a personnellement entendu, comme l'indique cette formule par laquelle débutent tous les Soûtras, et qui en fait des dépositions de témoins irrécusables aux yeux de l'orthodoxie : « Ce discours a été « un jour entendu par moi. » Bhagavat, le Bouddha, est à Çrâvastî, à Djétavana, dans le jardin d'Anâtha Pindika. Il est entouré de douze mille bhikshous, parmi lesquels figurent au premier rang ses cinq disciples, et de trente deux mille bodhisattvas « tous assujétis à une seule et « dernière naissance, tous vraiment parvenus à l'état de « bodhisattvas, tous arrivés à l'autre rive, etc., etc. » A la première veille de la nuit, Bhagavat fut plongé dans la méditation calme, appelée Arrangement des ornements du Bouddha. A peine y fut-il plongé qu'une excroissance s'étant élevée au sommet de sa tête, elle le fit souvenir exactement de tous les Bouddhas antérieurs; et la lumière de la science sans passion s'étant produite, il éclaira avec elle les demeures des dieux et d'un nombre incalculable de fils de dieux. Toutes ces divinités, appelées par des stances d'exhortation, qui sortent des réseaux de lumière dont est enveloppé le Tathâgata, se rendent auprès de lui, et le supplient de vouloir bien leur enseigner cette partie de la Loi qu'on nomme le *Lalitavistara*. Bhagavat, touché de compassion pour ces bodhisattvas mahâsattvas, ces mahâçrâvakas, pour les dieux, les hommes, les Asouras et le monde, consent par son silence à la prière qu'ils lui adressent; et il prend la parole pour leur raconter lui-même le *Lalitavistara*.

Tel est le premier chapitre, et nous voyons déjà, sans qu'il soit besoin d'aller plus loin, à quelle patience il faut nous préparer pour ne pas repousser, dès le début, tout examen de telles extravagances; mais il faut s'armer de courage et continuer.

Adoré par ceux qu'on adore, recevant les hommages de Çakra, de Brahma, de Mahésvara, des gardiens du monde et de tous les dieux inférieurs, le Bodhisattva quitte le Touchita, le séjour de la joie, et il se rend au grand palais de Dharmotchaya (nœud de la loi). C'est là qu'il doit instruire l'immense assemblée qui l'écoute et qui se monte à soixante-huit kotis de personnes, c'est-à-dire à six cent quatre-vingt millions d'êtres, tous assis sur des sièges splendides (1). Bhagavat annonce d'abord que ce n'est que dans douze ans que le Bouddha doit entrer dans le sein d'une mère; et pour que cet événement s'accomplisse avec toutes les conditions nécessaires, il se livre aux quatre grands examens; ce sont l'examen du temps, l'examen des continents, l'examen des pays et l'examen des familles (2). C'est que les Bodhisattvas, au premier développement du monde, lors du rassemblement

(1) *Rgya tch'er rol pa* de M. Ed. Foucaux, t. II, chap. II, p. 10 et 11, et chap. III, p. 13.

(2) *Idem, ibid.*, p. 13 et 21. Voir aussi une légende chinoise, traduite par M. A. Rémusat, qui a reproduit tous ces détails, en les puisant sans doute dans le *Lalitavistara*, *Foe Koue Ki*, notes du chapitre X, p. 72.

des êtres, n'entrent pas dans le sein d'une mère. Mais quand le monde s'est manifesté tout entier, et que sont apparues la vieillesse, la maladie et la mort, c'est alors que les Bodhisattvas entrent dans le sein d'une mère. Voilà pourquoi Bhagavat fait l'examen du temps. S'il examine les continents, c'est qu'un Bodhisattva ne peut naître dans un continent de la frontière; il ne peut naître davantage dans le Vidéha de l'est, ni dans le Godani de l'ouest, ni dans le Kourou du nord. Il ne peut naître que dans le continent du sud, le Djamboudvipa (l'Inde). Il ne saurait naître non plus dans un pays de la frontière, « parmi des hommes stupides, aux sens lourds, d'une nature muette comme celle des moutons, et incapables de distinguer le bon enseignement du mauvais. » Il ne naît que dans un pays du milieu. Si enfin le Bodhisattva se livre à l'examen des familles, c'est que les bodhisattvas ne naissent point dans une famille abjecte, celle d'un tchandâla, d'un joueur de flûte, d'un charron ou d'un domestique. Ils ne naissent que dans deux castes, celles des brahmanes ou des kshattriyas, selon que l'une ou l'autre est la plus respectée des peuples à ce moment.

Cependant la foule des dieux se demandent à voix basse « dans quelle perle de famille » naîtra le Bodhisattva. On propose d'abord la famille de Vaïdéhi, du pays de Magadha. Mais cette famille n'est trouvée assez pure, ni pour la descendance de la mère, ni pour la descendance du père. Elle est d'ailleurs peu religieuse, elle est sauvage, inconstante et mobile. Elle ne peut donc convenir au Bodhisattva. On propose la famille de Koçala. Mais sa filiation n'est pas non plus assez noble; en remontant à son origine, on y trouverait du sang de Mâtangas (paria); d'ailleurs elle n'est pas assez riche, et sa considération n'est point suffisante. D'autres proposent la famille du roi

Vadsa ; mais elle est issue d'hommes étrangers ; elle n'est pas assez illustre ; « et le roi y parle de destruction. » Après ces trois premières familles, celle de Vaîçâlî est également repoussée. Cette ville sans doute est magnifique et très-peuplée ; mais « on ne s'y accorde pas dans les entretiens ; on n'y observe pas la Loi, on n'y respecte ni supérieur, ni homme mûr, ni vieillard, ni chef. Chacun se dit : Je suis roi ; et en pensant : Je suis roi, nul ne veut se soumettre à la discipline, ni à la loi (1) » La famille de Pradyota, dans la cité d'Oudjayanî, est puissante à la guerre ; mais on y est emporté, violent et cruel. La ville de Mathoura semblerait convenable pour la naissance du Bodhisattva ; mais le roi Soubâhou, qui la commande, est né dans une famille « qui a toujours eu des vues fausses, » et il règne sur des hommes pareils aux barbares (2). On repousse encore la famille d'Hastinâpoura, bien qu'elle descende des Pandavas, parce que sa généalogie est trop confuse ; et enfin celle de Mithila, parce que le roi Soumitra est trop vieux, et qu'il a déjà de nombreux enfants (3).

Les dieux, embarrassés et ne sachant sur quelle famille arrêter leurs conjectures, s'adressent au Bodhisattva lui-même. Le Bodhisattva leur répond en énumérant les soixante-quatre signes dont est douée la famille qu'il a choisie ; il les nomme un à un, et ce sont autant de vertus. Cette famille est noble ; elle est d'une descendance accomplie ; elle n'est pas ambitieuse ; elle a des mœurs pures, elle est sage, et elle fait de ses richesses le plus magnifique emploi ; elle est constante dans son amitié ; elle con-

(1) *Rgya tch'er rol pa*, de M. Ed. Foucaux, t. II, chap. III, p. 25.
(2) *Idem, ibid.*
(3) *Idem, ibid.*

naît ses devoirs ; elle ne se conduit pas par le désir, par la passion, par l'ignorance, par la crainte ; elle est ferme dans son héroïsme ; elle honore les rishis ; elle honore les dieux, les Tchaityas, les mânes; elle ne conserve pas d'inimitiés; en un mot, cette famille est parfaite en tout (1). La femme dans le sein de laquelle entrera le Bodhisattva, n'est pas moins accomplie ; car elle possède les trente-deux espèces de qualités; elle est exempte de tous les défauts des femmes. Les dieux, dont la curiosité est plutôt éveillée que satisfaite, cherchent quelle peut être cette heureuse famille, et cette femme plus heureuse encore ; et ils ne voient dans le monde que la race des Çâkyas, le roi Çouddhodana et la reine Mâyâ-Dévî qui réunissent tant de vertus et de perfection. C'est à Kapilavastou, et de ces deux êtres accomplis, que naîtra le Bodhisattva ; « car aucune autre femme n'est capable de porter ce pre-« mier des hommes (2). »

Sur le point de quitter les dieux du Touchita pour descendre en ce monde, le Bodhisattva, du haut de son trône, veut s'adresser une dernière fois à eux pour leur rappeler les préceptes de la Loi. Il leur en indique d'abord « les portes évidentes, » qui sont au nombre de cent huit, et dont les principales sont : la foi, la pureté, la retenue, la bienveillance, la pitié, la modestie, la connaissance de soi-même (âtmadjnatâ), le respect ; mais où se trouve aussi l'acquisition des formules magiques (3). Puis, après cette longue et complète énumération, il ajoute, en se

---

(1) *Rgya tch'er rol pa*, de M. Ed. Foucaux, t. II, chap. III, p. 35.

(2) *Idem, ibid.*, ch. III, p. 29.

(3) *Idem, ibid.*, ch. IV, p. 39 et 46.

séparant des dieux, qui l'écoutent dans le plus respectueux silence :

« Evitez bien toute immodestie. Tous les plaisirs divins
« et purs, nés de l'esprit et du cœur, sont le fruit d'une
« œuvre vertueuse. Ainsi, souvenez-vous de vos actions.
« Pour n'avoir point amassé ces vertus antérieures, vous
« allez aujourd'hui là où, loin du bien-être, on éprouve
« la misère et l'on souffre tous les maux. Le désir n'est
« ni durable ni constant ; il est pareil à un songe, au
« mirage, à une illusion, à l'éclair, à l'écume. Observez
« les pratiques de la Loi ; à qui observe bien ces pratiques
« saintes, il n'arrive point de mal. Aimant la tradition, la
« morale et l'aumône, soyez d'une patience et d'une pu-
« reté accomplies. Agissez dans un esprit de bienveillance
« réciproque, dans un esprit de secours (1). Souvenez-
« vous du Bouddha, de la Loi et de l'Assemblée. Souve-
« nez-vous de la modestie. Tout ce que vous voyez en moi
« de puissance surnaturelle, de science et de pouvoir,
« tout cela est produit par l'œuvre de la vertu, qui en
« est la cause ; tout cela vient de la tradition, de la mo-
« rale et de la modestie. Vous aussi agissez avec cette
« retenue parfaite. Ce n'est ni par des sentences, ni par
« des paroles, ni par des cris qu'on peut atteindre la doc-
« trine de la vertu. Acquérez-la en agissant ; comme vous
« parlez, agissez ; que des efforts continuels soient faits
« par vous. Il n'y a pas de don pour tous ceux qui ont
« agi ; mais qui n'agit pas n'obtient rien. Abandonnez
« l'orgueil, la fierté et l'arrogance ; toujours doux et ne
« déviant jamais du droit chemin, faites diligence dans
« la voie du Nirvâna. Exercez-vous à l'examen de la route

---

(1) *Rgya tch'er rol pa*, de M. Ed. Foucaux, t. II, chap. iv, p. 48.

« du salut, et dissipez complètement le ténèbres de l'igno-
« rance avec la lampe de la sagesse. Débarrassez-vous
« du filet des fautes que le repentir accompagne. Mais
« qu'est-il besoin d'en dire davantage ? La Loi est remplie
« de sens et de pureté. Au temps où l'intelligence su-
« prême aura été obtenue par moi, au temps où tombera
« la pluie de la Loi qui mène à l'immortalité, en posses-
« sion d'esprits parfaitement purs, revenez pour entendre
« de nouveau la Loi que je vous expliquerai (1). »

Malgré cette exhortation solennelle, les dieux n'en sont pas moins désolés du départ du Bodhisattva ; mais afin d'apaiser leur douleur, il leur laisse le Bodhisattva Maitréya, qu'il sacre en lui mettant de sa main sur la tête sa tiare et son diadème. C'est Maitréya qui doit lui succéder en qualité de Bouddha, quand le monde perverti aura perdu tout souvenir de la prédication du Çâkyamouni (2).

Le Bodhisattva descend donc dans le sein de sa mère ; et « pour accomplir la prédiction contenue dans les Brahmânas et les Mantras du Rig-Véda, » il prendra la forme d'un éléphant, armé de six défenses, couvert d'un réseau d'or, à la tête rouge et superbe, à la mâchoire ouverte et d'une forme majestueuse. Huit signes précurseurs annoncent sa venue dans la demeure de Çouddhodana. Le palais se nettoie de lui-même ; tous les oiseaux de l'Himavat y accourent, témoignant leur allégresse par leurs chants ; les jardins se couvrent de fleurs ; les étangs se remplissent de lotus ; les mets de toute espèce paraissent toujours entiers quoiqu'on les emploie en abondance ; les instruments de musique rendent d'eux-mêmes, et sans

(1) *Rgya tch'er rol pa*, de M. Ed. Foucaux, t. II, chap. IV, p. 48.
(2) *Idem. ibid.*, ch. v, p. 51.

qu'on les touche, des sons mélodieux ; les écrins de pierres précieuses s'ouvrent spontanément pour montrer leurs trésors ; enfin le palais est illuminé d'une splendeur surnaturelle qui efface celle du soleil et de la lune (1).

Tel est le prologue, en quelque sorte, du drame qui se développe dans le *Lalitavistara ;* la scène se passe dans le ciel avant de s'ouvrir sur la terre. Cette exposition ne manquerait pas d'une certaine grandeur, si la forme et le style répondaient à la majesté de l'idée ; mais on sent trop que c'est une pure fantaisie d'esprit, et que l'auteur même du récit se joue de ce qu'il raconte. De plus, les détails dans l'original sont tellement longs et si fastidieux, que la conception première disparaît presque entièrement, pour faire place à des répétitions sans fin, et aux invraisemblances les plus nauséabondes, quand elles ne sont pas les plus monstrueuses.

Lorsque le Bodhisattva, venant se poser sur le sein fortuné de sa mère, descend du Touchita, c'est à la vue de tous les dieux ; il est entouré de Bodhisattvas et de centaines de millions de divinités (2). Mâyâ-Dévî, sa mère, a fait cependant un songe : elle a vu entrer dans son sein un éléphant. Tout effrayée de ce présage, elle communique ses craintes au roi Çouddhodana ; on appelle, comme nous l'avons vu, des Brahmanes très-habiles à expliquer le sens du Rig-Véda et des Çâstras ; et on leur demande d'interpréter le songe. Les Brahmanes rassurent le roi et la reine, en leur laissant toutefois un doute sur l'avenir de leur fils, qui pourra bien un jour abandonner la couronne pour se faire religieux.

---

(1) *Rgya tch'er rol pa*, de M. Ed. Foucaux, ch. v, p. 53 et 54 ; *Lotus de la bonne loi*, de M. E. Burnouf, p. 302.

(2) *Idem, ibid.*, p. 58.

Pendant tout le temps que le Bodhisattva demeura dans le sein de Mâyâ-Dévî, il y resta toujours du côté droit, et assis, les jambes croisées. Voilà les étranges détails où la légende sacrée croit devoir entrer ; mais ceci n'est encore rien, et ce qui suit est bien plus extraordinaire et bien plus insensé. Quelques-uns des fils des dieux sont tout étonnés que le Bodhisattva, « pur et exempt de toutes « taches, bien élevé au-dessus de tous les mondes, le plus « précieux de tous les êtres, » demeure ainsi dans le sang impur d'une mère, quand les simples rois des Gandharvas, des Koumbhandas, des Nâgas, et des Yâkshas, dieux inférieurs, évitent toujours la souillure d'un corps humain. Alors, devinant cette pensée des fils des dieux, le Bouddha se fait faire une question par Ananda ; et, pour y répondre, il lui apprend quelle a été son occupation dans le sein de sa mère, ce qu'on appelle « le pré- « cieux exercice du Bodhisattva. » Le Bouddha raconte donc, avec les détails les plus prolixes et les plus confus, la visite que Brahma, le maître des créatures, est venu lui rendre dans le sein de Mâyâ-Dévî (1). Brahma, après avoir salué avec la tête les pieds de Bhagavat, lui a offert une goutte de rosée qui contient tout ce qu'il y a d'essence, de vitalité et de liqueur génératrice dans les trois grands milliers de mondes. A la suite de Brahma, Çakra, le maître des dieux, les quatre grands rois des dieux inférieurs, quatre déesses et une multitude de divinités viennent adorer le Bodhisattva, le servir et recevoir de lui l'enseignement de la Loi. « En ce moment, Bhagavat « dit à Ayoushmat Ananda : Ananda, vois-tu le précieux « exercice de l'œuvre du Bodhisattva, qu'il fit jadis quand

(1) *Rgya tch'er rol pa*, de M. Ed. Foucaux, t. II, ch. vi, p. 66.

« il demeurait dans le sein de sa mère? Ananda repond :
« Bhagavat, je le vois; Sougata, je le vois. Quand le
« Tathâgata l'eut fait voir à Ayoushmat Ananda, à Çakra,
« le maître des dieux, aux quatre gardiens du monde,
« aux autres dieux et aux hommes, tous alors furent rem-
« plis de satisfaction, de joie et d'allégresse. Brahma, le
« maître des créatures, l'emporta dans le monde de
« Brahma pour lui bâtir un tchaitya, et l'y déposa (1). »

Je ne citerais point ces folies, si elles ne servaient d'abord à faire connaître la singulière tournure d'esprit des Bouddhistes, et ensuite à montrer à quelle distance ils placent leur Bouddha au-dessus de tous les dieux du Panthéon brahmanique. Brahma, Indra et tout ce que ce Panthéon renferme de plus vénéré et de plus grand, sont à peine dignes de servir le Bodhisattva ; et avant même qu'il ne soit né, les Bouddhistes prosternent devant lui les objets les plus respectés de la superstition populaire. Le *Lalitavistara*, comme nous l'avons dit (2), n'est pas l'œuvre des disciples immédiats du Bouddha ; et, selon toute apparence, ils ne tenaient pas, du temps du maître et aussitôt après sa mort, ce langage arrogant. Mais, en trois ou quatre siècles au plus, la doctrine nouvelle avait fait assez de progrès pour qu'on pût traiter avec ce mépris insultant les adorations du vulgaire. Parfois cet excès même d'outrage semble avoir scandalisé l'auteur qui se le permet; et le roi Çouddhodana, qui assiste comme spectateur à toutes ces évolutions des dieux devant son fils, qui n'est pas encore né, ne peut se défendre de quelque scrupule. Tout joyeux qu'il est d'être le père du futur Bouddha, il s'étonne et se dit : « Celui-ci est bien le dieu

(1) *Rgya tch'er rol pa*, de M. Ed. Foucaux, t. II, ch. vi, p. 79.

(2) Voir plus haut, page 19.

« des dieux que les quatre gardiens du monde, que
« Brahma, Indra et les dieux réunis entourent de si grands
« respects ; celui-ci sera bien véritablement Bouddha.
« Dans les trois mondes, un dieu, un Nâga, Indra, Brah-
« ma, les gardiens du monde, pas un être enfin ne souf-
« frirait une pareille adoration, sans que les autres ne lui
« brisassent la tête et ne le privassent de la vie. Mais
« celui-ci, parce qu'il est plus pur que les dieux, souffre
« toutes ces adorations (1). »

Je ne raconte pas les signes précurseurs qui annoncent
la naissance du Bouddha, ni les soins dont sa mère Mâyâ-
Dévî est entourée par les Dieux dans le jardin de Loumbinî, où elle accouche sous l'ombrage d'un plaksha, debout, et appuyée, pour se soutenir, sur une des branches
de l'arbre (2). Indra, le roi des dieux, et Brahma, le maître des créatures, se tenaient devant elle, et ce sont eux
qui reçoivent l'enfant (3). Ils le baignent et le lavent de
leurs mains, précaution assez inutile, puisqu'il n'avait été
souillé d'aucune tache dans le sein de sa mère, dit la légende, et que de plus il en était sorti tout enveloppé d'un
superbe vêtement de soie de Kaçi (Bénarès) (4). Aussitôt

(1) *Rgya tch'er rol pa*, de M. E. Foucaux, t. II, ch. vi, p. 85.

(2) *Rgya tch'er rol pa*, de M. Ed. Foucaux, t. II, ch. vii,
p. 87. Ce sont là les détails qui sont reproduits dans tous les
monuments bouddhiques où l'on a représenté la naissance du
libérateur. Voir le bas relief du musée de Calcutta qu'a donné
M. Ed. Foucaux à la suite du *Rgya tch'er rol pa*.

(3) Une autre légende, l'*Abinichkramana*, plus décente,
suppose qu'Indra, pour éviter à Mâyâ-Dévî la honte d'accou-
cher devant lui, se change en vieille femme. Mais, sous cette
forme, l'enfant ne veut pas de ses soins; et il le repousse, sans
se laisser toucher par lui, quoiqu'il le reconnaisse pour Indra.

(4) La superstition bouddhique attribua plus tard ce singu-

né, il descend à terre et s'assied sur un grand lotus blanc, qui venait de pousser spontanément du sol à l'endroit même qu'avait touché son pied (1). Puis, sans être soutenu par personne, il fit sept pas du côté des régions orientales, sept pas au midi, sept pas à l'ouest, sept pas au nord et sept pas vers les régions inférieures, en annonçant de chaque côté la mission qu'il venait accomplir sur la terre : « Je vaincrai le démon et l'armée du démon ; en « faveur des êtres plongés dans les enfers et dévorés par « le feu de l'enfer, je verserai la pluie du grand nuage de « la Loi, et ils seront remplis de joie et de bien-être (2). »

Mais le Bouddha, qui est censé raconter toutes ces choses à ses disciples dans Çrâvastî, interrompt son récit, et s'adressant à son cousin Ananda, il lui prédit que bien des esprits douteront de tous ces prodiges. « Dans un « temps à venir, certains Bhikshous, ignorants, inhabiles, « fiers, orgueilleux, sans frein, à l'esprit mobile, scep- « tiques, sans foi, devenus la honte des Çramanas, » ne voudront pas croire à la puissance du Bouddha ; et ils s'étonneront qu'ils soit né dans le sein d'une femme. Ils ne comprendront pas, les insensés, que s'il était venu dans la condition d'un dieu, au lieu de venir dans le monde

lier privilége à bien d'autres saints. Voir l'*Histoire de la vie d'Hiouen Thsang*, de M. Stanislas Julien, p. 70, à propos de Çanakavasa.

(1) *Rgya tch'er rol pa*, de M. Ed. Foucaux, t. II, ch. vii, p. 88.

(2) *Rgya tch'er rol pa*, de M. Ed. Foucaux, t. II, ch. vii, p. 89. Les sept pas du Bouddha au moment de sa naissance sont une des circonstances qui paraissent avoir le plus frappé les imaginations. Ce détail se trouve reproduit dans toutes les légendes ; voir le *Foe Koue Ki* de M. A. Rémusat, p. 199 et p. 220, avec la note de M. Klaproth.

des hommes, il n'aurait pas pu faire tourner la roue de la Loi, et les êtres seraient alors tombés dans le découragement. Mais ces créatures, qui ont nié l'intelligence du Bouddha, seront, aussitôt après leur mort, précipitées dans l'Avitchi, le grand enfer (1), tandis que ceux qui auront eu foi au Bouddha, deviendront les fils du Tathâgata ; ils seront délivrés des trois maux ; ils se nourriront de la nourriture du royaume ; ils briseront les chaînes du démon, et ils auront dépassé le désert de la vie émigrante (2).

La légende raconte ensuite, avec d'assez longs détails, comment l'enfant fut apporté de Loumbini à Kapilavastou après la mort de sa mère, et comment il fut confié, du consentement des Çâkyas et de leurs femmes, qui se le disputaient, à sa tante Mahâpradjâpati (3). La légende insiste beaucoup sur la prédiction du brahmane Asita (le noir), qui descend tout exprès de l'Himavat, où il habite, pour venir reconnaître sur le corps du nouveau-né les trente-deux signes du grand homme et les quatre-vingts marques secondaires, qu'il a bien soin de citer une à une, tout extraordinaires qu'elles sont parfois. Le grand Rishi, en constatant que c'est bien le Bouddha, s'afflige d'être si vieux, et de ne pouvoir entendre un jour l'enseignement de la Loi pure. Puis il se retire comblé des présents du roi, que sa prédiction a charmé, et il retourne à son ermitage comme il en est venu, par la voie de l'air, où il s'est magiquement élevé, en compagnie de son neveu Naradatta.

(1) *Rgya tch'er rol pa*, de M. Ed. Foucaux, t. II, ch. vii, p. 94.

(2) *Idem, ibid.* Ces menaces contre les incrédules et les impies sont fréquentes dans les légendes bouddhiques. On le comprend sans peine.

(3) *Idem, ibid.*, p. 102.

Mais il semble que la parole d'Asita, toute grave qu'elle est, ne suffit pas; et après lui, un fils des dieux, suivi de douze cent mille autres dieux, vient de nouveau vérifier les signes et les marques, pour affirmer encore une fois à Çouddhodana que son fils est bien le Bouddha qui sauvera le monde (1).

On se rappelle que l'enfant fut présenté solennellement par son père au temple des dieux; mais la légende ajoute qu'à peine le Bodhisattva eût-il posé le pied dans le temple, que tout ce qu'il y avait d'images inanimées des dieux, y compris Indra et Brahma, se levèrent de leurs places pour aller saluer les pieds du Bodhisattva (2). Puis tous ces dieux, montrant leurs propres images, prononcèrent ces stances, ou Gâthas, que je cite, parce que j'y trouve une inspiration poétique qui est en général presque inconnue du Bouddhisme, quoique la moitié au moins des Soûtras développés soit remplie de vers : « La plus grande des « montagnes, le Mérou, roi des monts, ne s'incline jamais « devant le senevé. L'océan, demeure du roi des Nâgas, « ne s'incline jamais devant l'eau contenue dans le pas « d'une vache. Le soleil, la lune, qui donnent la lumière, « ne s'inclinent pas devant le ver luisant. Celui qui sort « d'une famille sage et vertueuse, et qui est rempli lui-« même de vertu, ne s'incline pas devant les dieux, quels « qu'ils soient. Le dieu ou l'homme, quel qu'il soit, qui

---

(1) *Rgya tch'er rol pa*, de M. Ed. Foucaux, t. II, ch. vii, p. 107 et 112.

(2) *Rgya tch'er rol pa*, de M. Ed. Foucaux, t. II, ch. viii, p. 115. Voir ce que je viens de dire un peu plus haut sur le mépris des bouddhistes pour les dieux brahmaniques (p. 92-93 ci-dessus), et aussi l'*Introd. à l'hist. du Bouddh. ind.*, de M. E. Burnouf, p. 182.

« persiste dans l'orgueil, est pareil au senevé, à l'eau con-
« tenue dans le pas d'une vache et au ver luisant. Mais,
« semblable au Mérou, à l'océan, au soleil et à la lune,
« Svayambhou, l'être existant par lui-même, est le pre-
« mier du monde ; et le monde qui lui rend hommage
« obtient le ciel et le Nirvâna (1). »

On doit voir assez clairement par tout ce qui précède ce qu'est la légende, et comment elle a tâché de transformer et d'embellir à son point de vue, les faits réels qui composent la vie de Siddhârtha. Pour achever de la faire connaître, je ne m'arrêterai plus qu'à un épisode qui tient non-seulement une très-grande place dans le *Lalitavistara*, mais qui figure dans presque tous les soûtras : c'est la lutte que Siddhârtha, sur le point de devenir Bouddha, soutient contre le démon appelé Mâra le pêcheur ou Pâpîyân, le très-méchant (2), dieu de l'amour, du péché et de la mort.

Siddhârtha est à Ourouvilva, dans la retraite que nous savons (3), livré depuis six ans aux austérités les plus dures. Sa mère Mâyâ Dévi, effrayée des souffrances de son fils, et craignant qu'il ne meure bientôt, est venue le supplier de mettre fin à ces excès de mortification. Il a con-

---

(1) *Rgya tch'er rol pa*, de M. Ed. Foucaux, t. II, ch. VIII, p. 116.

(2) M. E. Burnouf, *Int. à l'hist. du Bouddh. ind.*, p. 76, et *Lotus de la bonne loi*, p. 385 ; *Foe Koue Ki*, de M. A. Rémusat, ch. XXV, note de M. Klaproth, p. 247. Dans la plupart des soûtras, le démon est nommé Mâra, dans le soûtra de Mândhâtri, dans le Prâtihârya soûtra du Divya avadâna, dans le *Lotus de la bonne loi*, etc. Mais, dans le *Rgya tch'er rol pa*, il est appelé Pâpîyân, de son surnom.

(3) Voir plus haut, p. 53.

7

solé sa mère, mais il ne lui a pas cédé (1). Mâra vient à son tour essayer de le vaincre, et d'une voix douce il lui adresse ces paroles flatteuses : « Chère créature, il faut « vivre, c'est en vivant que tu pratiqueras la Loi. Tout ce « qu'on fait durant la vie doit être fait sans douleur. Tu « es amaigri ; tes couleurs ont pâli ; tu marches vers la « mort. Quelque grands que soient de tels mérites, que « résultera-t-il du renoncement? La voie du renonce- « ment, c'est la souffrance ; la victoire sur l'esprit est dif- « ficile à obtenir. » Siddhârtha lui répond : « Pâpîyân, « allié de tout ce qui est dans le délire, tu es donc venu « à cause de moi! Quoique mes mérites soient bien petits, « le but n'en est pas moins connu. La fin inévitable de la « vie étant la mort, je ne cherche point à éviter la mort. « J'ai l'intention, le courage et la sagesse ; et je ne vois « personne dans le monde qui puisse m'ébranler. Démon, « bientôt je triompherai de toi. Les désirs sont tes pre- « miers soldats ; les ennuis sont les seconds ; les troisièmes « sont la faim et la soif ; les passions sont les quatrièmes ; « l'indolence et le sommeil sont les cinquièmes ; les crain- « tes sont les sixièmes ; les doutes que tu inspires sont « les septièmes ; la colère et l'hypocrisie sont les hui- « tièmes ; l'ambition, les panégyriques, les respects, la « fausse renommée, la louange de soi-même et le blâme « des autres, voilà tes noirs alliés, les soldats du démon « brûlant. Tes soldats subjuguent les dieux ainsi que le « monde. Mais je les détruirai par la sagesse ; et alors, « esprit malin, que feras-tu (2)? »

(1) *Rgya tch'er rol pa*, de M. Ed. Foucaux, t. II, ch. xvii, page 246.
(2) *Rgya tch'er rol pa*, de M. Ed. Foucaux, t. II, ch. xviii, page 253.

Mâra humilié et confus disparaît pour revenir bientôt ; mais les fils des dieux viennent à leur tour livrer à l'ascète un combat peut-être plus dangereux encore. Ils lui proposent de ne pas prendre de nourriture; ils lui feront pénétrer par les pores la vigueur dont il a besoin, et qu'il a l'intention de réparer par les aliments et les moyens ordinaires. Mais le jeune Siddhârtha les refuse, et se dit :
« Certes, je pourrais jurer que je ne mange pas; et les
« habitants qui demeurent dans la ville voisine de mon
« district, diraient que le Çramana Gaoutama ne mange
« point, tandis que les fils des dieux, respectueux pour
« un être affaibli, feraient pénétrer la vigueur par mes
« pores; mais ce serait de ma part un grand mensonge. »
Le Bodhisattva, pour éviter une faute aussi blâmable, n'écoute pas les paroles de ces fils des dieux, et il échappe encore à ce piége (1).

Cependant, avant d'atteindre à la Bodhi, il doit vaincre le démon ; il le provoque donc, tandis qu'il est à Bodhimanda, en faisant partir du milieu de ses sourcils, de la touffe de poils appelée Ournâ, qui est un des trente-deux signes du grand homme, un rayon de lumière qui va illuminer et faire trembler toutes les demeures des démons (2). Pâpîyân, épouvanté de cette splendeur subite et de trente-deux rêves affreux qu'il vient de faire, con-

(1) *Rgya tch'er rol pa*, de M. Ed. Foucaux, t. II, ch. xxviii, p. 254. Tous ces détails se retrouvent dans la légende chinoise traduite par M. Klaproth, *Foe Koue Ki*, p. 288. On peut voir aussi la Pradjnâ pâramitâ, en huit mille articles, *Lotus de la bonne loi*, de M. E. Burnouf, p. 385.

(2) *Idem, ibid.*, p. 286. Ce rayon de lumière a un nom spécial, et il s'appelle Sarvamâramandalavidhvansanakârî, « qui opère la destruction de toutes les provinces de Mâra » ou du démon.

voque aussitôt ses serviteurs et toutes ses armées. Son empire est menacé; il veut engager le combat. Mais d'abord il prend les conseils de ses fils, dont les uns le poussent à céder et à s'épargner une défaite certaine, et dont les autres le poussent à la lutte où la victoire leur paraît assurée. Les deux partis, l'un noir, l'autre blanc, parlent tour à tour; et les mille fils du démon, ceux-ci à sa droite, ceux-là à sa gauche, opinent successivement et en sens contraire (1). Quand le conseil est fini, Pâpîyân se décide au combat; et son armée, composée de quatre corps de troupes, s'avance contre le Bodhisattva. Elle est forte et courageuse; mais elle est hideuse à faire dresser les cheveux. Les démons qui la forment ont la faculté de changer de visage et de se transformer de cent millions de manières; ils ont les mains et les pieds enlacés de cent mille serpents; ils portent des épées, des arcs, des flèches, des piques, des javelots, des haches, des massues, des pilons, des chaînes, des cailloux, des bâtons, des disques, des foudres; leur tête, leurs yeux, leur visage flamboient; leur ventre, leurs pieds, leurs mains, sont d'un aspect repoussant; leur visage étincelle d'une splendeur sinistre; ils ont des dents énormes, des défenses effroyables, la langue épaisse, grosse et pendante; leurs yeux sont rouges et enflammés comme ceux du serpent noir rempli de venin, etc., etc., etc. (2). J'abrège cette longue description, qui tient plusieurs pages dans le *Lalitavistara*, et où l'imagination indienne se donne carrière pour inventer les figures les plus bizarres et les plus monstrueuses. On dirait un enfer de Callot.

(1) *Rgya tch'er rol pa*, de M. Ed. Foucaux, t. II, ch. xxviii, p. 296.
(2) *Idem, ibid.*, t. II, ch. xxi, p. 291 et suiv.

Il va de soi que toutes les attaques des démons sont parfaitement impuissantes contre le Bodhisattva. Les lances, les piques, les javelots, les projectiles de toutes sortes, les montagnes même qu'ils lui jettent, se changent en fleurs et restent en guirlandes au-dessus de sa tête. Pâpîyân voyant que la violence est vaine, a recours à un autre moyen : il appelle ses filles, les belles Apsaras, et il les envoie tenter le Bodhisattva, en lui montrant les trente-deux espèces de magies des femmes. Elles chantent et dansent devant lui ; elles déploient tous leurs charmes et toutes leurs séductions ; elles lui adressent les provocations les plus insinuantes. Mais leurs caresses sont inutiles comme l'ont été les assauts de leurs frères ; et toutes honteuses d'elles-mêmes, elles en sont réduites à louer dans leurs chants celui qu'elles n'ont pu vaincre et faire succomber. Elles retournent donc à leur père lui apprendre une seconde défaite plus triste encore que la première (1). Pâpîyân est confus ; mais les fils des dieux Çouddhâvasakâyikas viennent mettre le comble à son dépit, en le bafouant par les insultes les plus poignantes et les sarcasmes les plus amers. Cependant le démon ne se rend pas : « Je suis le seigneur du désir, dit-il au Bodhi-
« sattva, je suis le maître du monde entier ; les dieux, la
« foule des dânavas, les hommes et les bêtes assujétis
« par moi sont tous tombés en mon pouvoir ; comme
« eux, venu dans mon domaine, lève-toi et parle comme
« eux. » Le Bodhisattva lui répond : « Si tu es le seigneur
« du désir, tu ne l'es pas de la lumière ; regarde-moi :
« c'est moi qui suis le seigneur de la Loi ; impuissant que
« tu es, c'est à ta vue que j'obtiendrai l'intelligence su-

---

(1) *Rgya tch'er rol pa*, de M. Ed. Foucaux, t. II, ch. xxi, p. 306, 315 et 318.

« prême (1). » Pâpîyân essaie un dernier assaut, en réunissant de nouveau toutes ses forces ; mais il succombe encore une fois. Son armée en désordre se disperse de toutes parts, et il a la douleur de voir ceux de ses fils qui dans le conseil avaient opiné contre la bataille, aller se prosterner aux pieds du Bodhisattva, et l'adorer avec respect (2). Déchu de sa splendeur, pâle, décoloré, le démon se frappe la poitrine, pousse des gémissements ; il se retire à l'écart, la tête baissée, et traçant avec une flèche des signes sur la terre, il se dit, dans son désespoir : « Mon empire est dépassé. »

Après ce triomphe décisif, le Bodhisattva arrive à l'intelligence suprême, à la Bodhi ; il devient Bouddha, et va faire tourner la roue de la Loi à Bénarès.

Tel est le *Lalitavistara* dans sa partie mythologique, indispensable peut-être pour les peuples auxquels elle s'adressait, mais qui à nos yeux n'est qu'une extravagance, bonne seulement à faire douter des faits historiques et vrais que ce Soûtra renferme. Je passe au *Lotus de la bonne loi*.

Le *Lotus de la bonne loi*, qui, sans aucune trace d'histoire, n'a que la légende fabuleuse, comme la comprennent les Bouddhistes, est moins intéressant que le *Lalitavistara* ; et selon toute apparence, il lui est un peu postérieur. Bhagavat se trouve à Radjagriha (3) sur la montagne

---

(1) *Rgya tch'er rol pa*, de M. Ed. Foucaux, t. II, ch. xxi, p. 320.

(2) *Idem, ibid.*, ch. xxiii, p. 341. Ces fils du démon sont appelés : « ceux du côté blanc. »

(3) *Lotus de la bonne loi*, de M. E. Burnouf, ch. i, p. 1. Voir plus haut, p. 71.

appelée le pic du Vautour (Gridhrakôuta) (1). Il est entouré de douze cents religieux, tous arhats ou vénérables, et grands auditeurs (Mahâçrâvakas), d'Ananda son cousin, de deux autres milliers de religieux, de six mille religieuses, ayant à leur tête Mahâpradjâpati, la tante du Bouddha, et Yaçodhâra, l'une de ses femmes, de quatre-vingt mille Bodhisattvas, de seize hommes vertueux, de Çakra, l'Indra des Dévas, avec vingt mille fils des dieux, de Brahma, avec douze mille fils des dieux, d'une foule d'autres divinités, et enfin d'Adjâçatrou, le roi du Magadha, fils de Vaidéhi (2). Bhagavat, après avoir exposé le Soûtra nommé la Grande Démonstration, gardait le silence plongé dans la méditation appelé la Place de la Démonstration. Une pluie de fleurs divines tombe sur lui et sur l'assemblée qui le contemple, quand tout à coup un rayon s'élance du cercle de poil qui croissait dans l'intervalle de ses sourcils, et va illuminer les dix-huit mille terres de Bouddha situées à l'orient, jusqu'au grand enfer Avitchi, et jusqu'aux limites de l'existence (3). Tous les assistants sont frappés de ce prodige, et l'un d'eux le Bodhisattva, Mahâsattva Maitréya, s'adresse à Mandjouçri, qui est auprès de lui, pour savoir ce que signifie cette apparition merveilleuse. Maitréya expose sa question en cinquante-six stances de deux vers chacune (4). Mandjouçri lui répond dans le même style, prose et vers, que ce rayon de lumière présage que le Bienheureux va expliquer le Soûtra développé, appelé le *Lotus de la bonne loi* (5).

(1) *Lotus de la bonne loi*, de M. E. Burnouf, ch. I, p. 1. Voir plus haut, p. 71.
(2) *Idem*, ibid., p. 3.
(3) *Idem*, ibid., p. 4.
(4) *Idem*, ibid., p. 5 et p. 498, Appendice n° 3.
(5) *Idem*, ibid., p. 15.

C'est, comme on le voit, une introduction analogue à celle du *Lalitavistara*, avec moins de grandeur, et s'il est possible, avec encore moins de vraisemblance, puisque la scène est placée sur la terre au lieu d'être supposée dans le ciel.

Bhagavat sort de sa méditation, et répondant à Çâripouttra (1), qui ne l'avait point interrogé, il lui expose d'abord en prose, et ensuite dans des vers qui ne sont guère qu'une répétition, les difficultés que présente l'enseignement de la Loi. A ce moment même, cinq mille religieux, incapables de la bien comprendre, viennent de quitter l'auditoire, et le Tathâgata s'en félicite (2) ; puis il apprend à son disciple que pour enseigner la Loi, il use de cent mille moyens variés, bien qu'au fond il n'y ait qu'une seule route, un seul véhicule pour arriver au salut. Il lui répète en cent quarante-quatre stances ce qu'il vient de lui dire en une prose suffisamment diffuse ; et pour lui donner un exemple des moyens qu'il applique à l'instruction des créatures, il lui propose une parabole (3). Un vieux père de famille trouve en rentrant chez lui sa maison tout en feu. Ses jeunes enfants y sont renfermés, insouciants de ce qui se passe et courant risque d'être brûlés. Le père les appelle en vain ; les enfants, qui ne voient pas l'incendie, ne veulent pas le croire ; et ils résistent à ses prières. Pour les séduire, il leur promet, s'ils sortent, des jouets magnifiques; et entre autres, il leur donnera à ce qu'il leur assure, trois espèces de chars propres à les amuser et à les ravir. Les enfants une fois sortis sains et saufs, le père, au lieu de leur donner des

---

(1) *Lotus de la bonne loi*, de M. E. Burnouf, ch. ii, p. 19.
(2) *Idem, ibid.*, p. 25.
(3) *Idem, ibid.*, ch. iii, p. 46.

chars de trois espèces, leur présente à tous une seule espèce de chariots. Mais ces chariots sont superbes et très-richement ornés. Ce père a-t-il donc commis un mensonge (1)? Non, sans doute. Eh bien! de même le Tathâgata, prenant pitié de la légèreté puérile des hommes, qui, au milieu des misères de la vie, jouent, s'amusent et se divertissent, s'accommode à leur faiblesse. Il leur offre, pour les faire sortir de l'esclavage des trois mondes, trois véhicules divers, celui des Çrâvakas, celui des Pratyéka-Bouddhas, et celui des Bodhisattvas. Les créatures, séduites comme les enfants de la maison embrâsée, sortent de la réunion des trois mondes; et le Tathâgata ne leur donne alors qu'un seul véhicule, le grand véhicule du Bouddha, qui mène au Nirvâna complet (2).

A cette parabole, quatre des principaux disciples du Bouddha, Soubhôuti, Kâtyâyana, Kâçyapa et Maoudgalyâyana, répondent par une autre, afin d'excuser les inclinations misérables qui empêchent les hommes d'écouter et de suivre la Loi (3). Ils sont comme le fils d'une riche famille qui abandonnerait ses parents pour aller courir le monde, que le hasard ramènerait, après bien des fautes et des traverses, auprès de son père, qu'il ne reconnaîtrait pas, et qui soumis à de longues épreuves heureusement subies rentrerait enfin dans la bonne route, et dans la possession de son héritage compromis par son inconduite (4). Bhagavat leur propose encore plusieurs para-

(1) *Lotus de la bonne loi*, de M. E. Burnouf, ch. III, p. 49.
(2) *Idem, ibid.*, p. 53, et aussi ch. II, stance 68, p. 81.
(3) *Idem, ibid.*, ch. IV, p. 62.
(4) *Idem, ibid.*, p. 68.

boles, dont l'une est très-remarquable (1). Un aveugle de naissance se disait : « Il n'y a ni couleurs, ni formes, « belles ou laides ; il n'y a pas de spectateurs pour les « voir ; il n'y a ni soleil, ni lune, ni étoiles, ni constel- « lations. » On veut dissuader cet aveugle de cette grossière ignorance. Il résiste, et soutient ses assertions jusqu'à ce qu'un habile médecin lui rende la vue. L'aveugle alors passe à un excès contraire, et se dit : « Certes j'étais « un insensé, moi qui jadis ne croyais pas à ceux qui « voyaient et ne m'en rapportais point à eux. Maintenant « je vois tout ; je suis délivré de mon aveuglement, et il « n'est personne en ce monde qui l'emporte en rien sur « moi. » Mais de sages Rishis, témoins de cet aveuglement plus redoutable encore que le premier, cherchent à calmer cette vanité insensée : « Tu n'as fait, ô homme, « lui disent-ils, que recouvrer la vue ; et tu ne connais « encore rien. D'où te vient donc cet orgueil ? Tu n'as « pas la sagesse et tu n'es pas instruit. Quand tu es assis « dans ta maison, tu ne peux rien voir de ce qui est en « dehors ; tu ne distingues pas les pensées de tes sembla- « bles ; tu ne perçois pas à la distance de cinq yodjanas « le bruit de la conque et du tambour ; tu ne peux te « transporter même à la distance d'un kroça sans te servir « de tes pieds. Tu as été engendré et tu t'es développé « dans le ventre de ta mère, et tu ne te rappelles rien de « tout cela. Comment donc es-tu savant ? Comment donc « peux-tu dire : Je connais tout ? Comment peux-tu dire : « Je vois tout ? Reconnais, ô homme, que ce qui est la « clarté est l'obscurité, que ce qui est l'obscurité est la « clarté. » L'aveugle, honteux de sa présomption, se fait instruire par les Rishis dans les mystères de la Loi ; et bientôt les yeux de l'esprit lui sont donnés, comme na-

(1) *Lotus de la bonne loi*, par M. E. Burnouf, ch. v, p. 82.

guère ceux du corps lui ont été rendus par l'habile médecin, qui n'est autre que le Tathâgata (1).

Suivent ici, dans le *Lotus de la bonne loi*, plusieurs chapitres qui sont consacrés aux prédictions du Bouddha. Ces prédictions ne sont pas compromettantes. Le Bouddha prédit à quatre de ses auditeurs, Kâçyapa et les trois autres, qu'ils deviendront Bouddhas à leur tour (2). Il leur désigne le nom sous lequel ils renaîtront dans l'univers dont il seront les sauveurs. Il prend même la peine de décrire pour chacun d'eux, en prose et en vers, la beauté du monde dont ils seront les chefs, de fixer en chiffres précis, quoique fabuleusement énormes, la durée de leur règne, etc. Il en fait autant pour l'un de ses auditeurs moins illustre que les quatre autres, Poûrna, qui avait jadis abandonné une immense fortune pour suivre le Bouddha (3). Ces prophéties splendides éveillent, comme on peut le croire, les désirs, si ce n'est l'envie, de ceux qui écoutent Bhagavat. Douze cents de ses auditeurs ont tous en même temps cette pensée : Si Bhagavat pouvait aussi nous prédire à chacun séparément notre destinée future, comme il a fait pour ces grands Çravakas (4)! Bhagavat devine la pensée qui s'élève en eux, mais il se contente de prédire que cinq cents religieux, tous arhats, deviendront Bouddhas sous le nom de Samantaprabhâsa, qui

(1) *Lotus de la bonne loi*, de M. E. Burnouf, ch. v, p. 84.

(2) *Idem, ibid.*, ch. vi, p. 89. Voir plus haut sur Kâçyapa, page 81.

(3) *Idem, ibid.*, ch. viii, p. 121, et la légende de Poûrna, dans l'*Introd. à l'hist. du Bouddh. ind.*, p. 235 et suiv.

(4) *Idem, ibid.*, p. 126. Hiouen Thsang parle aussi de prédictions faites par le Bouddha à Kâçyapa et à Maitréya, pendant qu'ils séjournaient à Bénarès, p. 133 de la traduction de M. Stanislas Julien.

sera commun à tous (1). Cependant Ananda, cousin du Tathâgata, Râhoula son fils, avec deux mille autres religieux, conçoivent le même désir, et il faut que Bhagavat prédise à chacun d'eux la destinée qui l'attend; ils seront tous aussi des Bouddhas sous des noms et dans des univers différents (2).

Voilà déjà bien des détails extravagants et tout à fait inutiles, puisque l'exposition de la Loi, promise par le *Lotus*, n'est pas donnée ; mais en voici de bien plus absurdes encore.

Pendant que Bhagavat déroule ces prédictions qui pénètrent de joie, de contentement, de plaisir, de satisfaction, d'allégresse tous ceux qui en sont l'objet, ou même qui les entendent sans en profiter, tout à coup apparaît un stoûpa merveilleux, sortant du sol au milieu de l'assemblée, fait de sept substances précieuses, haut de cinq cents yodjanas et d'une circonférence proportionnée (3). Il s'élève en l'air et se tient suspendu dans le ciel, aux regards de l'assemblée, qui a tout le loisir de le contempler, et d'en admirer les milliers de balcons jonchés de fleurs, les milliers de portiques, d'étendards, de drapeaux, de guirlandes, de clochettes, sans parler de l'or, de l'argent, des perles, des diamants, des cristaux, des émeraudes, etc. Une voix sort de ce stoûpa pour louer Bhagavat de l'exposition qu'il vient de faire de la Loi, ou plutôt de promettre. C'est la voix d'un antique Tathâgata nommé Prabhoûtaratna (4), qui vient offrir ses hommages

---

(1) *Lotus de la bonne loi*, de M. E. Burnouf, ch. vIII, p. 126.
(2) *Idem, ibid.*, ch. IX, p. 130.
(3) *Idem, ibid.*, ch. II, p. 145.
(4) *Idem, ibid.*, p. 147. Voir pour les stoupas, *l'Introd. à l'hit. du Bouddh. ind.*, de M. E. Burnouf, p. 349.

au Bouddha, et prendre sa part de l'enseignement. Après avoir réuni des centaines de mille, de millions, de myriades de kotis de Bodhisattvas, pour honorer cet illustre visiteur, le Bouddha avec l'index de sa main droite sépare le stoûpa par le milieu ; et l'on y voit le Tathâgata Prabhoûtaratna, assis sur son siége, les jambes croisées, et ayant les membres desséchés, sans que son corps eût diminué de volume, et comme plongé dans la méditation. Il sort cependant de son extase ; et c'est pour inviter le Bouddha, qu'il accable d'éloges, à venir s'asseoir à côté de lui dans le stoûpa. Le Bouddha se rend à cette prière ; et tous les deux se tiennent dans les airs, parlant à l'assemblée qui s'est élevée comme eux dans l'espace, par la puissance surnaturelle de Bhagavat (1).

Puis les prédictions recommencent, et cette fois c'est à des femmes qu'elles s'adressent. La tante du Bouddha, Mahâpradjâpatî la Gotamide deviendra, elle aussi, un Bouddha selon son désir ; Yaçodhara, la mère de Râhoula, jouira du même bonheur ; et les milliers de religieuses qui les suivent deviendront des interprètes de la Loi. Il est probable que pour remplir cette mission surhumaine, les femmes changeront de sexe ; et si la légende ne le dit pas pour celles-ci, elle l'annonce formellement pour la fille de Sâgara, roi des Nâgas, qui, pleine de sagesse dès l'âge de huit ans, se transforme en homme pour devenir un Bodhisattva en récompense de sa piété (2).

Je sens vraiment un grand embarras à exposer toutes

---

(1) *Lotus de la bonne loi*, de M. E. Burnouf, p. 151 et 152.
(2) *Idem, ibid.*, ch. xii, p. 163, et ch. xi, p. 161. Dans le *Lotus de la bonne loi*, ch. viii, p. 123, il est dit formellement qu'il n'y aura plus de femmes dans les univers des Bouddhas.

ces absurdités, qui ont aussi peu de grâce que de raison, dans le style des Bouddhistes; et je voudrais les épargner au lecteur, si je ne tenais à lui donner une idée fidèle de ces monuments vénérés par tant de peuples, tout étranges et monstrueux qu'ils sont. Mais pour en finir, je dois faire une dernière citation qui, je crois, dépasse tout ce qu'on peut trouver dans les Soûtras bouddhiques en niaiserie et en grossière stupidité. C'est dans le chapitre xx du *Lotus de la bonne loi*, intitulé : *Effet de la puissance surnaturelle du Tathâgata*. Des centaines de mille de myriades de kotis de bodhisattvas, en nombre égal à celui des atomes contenus dans mille univers, sont sortis des fentes de la terre, après qu'un rayon de lumière est parti du milieu des sourcils de Bhagavat (1). Ils adorent, les mains jointes, le Bouddha qui vient de les réunir, et lui promettent, quand il sera entré dans le Nirvâna complet, d'exposer la Loi à sa place. Le maître les remercie. Puis le bienheureux Çâkyamouni et le bienheureux Prabhoûtaratna, qui sont toujours assis sur le trône de leur stoûpa, se mirent à sourire ensemble. Leur langue sortit de leur bouche, et atteignit jusqu'au monde de Brahma (2). Il s'en échappa en même temps plusieurs centaines de myriades de kotis de rayons. Les Tathâgatas innombrables dont les deux personnages sont entourés les imitent; ils tirent leur langue comme eux, et ils opèrent « cet effet de leur puissance surnaturelle » pendant cent mille années complètes. A la fin de ces cent mille années, ils ramènent à eux leur langue et font entendre en même temps le bruit qu'on produit en chassant avec force la voix de la gorge, et celui qui s'entend quand on fait craquer ses doigts.

(1) *Lotus de la bonne loi*, de M. E. Burnouf, ch. xii, p. 234.
(2) *Idem*, *ibid.*, p. 234.

Vraiment la plume me tombe des mains, et si je ne me disais que ces niaiseries misérables sont dans un livre canonique, je renoncerais à poursuivre. Mais heureusement la tâche, comme on a pu le voir, n'est pas toujours aussi ingrate, et nous trouverons plus tard dans l'exposition de la morale bouddhique des compensations à tant de sottise et de dégoût.

Le reste du *Lotus de la bonne loi* ne mérite pas une analyse particulière. Le chapitre XXI et les suivants sont consacrés à peu près exclusivement à énumérer les avantages que doit procurer aux fidèles la lecture de ce soûtra; et on leur promet entre autres des formules magiques qui les préserveront de tout danger (1). Enfin, au vingt-septième chapitre, Bhagavat confie le dépôt de la Loi à l'Assemblée qui vient d'en écouter l'explication, et congédie ses auditeurs ravis de l'avoir entendu (2).

J'en ai fini avec l'analyse des deux soûtras que je voulais faire connaître. Ce travail, tout fastidieux qu'il a été parfois, était nécessaire. En voyant les allégations des livres qu'on répute pour inspirés, on comprendra mieux aussi les erreurs bien autrement graves qu'a commises le Bouddhisme dans sa métaphysique, source de croyances déplorables pour des peuples sans nombre. Le *Lotus de la bonne loi*, ainsi qu'on a pu s'en convaincre, est fort inférieur au *Lalitavistara*, et tous deux représentent assez exactement, quoi qu'à des degrés divers, la classe des soûtras bouddhiques qu'on appelle de Grand Développement, et qui appartiennent plus particulièrement au Népâl

---

(1) *Lotus de la bonne loi*, de M. E. Burnouf, ch. xxi, p. 237 et 418. M. E. Burnouf a donné ces formules en sanscrit; ce sont, pour la plupart, des mots sans suite et des allitérations.

(2) *Idem, ibid.*, ch. xxvii, p. 282.

et au Nord. Les soûtras simples sont en général exempts de ces extravagances ; et bien qu'on y puisse trouver une diffusion insupportable et des rêveries fort ridicules, on n'y trouve point de ces monstruosités révoltantes (1). Ils sont plus rapprochés de la prédication même du Bouddha, et ils gardent la trace de la réalité, tout en la faussant. Au

(1) Voir la dissertation de M. E. Burnouf sur ce point spécial, *Introduction à l'histoire du Bouddhisme indien*, lp. 70 et suiv. La distinction entre les soûtras simples et les soûtras développés est de la plus haute importance. Les premiers étant, sans aucun doute, antérieurs, c'est à eux qu'il faut demander la tradition exacte de l'histoire et de la doctrine de Çâkyamouni. Les soûtras développés (mahâ vaipouliya soûtras, mahâyana soûtras) sont venus plus tard, et lorsque déjà le sens des croyances primitives commençait à s'altérer sous l'amas des superstitions et des commentaires dont elles étaient l'objet. Mais, si cette distinction est très-importante, elle est en général aussi très-difficile ; et comme ces monuments, tout sacrés qu'ils peuvent être, sont, pour la plupart, sans nom d'auteur et sans date précise, il est extrêmement délicat de discerner des nuances que les Bouddhistes eux mêmes se sont bien gardé de fixer. Après une étude attentive et sagace, voici les différences principales que M. E. Burnouf a reconnues entre ces deux classes de soûtras, qui passent d'ailleurs, les uns et les autres, pour avoir été recueillis de la bouche même du Bouddha, par des auditeurs dont le témoignage est irrécusable : 1° le soûtra simple est en prose ; le soûtra développé est en prose et en vers, les vers ne faisant que répéter, comme dans le *Lotus de la bonne loi*, ce qui vient d'être dit en prose. Quand il y a par hasard des vers dans les soûtras simples, ce ne sont que des stances fort courtes, qui, sans doute, avaient pour objet de mieux graver dans la mémoire des fidèles certains préceptes importants, et qui remontent à Çâkyamouni lui-même (*Lotus de la bonne loi*, de M. E. Burnouf, p. 715); 2° la langue des deux classes de soûtras est différente. Les soûtras simples, prose et stances, sont en san-

contraire, la réalité a disparu presque entièrement dans les soûtras développés pour faire place aux inventions d'une imagination déréglée qui touche à l'insanie. Il faut ajouter, pour être juste, que les soûtras du Sud, les soûtras singhalais, sont en général beaucoup moins déraisonnables que ceux du Népâl; et c'est là une preuve certaine de leur antiquité (1).

scrit ordinaire, peu correct mais uniforme; dans les soûtras développés, les vers sont en un sanscrit barbare où se trouvent confondues des formes sanscrites, pâlies et pracrites. Selon toute apparence, cette partie des livres canoniques a été rédigée hors de l'Inde en deçà de l'Indus ou au Kachemire; 3° les soûtras simples sont beaucoup plus concis que les soûtras développés; 4° jamais un bodhisattva n'y paraît à côté de Çâkyamouni; il est toujours relégué dans le Touchita, en attendant qu'il descende dans le monde après que le Bouddha en sera sorti; 5° il n'est pas question dans les soûtras simples de ces bodhisattvas en nombre infini, qui tiennent tant de place dans le cadre des soûtras développés. L'invention de ces bodhisattvas de la contemplation, comme les appellent les Bouddhistes eux mêmes, n'appartient pas aux premiers temps du Bouddhisme; 6° il n'y a pas dans les soûtras simples de formules magiques, tandis qu'il y en a souvent dans les soûtras développés (*Introd. à l'hist. du Bouddh. ind.*, de la page 99 à la page 126). M. E. Burnouf attache le plus d'importance à la cinquième de ces différences. C'est d'ailleurs dans les soûtras simples à peu près exclusivement et dans les légendes (avadânas) qu'il faut chercher les détails historiques sur la société brahmanique, au milieu de laquelle naît et vit le réformateur. Les soûtras développés ne donnent en général aucun renseignement dont l'histoire puisse profiter. Ils ne sont que des œuvres d'imagination où la réalité n'apparaît plus.

(1) On peut se convaincre de l'exactitude de cette assertion en lisant les soûtras singhalais qu'a donnés M. E. Burnouf dans les appendices du *Lotus de la bonne loi*, pages 449, 490 et 534.

Avant de quitter la légende de Çâkyamouni, je veux, pour la compléter, donner l'explication des principaux noms par lesquels nous avons vu désigner le réformateur; ils sont très-nombreux, et tous ont de l'importance au point de vue du dogme et de la doctrine philosophique. Ils peuvent se diviser en deux classes, selon qu'ils sont laïques ou religieux. Les noms laïques nous sont connus; celui que le jeune prince reçoit de son père au moment de sa naissance est Siddhârtha, comme nous le savons. On se rappelle aussi ce que signifient les deux noms de Çâkyamouni (1), et de Çramana Gaoutama.

Le nom de Bouddha, le plus célèbre de tous, parce qu'on en a tiré celui d'une religion, ne signifie pas autre chose que le savant, l'éclairé (2). Il vient de la racine Boudh, connaître. Ce titre est assez modeste, si on le compare au rôle immense joué par celui qui l'a reçu ou qui l'a pris; mais il montre en même temps la haute idée que le génie indien s'est faite de la science, qui selon lui est seule capable de sauver l'homme et de lui assurer, avec des pouvoirs plus que divins, une immortalité que les dieux mêmes ne peuvent atteindre. Comme le mot de Bouddha n'est pas un nom propre, il ne faut jamais l'employer pour désigner personnellement Çâkyamouni, sans y joindre l'article et sans dire : le Bouddha. C'est une simple qualité ajoutée ou substituée au nom sous lequel le prince de Kapilavastou était connu dans le monde (3).

(1) On l'appelle aussi assez souvent Çâkyasinha « le lion des Çâkyas », au lieu de « le solitaire des Çâkyas ». Voir le *Lotus de la bonne loi*, ch. 1, stances 93 et 98.

(2) *Introd. à l'histoire du Bouddh. ind.*, de M. E. Burnouf, p. 74, en note.

(3) *Idem. ibid.* L'usage du mot Bouddha pris comme nom propre est une faute qui est commise encore très-souvent, et

Tathâgata, l'un des titres les plus élevés qu'on donne au Bouddha, et qu'il paraît s'être donné lui-même, signifie : « Celui qui est allé comme ses prédécesseurs, celui qui a parcouru sa carrière religieuse de la même manière que les Bouddhas antérieurs. » Par ce titre, la mission de Çâkyamouni se rattache à celle de tous les sages qui l'ont devancé, et dont il ne fait qu'imiter les exemples (1).

Sougata, ou le Bienvenu, est une épithète semblable, sous le rapport de l'étymologie, à celle de Tathâgata ; mais on voit que le sens historique et philosophique en est moins profond. Elle atteste simplement que dans la croyance bouddhique Çâkyamouni est venu pour sauver le monde et faire le bonheur des créatures (2).

Bhagavat, qu'on ne peut guère rendre que par « le bienheureux, ou le fortuné », est le nom le plus ordinaire du Bouddha dans les soûtras du Népâl. C'était un titre assez fréquemment appliqué aux grands personnages dans la langue du Brahmanisme (3) ; mais dans celle des Bouddhistes, il l'est à peu près exclusivement au Bouddha, ou bien à l'être qui sans être encore Bouddha est sur le point de le devenir. Il faut pour le mériter dans toute sa valeur, avoir accompli envers les créatures tous les actes d'un dévouement sans bornes ; et comme c'est précisément qu'on fera bien de corriger aujourd'hui qu'on en peut sentir, l'importance.

(1) *Introd. à l'hist. du Bouddh. ind.* de M. E. Burnouf, p. 75 et 76, en note ; *Foe Koue Ki*, p. 191 ; Csoma de Körös, *Asiat. Researchs*, t. XX, p. 424 ; M. Schmidt, *Mém. de l'Acad. des sciences de Saint-Pétersbourg*, t. I, p. 108, vi^e série ; M. Hodgson, *Journ. of the asiat. soc. of Bengal*, p. 384 ; M. Turnour, *Mahâvansa*, introd., p. LVI.

(2) E. Burnouf, *Introd. à l'hist. du Bouddh. ind.*, p. 77.

(3) *Idem*, *Lotus de la bonne loi*, p. 484.

par une telle abnégation que le Bouddha devient ce qu'il est, le titre de Bhagavat ne convient réellement qu'à lui; aussi d'ordinaire, c'est pour lui qu'il est réservé (1).

Le nom de Bodhisattva présente des nuances un peu plus compliquées. Grammaticalement, il signifie : « celui qui a l'essence de la Bodhi » ou de l'intelligence suprême, d'un Bouddha (2). Or, pour acquérir cette intelligence suprême, il faut avoir victorieusement subi les plus rudes et les plus longues épreuves, dans une multitude d'existences successives. On est mûr alors, comme on dit en style bouddhique, pour obtenir l'état de Bouddha parfaitement accompli. Mais la volonté la plus énergique et la plus constante ne suffit pas à elle seule; la vertu elle-même est impuissante pour que l'être arrive à ce degré supérieur de sainteté. Il faut, en outre, qu'il gagne la faveur d'un ou de plusieurs des anciens Bouddhas. Quand il a su la gagner, il va, dans l'un des cieux qui s'élèvent au-dessus de la terre, attendre l'instant de son apparition dans le monde. Mais, même après qu'il y est descendu, il reste toujours bodhisattva, et n'est pas encore Bouddha. Il ne le devient enfin qu'après avoir ici-bas montré, par les austérités, par la pratique de toutes les vertus, par la science et l'étude, qu'il est digne d'instruire les créatures

---

(1) *Introd. à l'hist. du Bouddh. ind.*, de M. E. Burnouf, p. 71, en note. Il paraît que le mot de Bhagavat, appliqué au Bouddha, est fort ancien dans la langue des Bouddhistes du nord; car on le trouve déjà dans l'inscription de Bhabra, découverte, en 1840, par M. le capitaine Burt, et qui est un édit du roi Piyadasi. Voir plus haut, p. 22; *Journal of the asiat. soc. of Bengal*, t. IX, 11ᵉ partie, p. 616, et M. E. Burnouf, *Lotus de la bonne loi*, Appendice n° x, p. 740.

(2) *Introd. à l'hist. du Bouddh. ind.*, de M. E. Burnouf, p. 100. Pour la Bodhi, voir plus haut, p. 57.

et de sauver l'univers dans lequel il a paru. C'est à ces conditions seulement que le bodhisattva devient Bouddha. On se rappelle que c'est là justement toute la série des progrès successifs que nous avons trouvés dans le *Lalitavistara*. D'abord, nous avons vu le Bodhisattva dans le ciel Touchita, séjour de la joie. Là il s'entretient, avant de s'incarner dans le sein d'une femme, avec les dieux qui le servent et auxquels il enseigne la loi. Puis nous l'avons retrouvé à Bodhimanda, se soumettant durant six longues années aux mortifications les plus effrayantes. C'est ainsi que, de degrés en degrés, après avoir pénétré, par la méditation la plus profonde, la vérité et les lois des choses, il devient Bouddha sous l'arbre appelé le Tarâyana (1). Jusqu'à ce moment suprême, Siddhârtha n'a été que bodhisattva, c'est-à-dire, en quelque sorte, aspirant Bouddha. Si, durant le reste de son existence, et même après qu'il est devenu Bouddha, on l'appelle encore bodhisattva, c'est par une espèce de licence orthodoxe. La mission du Bouddha n'est vraiment complète, elle n'est achevée que quand il entre définitivement dans le Nirvâna, et l'on peut jusqu'à ce moment lui conserver une dénomination qui ne lui convient plus parfaitement. Mais, une fois que le Bouddha est entré dans le Nirvâna, le titre de bodhisattva ne doit plus lui être appliqué; car il y a longtemps qu'il l'a dépassé.

Souvent on joint au mot de bodhisattva celui de mahâsattva, qui signifie « celui qui a la grande essence, » ou

(1) Voir plus haut, p. 58; *Introd. à l'hist. du Bouddh. ind.*, de M. E. Burnouf, p. 110. Le Bodhisattva doit encore fournir une existence, tandis que le Bouddha est désormais soustrait à la loi de la transmigration; mais, comme le Bodhisattva est un futur Bouddha, il ne peut exister dans le même monde un Bodhisattva et un Bouddha.

bien « grand être, grande créature (1). » Cette seconde épithète affaiblirait plutôt le sens de la première, quand on songe à tout ce que renferme l'idée de la Bodhi pour les croyants. On peut voir du reste dans le *Lotus de la bonne loi*, au chapitre intitulé : La Position commode, et dans le Pradjnâ pâramitâ, toutes les conditions que doit remplir un bodhisattva mahâsattva (2).

Un dernier nom qu'on donne quelquefois au Bouddha, et qui est moins élevé que tous ceux qui précèdent, est celui d'arhat ou de vénérable, que prennent aussi les religieux du degré supérieur (3). Mais, quand il s'applique au Bouddha, on le complète et on le relève en disant : « Le vénérable du monde » ou « le vénérable du siècle », autant du moins qu'on en peut juger d'après la traduction chinoise (4).

Les Bouddhistes ne se sont pas contentés de faire du Bouddha un idéal de vertu, de science, de sainteté, de pouvoirs surnaturels ; ils en ont fait aussi un idéal de beauté physique ; et la même tournure d'imagination qui a produit les développements extravagants des grands Soûtras, s'est exercée avec autant de diffusion et de puérilité dans le portrait du Tathâgata. Il est assez probable

(1) M. E. Burnouf, *Introd. à l'hist. du Bouddh. ind.*, p. 465, en note.

(2) *Lotus de la bonne loi*, de M. E. Burnouf, ch. xiii, p. 167 et suiv., et dans la Pradjnâ pâramitâ, ch. 1ᵉʳ, *Introd. à l'hist. du Bouddh. ind.*, de M. E. Burnouf, p. 465 et suiv. Les détails dans lesquels entrent le Lotus et la Pradjnâ sont des plus confus et des plus obscurs.

(3) *Introd. à l'hist. du Bouddh. ind.*, de M. E. Burnouf, p. 80 et 294, et *Lotus de la bonne loi*, p. 287 et 292.

(4) *Foe Koue Ki*, de M. A. Rémusat, p. 58, 101 et 113. *Histoire de la vie d'Hiouen Thsang*, de M. Stanislas Julien, p. 122, 158 et *passim*.

que, de même que la légende renferme quelques faits
réels et historiques, de même le portrait du Bouddha doit
avoir conservé quelques-unes des particularités de la phy-
sionomie personnelle de Siddhârtha (1). Mais il est bien
difficile encore ici de faire le discernement du vrai et du
faux. Dans les trente-deux signes caractéristiques du grand
homme et dans les quatre-vingts marques secondaires, il
y a des impossibilités naturelles, ou plutôt des exagéra-
tions qui vont jusqu'à l'impossible. Toutefois, il ne faut
pas négliger ces détails ; car ils attestent quel était dans
ces temps reculés le goût de ces peuples, et ils sont comme
une partie de leur esthétique, sans parler des renseignements qu'ils peuvent fournir à l'ethnographie. Cette
nomenclature exacte des trente-deux signes et des quatre-
vingts marques secondaires remonte aux premiers siècles
du Bouddhisme, puisqu'elle se trouve déjà dans le *Lalitavistara* (2) ; elle a de plus une valeur égale chez les Bouddhistes du sud et chez les Bouddhistes du nord. C'est donc
une partie importante, quoique tout extérieure, des
croyances bouddhiques ; l'on a voulu en faire en quelque
sorte un signalement, que peuvent vérifier les intelligences
les plus vulgaires avant de donner leur foi.

M. E. Burnouf a consacré à cette étude un des appendices les plus considérables du *Lotus de la bonne loi*. Il a
pris la peine d'étudier et de comparer sept listes différentes

(1) M. E. Burnouf a discuté ce point de vue, qui semble assez
probable, *Lotus de la bonne loi*, p. 619, Appendice n° viii.

(2) *Rgya tch'er rol pa*, de M. Ed. Foucaux, t. II, p. 107 et
suiv. M. Abel Rémusat a renversé pour jamais l'hypothèse de
Williams Jones, qui avait voulu faire un nègre de Siddhârtha,
parce que ses images le représentent avec des cheveux frisés.
Voir le mémoire spécial sur les signes caractéristiques d'un Bouddha, *Mélanges asiatiques*, t. I, p. 101 et 168.

données par des ouvrages Népalais et Singhalais : d'abord celle du *Lalitavistara;* puis celle du vocabulaire pentaglotte de M. Abel Rémusat (1); une troisième, celle qu'a empruntée M. Hodgson au Dharma sangraha, terminologie religieuse et philosophique des Bouddhistes du Népâl (2); une quatrième et une cinquième puisées à un ouvrage spécial sur ce sujet, le Lakkhana soutta de Ceylan, qui se trouve dans le recueil intitulé Dîgha nikâya; enfin, une sixième et une septième, toutes deux singhalaises aussi, tirées l'une du Mahâpradhâna soutta, qui fait partie du même recueil, et l'autre du Dharma pradîpika, ouvrage moitié singhalais, moitié pâli (3).

Je ne veux pas énumérer un à un les trente-deux signes, ni encore moins les quatre-vingts marques secondaires; je n'en citerai que les plus remarquables. Le premier signe est une protubérance du crâne sur le sommet de la tête. Rien n'empêche de croire que cette singularité de conformation n'ait appartenu à Siddhârtha. Le second signe, c'est d'avoir des cheveux bouclés tournant vers la droite, d'un noir foncé et à reflets changeants. La chevelure tournée vers la droite rappelle sans doute l'acte du jeune prince coupant ses cheveux avec son glaive; et les boucles

(1) Abel Rémusat, *Mélanges asiatiques*, t. I, p. 164.
(2) M. Hodgson, *Journ. of the roy. asiat. society of Great Britain*, t. II, p. 314, et *Journ. asiat. soc. of Bengal*, t. V, p. 91.
(3) M. E. Burnouf, *Lotus de la bonne loi*, p. 557, Appendice n° VIII. Ces sept listes ne diffèrent en général entre elles que par l'ordre d'énumération, et, selon toute apparence, elles dérivent d'un seul et même original. Il y a cependant quelques caractères que ne contient pas le *Lalitavistara*, et qu'ont les autres listes. Voir le tableau comparatif de M. E. Burnouf, *Lotus de la bonne loi*, p. 577 et 581.

écourtées, que l'on avait prises à tort pour celles d'un nègre, confirment cette tradition, qui vivait encore chez les Bouddhistes de Ceylan quand le colonel Mackensie les visitait en 1797 (1). Ce second signe est tout aussi vraisemblable que le premier. Le troisième, qui est un front large et uni, ne l'est pas moins. Le quatrième, au contraire, semble bien de pure invention : c'est la fameuse touffe de poils, oûrnâ, naissant entre les sourcils, et qui doit être blanche comme de la neige ou de l'argent. Suivent deux signes qui se rapportent aux yeux. Le Bouddha doit avoir des cils comme ceux de la génisse, et l'œil d'un noir foncé. Les dents doivent être au nombre de quarante, égales, serrées et parfaitement blanches. La description passe ensuite à la voix, qui doit être celle de Brahma; à la langue, à la mâchoire, aux épaules, aux bras, qui doivent descendre jusqu'aux genoux, beauté que nous comprenons peu, mais que les poèmes indiens ne manquent jamais de donner à leurs héros (2); puis à la taille, aux poils, qui doivent être tous séparés et tournés vers la droite à leur extrémité supérieure; puis aux parties les plus secrètes du corps; de là aux jambes, aux doigts, aux

---

(1) M. le colonel C. Mackensie, *Asiatic Researchs*, t. VI, p. 453, éd. de Londres, in-4°.

(2) Cette forme particulière des bras est célébrée comme une beauté des héros dans le Mahâbhârata et dans le Râmâyana; M. E. Burnouf, *Lotus de la bonne loi*, p. 618. Aux citations que fait M. E. Burnouf, on peut joindre la Bhagavad guîtâ, lect. I, sloka 18, qui donne de « grands bras » à l'un des héros que nomme Ardjouna. Dans le *Rig-Véda*, 3ᵉ ashtaka, lecture 8, hymne 4 (p. 363 de l'édit. de M. Max. Müller, et p. 204, t. II, de la traduction de M. Langlois), le divin Savitri est appelé « dieu aux longs bras. »

mains, et enfin aux pieds, qui, entre autres signes, et outre le coup de pied saillant, doivent être parfaitement droits, et bien posés.

Les quatre-vingts marques secondaires ne font qu'ajouter des caractères moins saillants aux trente-deux qui précèdent (1). Il y en a trois pour les ongles, trois pour les doigts, cinq pour les lignes de la main, dix pour les membres en général, cinq pour la démarche, trois pour les dents canines, une pour le nez, six pour les yeux, cinq pour les sourcils, trois pour les joues, neuf pour les cheveux, etc., etc.

Il ne faut pas attacher à toutes ces minuties plus d'importance qu'il ne convient; mais il ne faudrait pas non plus les négliger entièrement. Quelques-unes ont donné naissance à des superstitions qui tiennent une grande place dans le Bouddhisme. Ainsi, le trente et unième signe du grand homme, c'est d'avoir sous la plante des pieds une figure de roue. De là les Bouddhistes de Ceylan, du Népâl, du Birman, de Siam, du Laos, etc., ont cru retrouver en divers lieux l'empreinte du pied du Bouddha (2); c'est le fameux Prabhât ou Çrîpâda, le pied bienheureux, dont l'une des traces les plus célèbres se trouve sur le pic d'Adam à Ceylan, et où la superstition singhalaise croit reconnaître jusqu'à soixante-cinq figures de bon augure (3).

(1) *Lotus de bonne loi*, de M. E. Burnouf, p. 583 et suiv. Appendice n° VIII.

(2) *Lotus de la bonne loi*, de M. E. Burnouf, p. 646.

(3) M. E. Burnouf, *Lotus de la bonne loi*, p. 623 et suiv., a énuméré et discuté ces soixante-cinq figures, d'après le Dharma pradîpika singhalais et les descriptions de divers voyageurs. Cette superstition du Çrîpada est assez ancienne dans le Bouddhisme. Le Mahâvansa, au IV° siècle de notre ère, en parle déjà,

J'ai tenu à entrer dans tous ces détails, à la fois sur la vie réelle de Çâkyamouni et sur sa légende, pour qu'on pût voir nettement les deux côtés du génie bouddhique. D'une part, une grandeur d'âme peu commune; une pureté morale presque accomplie, avec une métaphysique profondément incomplète et fausse; une charité sans bornes; une vie héroïque qui ne se dément pas un seul moment. De l'autre part, une superstition qui ne recule devant aucune extravagance, et qui ne se rachète que par une admiration enthousiaste pour la vertu et pour la science; des deux côtés, de très-nobles sentiments avec des erreurs déplorables; le salut du genre humain cherché avec une égale ardeur et la plus louable sincérité; des chutes désastreuses, trop juste position d'un orgueil qui ne s'est point connu, et d'un aveuglement que rien ne peut éclairer. Telles sont les deux faces les plus générales du Bouddhisme. Nous allons les retrouver dans sa morale et sa métaphysique.

ch. ɪ, p. 7, trad. de M. Turnour; au v° siècle, Fa hien vit une empreinte dans le royaume d'Oudyâ et deux autres à Ceylan, *Foe Koue Ki*, de M. Abel Rémusat, ch. vɪɪɪ, p. 45 et 63, et ch. xxxvɪɪɪ, p. 332 et 341. Au vɪɪ° siècle, Hiouen Thsang vit un très-grand nombre d'empreintes dans les royaumes du nord de l'Inde, dans celui de Kapitha, dans celui du Magadha, près de Râdjagriha, et dans divers royaumes de l'Inde occidentale, *Histoire de la vie d'Hiouen Thsang*, de M. Stanislas Julien, p. 111, 138, 207, 210, etc. Le roi Açoka avait fait construire des stoûpas dans tous les lieux qui passaient pour avoir conservé la trace des pas du Bouddha.

IV.

DE LA MORALE BOUDDHIQUE.

Bien que Çâkyamouni soit un philosophe, et qu'il n'ait jamais prétendu être autre chose, on aurait tort d'exiger de lui un système méthodique et régulier. A vrai dire, il n'a point enseigné, quoique les légendes nous le représentent toujours entouré de ses disciples, et qu'il eût étudié longtemps aux écoles des Brahmanes. Il a plutôt prêché toute sa vie; et, en s'adressant à la foule, il n'a pas dû employer les formes sévères que la science demande, mais que n'auraient point comprises ses nombreux auditeurs, et que le génie brahmanique lui-même n'a que fort imparfaitement appliquées. Chargé, par la mission qu'il s'était donnée, de sauver le genre humain et les créatures, ou mieux encore les êtres et l'univers entier, l'ascète devait prendre un langage accessible à tous, c'est-à-dire le plus simple possible et le plus vulgaire (1). Des procédés rigoureux et scientifiques auraient échoué auprès de ces esprits peu cultivés, qui n'apportaient aux discours du réformateur que leur enthousiasme de néophytes et la sincérité d'une foi aveugle. Le Bouddha se vante, dans le *Lotus de la bonne loi*, de l'habileté des moyens dont il use pour

---

(1) M. E. Burnouf a remarqué avec sa sagacité ordinaire que cette condition nécessaire du Bouddhisme expliquait son infériorité littéraire à l'égard du Brahmanisme. L'art, sous toutes ses formes, est resté à peu près inconnu du Bouddhisme; et l'art du style, en particulier, lui est complètement étranger. La lecture des soûtras est presque insoutenable. Voir l'*Introduction à l'Histoire du Bouddhisme indien*, p. 194.

convertir et toucher les êtres (1) ; mais ces moyens, au fond, se réduisent à l'ardeur de la conviction personnelle qui l'anime, et au besoin de croire non moins vif dont ceux qui l'écoutent sont animés comme lui.

Ainsi les idées du Bouddha, quoique très-arrêtées dans son propre esprit, quoique toutes-puissantes sur l'esprit de ses adeptes, ont été peu précises dans la forme. Le Bouddha lui-même n'avait rien écrit, et ce furent ses principaux adhérents qui, réunis en concile aussitôt après sa mort, fixèrent dans les soûtras les paroles du maître et la doctrine qui, tout à l'heure, allait devenir un dogme. Deux autres conciles, après le premier, rédigèrent définitivement les écritures canoniques telles que nous les avons, et que les reçurent, en les traduisant, tous les peuples soumis au Bouddhisme (2). Ce travail de rédaction suc-

---

(1) Tout un chapitre du *Lotus de la bonne loi*, le second, de la page 19 à la page 38, est consacré à exposer l'Habileté dans l'emploi des moyens.

(2) Les deux sources principales pour l'histoire encore incomplète de ces conciles sont le Doul va tibétain, dont Csoma de Körös a donné l'analyse, *Asiat. Researches*, t. XX, p. 41, 91 et 297, et le *Mahâvansa* singhalais, qui a consacré trois longs chapitres aux trois conciles qu'il appelle dharmasagguîtis, Assemblées de la Loi (Mahâvansa de M. G. Turnour, de la page 11 à la page 42). Les deux récits, d'accord sur les points essentiels, diffèrent sur plusieurs faits très-importants. D'après le Mahâvansa, les dates des trois conciles seraient 543, 443 et 309 avant l'ère chrétienne. D'après les Népalais et les Tibétains, ce serait 543, 433 et 140. Voir aussi l'*Hist. de la vie d'Hiouen Thsang*, de M. Stanislas Julien, p. 95 et 156, et le *Foe Koue Ki* de M. Abel Rémusat, ch. xxv, p. 247, note de M. Klaproth, et ch. xxxvi, p. 319, note de M. Landresse. M. Turnour a publié, d'après les Singhalais, le récit officiel, et l'on

cessive était fini deux siècles au moins avant notre ère. Par suite de ces circonstances diverses, les théories de Çâkyamouni doivent être en morale et surtout en métaphysique peu nombreuses et fort simples. Elles sont en général très-claires et très-pratiques, ce qui n'exclut ni la justesse ni même la profondeur. En un mot, c'est une philosophie qui doit être bientôt une religion.

On sait d'ailleurs que le premier concile réuni à Râdjagriha, sous la protection d'Adjâtaçattrou, partagea les écritures canoniques en trois grandes classes, que ne changèrent point les rédactions subséquentes : les Soûtras ou discours du Bouddha, le Vinaya ou la discipline, l'Abhidharma ou la métaphysique. Ananda fut chargé de compiler les Soûtras; Oupâli, le Vinaya; et Kâçyapa, qui avait dirigé toutes les délibérations, se réserva la métaphysique (1). Les Soûtras, qu'on nomme aussi Bouddha vâtchana, ou parole du Bouddha, et Moûlagrantha, le Livre du texte, sont considérés avec toute raison par les Bouddhistes du nord comme les textes fondamentaux (2). C'est évidemment aux discours qu'il a fallu puiser tout le reste.

pourrait dire le procès-verbal des opérations du premier concile, *Journal de la société asiatique du Bengale*, t. VI, p. 519 et suiv.

(1) Ces trois classes des écritures bouddhiques forment ce qu'on appelle le *tripitaka*, ou les Trois-Corbeilles. Voir la préface du *Mahâvansa* de M. G. Turnour, p. 65, et l'*Introd. à l'hist. du Bouddh. ind.* de M. E. Burnouf, p. 35 et suiv.

(2) *Idem, ibid.*, p. 36 et 104. Il ne faut pas confondre les soûtras bouddhiques avec les soûtras des écoles philosophiques du Brahmanisme. Étymologiquement, le mot de soûtra ne signifie que discours attachés ou cousus ensemble; et par suite, aphorismes, axiomes.

La première théorie qui se présente, et qui, au point de vue de la méthode, doit en effet précéder toutes les autres, c'est celle des Quatre vérités sublimes (âryâni satyâni). Elle est connue de tous les Bouddhistes sans exception ; elle est adoptée au sud et à l'est aussi bien qu'au nord ; à Ceylan, au Birman, au Pégu, à Siam, à la Chine, tout comme au Népâl et au Tibet (1).

Ces quatre vérités, les voici :

D'abord, c'est l'existence de la douleur, dont l'homme est atteint sous une forme ou sous une autre, quelle que soit la condition éclatante ou obscure dans laquelle il naît ici-bas. C'est là un fait malheureusement incontestable, bien qu'il ne porte pas toutes les conséquences qu'y a vues le Bouddhisme ; et c'est comme une base inébranlable donnée à tout l'édifice du système.

En second lieu, c'est la cause de la douleur, que le Bouddhisme n'attribue qu'aux passions, au désir, à la faute.

La troisième vérité sublime, propre à consoler de la triste réalité des deux autres, c'est que la douleur peut cesser par le Nirvâna, ce but suprême et cette récompense de tous les efforts de l'homme.

Enfin, la quatrième et dernière vérité, qui tient encore plus étroitement aux croyances particulières du Bouddhisme, c'est le moyen d'arriver à cette cessation de la

---

(1) Le soûtra le plus ancien où l'on trouve cette énumération des Quatre vérités est le Mahâvastou, antérieur au Lalitavistara, qui en répète l'énoncé presque dans les mêmes termes. Voir l'*Introd. à l'hist. du Bouddh. ind.*, p. 186, 290, 517 et 629, de M. E. Burnouf, et l'Appendice spécial qu'il a consacré aux Quatre vérités sublimes. Voir aussi le *Rgya tch'er rol pa*, de M. Ed. Foucaux, p. 124 et 392.

douleur, c'est la voie qui conduit au Nirvâna (marga, en pâli magga).

La voie ou la méthode du salut a huit parties, et ce sont autant de conditions que l'homme doit remplir pour assurer sa délivrance éternelle. La première de ces conditions, selon le langage bouddhique, est la vue droite, c'est-à-dire la foi et l'orthodoxie; la seconde, c'est le jugement droit, qui dissipe toutes les incertitudes et tous les doutes; la troisième, c'est le langage droit, c'est-à-dire la véracité parfaite, qui a horreur du mensonge et qui le fuit toujours, sous quelque forme qu'il se présente; la quatrième condition du salut, c'est de se proposer dans tout ce qu'on fait une fin pure et droite, qui règle la conduite et la rende honnête; la cinquième, c'est de ne demander sa subsistance qu'à une profession droite, non entachée de péché, en d'autres termes, à la profession religieuse; la sixième, c'est l'application droite de l'esprit à tous les préceptes de la Loi; la septième est la mémoire droite, qui garantit le souvenir des actions passées de toute obscurité et de toute erreur; et la dernière enfin, c'est la méditation droite, qui conduit dès ici-bas l'intelligence à une quiétude voisine du Nirvâna (1).

(1) *Rgya tch'er rol pa*, de M. Ed. Foucaux, t. II, p. 392; *Lotus de la bonne loi*, de M. E. Burnouf, page 11, ch. i, et p. 332 et 519; *Vocabulaire pentaglotte*, section XXXI, dans le t. Ier des *Mélanges asiatiques* de M. A. Rémusat. Les Bouddhistes de Ceylan appellent la voie à huit parties d'un seul mot, atthâgga magga (ashthânga-marga). Il paroît que les Bouddhistes d'Ava entendent ces huit parties du Marga en un autre sens; suivant eux, ce sont les quatre degrés établis dans la hiérarchie bouddhique entre les religieux, d'après leur vertu et leur mérite. Chacun de ces degrés est subdivisé en deux autres, selon

Les Quatre vérités sublimes sont celles que Siddhârtha comprit enfin à Bodhimanda, sous l'arbre Bodhi, après six ans de méditations et d'austérités; ce sont celles qu'il enseigna tout d'abord à ses cinq disciples quand il fit tourner pour la première fois la roue de la loi à Bénarès. C'est parce qu'il les a comprises qu'il est devenu Bouddha ; et quand il prêche sa doctrine au monde, c'est toujours aux Quatre vérités qu'il donne la préférence sur les autres parties de son enseignement. Dans sa grande lutte contre les Tirthyas du Koçala, en présence de Prasénadjit, lorsqu'il a défait ses adversaires, et que les Brahmanes s'enfuient en criant : « Nous nous réfugions « dans la montagne; nous cherchons un asile auprès des « arbres, des murs et des ermitages, » Bhagavat leur adresse ces paroles de dédain et d'adieu : « Beaucoup « d'hommes chassés par la crainte cherchent un asile dans « les montagnes et dans les bois, dans les ermitages et « auprès des arbres consacrés. Mais ce n'est pas le plus « sûr des asiles; ce n'est pas le plus sûr des refuges. Ce- « lui, au contraire, qui cherche un refuge auprès du « Bouddha, de la Loi et de l'Assemblée, quand il voit, « avec l'aide de la sagesse, les Quatre vérités sublimes,

que les personnages qui les forment sont encore dans la voie particulière où ils marchent, ou qu'ils ont atteint le but du voyage entrepris par eux. Cette seconde manière d'entendre le Marga me semble postérieure à l'autre, et elle est moins conforme à l'esprit général du Bouddhisme. Il serait peut-être d'ailleurs assez facile de concilier ces deux interprétations. Parmi les cent huit portes de la loi qu'énumère le *Lalitavistara*, ch. iv, les huit parties du Marga tiennent leur place, et elles y sont expliquées assez longuement, *Rgya tch'er rol pa*, de M. Ed. Foucaux, t. II, p. 44.

« qui sont : la douleur, la cause de la douleur, l'anéantis-
« sement de la douleur, et le chemin qui y conduit, la
« voie formée de huit parties, sublime, salutaire, qui
« mène au Nirvâna ; celui-là connaît le plus certain des
« asiles, le plus assuré des refuges. Dès qu'il y est par-
« venu, il est délivré de toutes les douleurs (1). »

Si l'on en croit la tradition des Mongols et des Tibétains, la théorie des Quatre vérités occupa presque seule le premier concile ; et ses travaux se bornèrent à rédiger les soûtras qui l'exposent (2). Elle est, en quelque sorte la source, et le résumé de toute la doctrine bouddhique ; on l'a réduite, pour l'usage des fidèles, en une stance composée de deux vers que tous les Bouddhistes savent par cœur, et qui est pour eux un véritable acte de foi (3). Les religieux la répètent sans cesse.

(1) *Prâtihârya Soûtra*, dans le Divya avadâna. Voir *Introduc. à l'hist. du Bouddh. ind.* de M. E. Burnouf, p. 186, et Csoma de Körös, *Asiat res.*, t. XX, p. 90.

(2) *Idem, ibid.*, p. 583, et M. Schmidt, *Geschichte der ost. Mongolen*, p. 17 et 315.

(3) Cette stance a été connue pour la première fois par la découverte qu'en fit M. J. Stephenson, dans les ruines d'une ancienne ville près de Bakhra (*Journ. of the asiat. soc. of Bengal*, IV, p. 131 et suiv.) Elle était inscrite sur le piédestal d'une statue mutilée du Bouddha. Quelque temps après, on la retrouva gravée sur une pierre enfouie dans le topo de Sârnâth, près Bénarès ; et presque toutes les statuettes du Bouddha qu'on a découvertes, depuis vingt ans, dans les diverses parties de l'Inde et dans les contrées voisines, la reproduisent. Ce fut Prinsep qui, le premier, parvint à la déchiffrer et à l'expliquer (*Journ. of the asiat. soc. of Bengal*, loc. laud.) Après lui, MM. Csoma de Körös, Mill, Hodgson, Burney, Lassen et Bur-

A la suite des Quatre vérités sublimes, et immédiatement après elles, il faut placer un certain nombre de

nouf en ont successivement complété l'interprétation. Voici la traduction que j'en donne, en modifiant un peu à mon tour, toutes celles de mes prédécesseurs : « De toutes les lois qui pro« cèdent d'une cause antérieure, c'est le Tathâgata qui en dit « la cause; et quelle est la cessation de ces lois, c'est le grand « Çrâmana qui l'a dit également. » On reconnaît sans peine dans ces deux vers les Quatre vérités sublimes : les lois, ce sont la douleur et l'existence actuelle qui ont pour cause des fautes passées; la cause, c'est la production de la douleur; la cessation de ces lois, c'est le Nirvâna; enfin, l'enseignement du Tathâgata et du grand Çrâmana, c'est la voie ou marga qui mène au Nirvâna. Des deux rédactions sanscrites et pâlies de cette formule, M. E. Burnouf, s'appuyant sur des observations très-délicates de métrique, a prouvé que la rédaction pâlie devait être la plus ancienne, *Lotus de la bonne loi*, p. 522 et suiv. A cette stance, qui est sacramentelle, on en joint souvent une seconde, qui, à un autre point de vue, résume aussi la doctrine du Bouddha. Csoma de Körös l'a trouvée à la suite de la première dans les ouvrages tibétains qu'il consultait (*Jour. of the asiat. soc. of Bengal*, t. III, p. 61, et t. IV, p. 435); elle est reproduite fréquemment dans les soûtras singhalais. La voici : « Abs« tention de tout péché, pratique constante de toutes les vertus, « domination absolue de son propre cœur, tel est l'enseigne« ment du Bouddha. » Deux autres stances d'un caractère analogue se représentent plus souvent encore dans les soûtras népolais; on les rapportait à Çâkyamouni lui-même; il les avait fait mettre sous son portrait, que Bimbisâra envoyait en présent à Roudrâyana, roi de Rorouka : « Commencez; sortez de la « maison; appliquez-vous à la loi du Bouddha; renversez l'ar« mée de la mort, comme un éléphant renverse une hutte de « roseaux. Celui qui marchera sans distraction dans cette

préceptes moraux qui sont fort simples sans doute, mais que le Bouddha ne devait point négliger, non plus que ne l'a fait aucun réformateur. Les cinq premiers de ces préceptes sont : ne point tuer, ne point voler, ne point commettre d'adultère, ne point mentir, et ne point s'enivrer. A ces prescriptions, on en ajoute cinq autres qui sont moins graves, mais qui ne laissent point que d'avoir de l'importance : s'abstenir de repas pris hors de saison; c'est défendre la gourmandise; s'abstenir de la vue des danses et des représentations théâtrales, chants, instruments de musique, etc.; s'abstenir de porter aucune parure et de se parfumer; s'abstenir d'avoir un grand lit; enfin s'abstenir de recevoir de l'or ou de l'argent (1). Ce sont là les dix

« discipline de la loi, après avoir échappé à la révolution des « naissances, mettra un terme à la douleur. » (Roudrâyana avadâna, Brâhmana Dârikâ, Djyotishka, Prâtihârya Soûtra et Avadâna Çataka, M. E. Burnouf, *Introd. à l'hist. du Bouddh. ind.*, p. 342, 184 et 203, et *Lotus de la bonne loi*, p. 529; Csoma de Körös, analyse du Doul va tibétain, *Asiat. Researchs*, t. XX, p. 79.)

(1) Les listes de péchés varient beaucoup dans les différents soûtras. Voir M. E. Burnouf, *Lotus de la bonne loi*, p. 444, Appendice, n° 2, sur la valeur du mot *kléça*, le vice ou le mal moral; mais celle que j'ai donnée peut être regardée comme la plus commune. On la retrouve dans le *Pâtimokkha-Soutta* des Singhalais, qui n'est probablement qu'une autre rédaction du *Pratimoksha-Soûtra* des Népalais, et qui, comme lui, est une espèce de traité de casuistique. Le *Pratimoksha-Soûtra* est connu par l'analyse qu'en a donnée M. Csoma de Körös, d'après le *Doul-va.* (*Asiat. Resear.* t. XX, p. 59 et 80.) MM. E. Burnouf et Lassen ont donné la table des chapitres du *Pâtimokkha-Soutta* dans leur *Essai sur le pâli*, p. 201; M. Spiegel l'a également publiée dans son *Kammavakya*, p. 35.

aversions ou répugnances (véramanis) que doivent ressentir tous les novices, ou plutôt tous les hommes qui ont foi au Bouddha. Les cinq premières règles surtout sont obligatoires pour tout le monde, sans aucune exception; mais on peut croire que les autres regardent plus particulièrement les religieux, qui ont d'ailleurs un code spécial dont je parlerai plus loin. On comprend que les règles même les plus générales prennent pour eux un caractère de sévérité qu'elles ne peuvent pas avoir pour les simples laïques; et c'est ainsi que les religieux ne doivent pas seulement s'abstenir de l'adultère, il faut, en outre, qu'ils gardent la plus inflexible chasteté.

Des ouvrages entiers, au nord et au sud, ont été consacrés à la classification méthodique des péchés et des fautes (1); mais ces ouvrages, un peu postérieurs au temps du Bouddha, sont moins une reproduction exacte qu'un développement de sa doctrine, et je ne crois pas devoir m'y arrêter, tout curieux qu'ils sont, parce que je ne recherche ici que les pensées mêmes de Çâkyamouni. A voir la direction toute pratique que le jeune ascète de Bodhimanda voulait donner à sa prédication, on peut douter que ce soit lui qui ait divisé les règles morales qu'il prescrivait en deux cent cinquante-trois articles, comme le veut le *Pratimoksha-Soûtra* des Népalais (le Soûtra de l'affranchissement); ou en deux cent vingt-sept,

(1) Outre le *Pratimoksha-Soûtra* népalais et le *Pâtimokkha-Soutta* de Ceylan, le recueil singhalais appelé *Digha-Nikâya* contient quatre souttas au moins qui ne traitent guère que de ce sujet capital : le *Sâmanna-Phala-Soutta*; le *Soubha-Soutta*, répétition du précédent; le *Brahma-Djâla Soutta* et le *Potthapâda-Soutta*. M. E. Burnouf a traduit le premier de ces souttas, *Lotus de la bonne loi*, p. 449 et suiv.

comme le veut le *Pâtimokkha* des Singhalais (1) ; ou en deux cent cinquante, comme le veut l'ouvrage chinois dont M. Abel Rémusat a fait connaître le curieux résumé. (*Foe Koue Ki*, p. 104 et suiv.) Des distinctions si nombreuses, et parfois si peu tranchées, ne vont point à un réformateur qui veut convertir la foule; il lui faut des idées moins subtiles et plus frappantes. Ces analyses minutieuses conviennent peut-être à l'école ; elles ne seraient pas écoutées de la multitude. Il est bien difficile aussi de croire que ce soit le Bouddha qui ait mis sur la même ligne que les cinq premiers péchés les cinq suivants : dire du mal du Bouddha, dire du mal de la Loi, dire du mal de l'Assemblée des religieux, élever une hérésie, violer une religieuse ; et qui ait fait de la réunion de ces fautes très-diverses et très-inégales la liste des dix éléments de destruction (en pâli, *dasa-nâsanaggâni*); en d'autres termes, les dix péchés mortels (2).

Mais on doit penser que c'est bien le Bouddha lui-même qui a prescrit à ses religieux et à ses religieuses les douze observances suivantes, dont les ouvrages singhalais et chinois nous ont conservé le souvenir (3); elles sont fort

---

(1) M. E. Burnouf, *Introd. à l'hist. du Bouddh. ind.*, p. 300 et 303.

(2) *Id. Lotus de la bonne loi*, p. 445, Appendice, n° 11, sur la valeur du mot *kléça*.

(3) M. Abel Rémusat, dans son *Foe Koue Ki*, p. 60 et suiv., a donné l'analyse du Livre sacré des douze observances (en chinois, *Chi-Eul-Theou-Tho-King*), qui paraît avoir été traduit sur le sanscrit ou sur le pâli. On retrouve cette liste des observances religieuses dans le vocabulaire pentaglotte, section XLV, et dans le dictionnaire singhalais de M. Clough, t. II, p. 242. Il est fort probable qu'on découvrira plus tard, soit dans la col-

sévères, mais Siddhârtha les avait pratiquées lui-même durant de longues années avant de les imposer aux autres ; et quand un jeune prince avait donné cet héroïque exemple, il n'était permis à personne parmi les croyants d'hésiter à le suivre. Il ne faut pas perdre de vue que ces règles ne concernent que les religieux, c'est-à-dire les hommes d'une piété supérieure, qui ont renoncé au monde, et qui doivent désormais dédaigner tous ses intérêts et toutes ses jouissances.

La première observance, c'est de ne se vêtir que de haillons ramassés dans les cimetières, sur les tas d'ordures et sur les routes.

La seconde, c'est de n'avoir tout au plus que trois de ces misérables vêtements, qu'on a dû coudre de ses mains, à l'imitation du maître (1).

Ces haillons doivent être couverts d'un manteau de laine jaune, qu'on se sera procuré par les mêmes moyens.

Voilà pour le vêtement.

La nourriture sera plus simple encore, s'il est possible. La quatrième observance et l'une des plus strictes, c'est de ne vivre que d'aumônes ; on ira les chercher de maison en maison, dans le vase de bois qu'on pourra posséder à cet effet.

---

lection du Népal, soit dans celle de Ceylan, des traités spéciaux sur ce sujet, qui intéresse si directement la discipline ; ils feraient partie du *Vinaya*. Voir M. E. Burnouf, *Introd. à l'hist. du Bouddh. ind.*, p. 305 et suiv.

(1) Hiouen Thsang nous apprend que, dans une nuit très-froide, le Tathâgata dut se couvrir de trois vêtements. C'est pour cela sans doute qu'il permît à ses religieux d'avoir jusqu'à trois de ces vêtements faits de haillons. Voir M. Stanislas Julien, *Vie d'Hiouen Thsang*, p. 209.

En cinquième lieu, on ne fera qu'un seul repas par jour ; et, par la sixième observance, on se gardera de jamais prendre des aliments après midi, même de simples friandises. On peut voir dans une foule de Soûtras que le Bouddha lui-même, aussitôt après son réveil, sort du vihâra pour aller quêter les aliments dont il doit vivre, et que son unique repas est toujours fait avant midi. Le reste du jour est donné à l'enseignement et à la méditation.

Les règles relatives au logement ne sont pas moins rudes. On vivra dans la forêt : c'est la septième observance. Tous les Soûtras nous montrent le Bouddha, et en général les religieux, quittant les bois où ils ont passé la nuit, pour venir mendier dans la ville voisine. La huitième observance est de ne s'abriter que sous le feuillage des arbres ; la neuvième, de s'asseoir le dos appuyé sur le tronc de l'arbre qu'on a choisi comme refuge. Pour dormir, il faut rester assis, et non point se coucher ; c'est la dixième observance ; la onzième, c'est de laisser son tapis, une fois qu'on l'a étendu, sans le changer de place (1).

L'ascétisme bouddhique a, comme on le voit, presque égalé l'ascétisme brahmanique, et sauf les jeûnes excessifs dont le Bouddha semble avoir condamné la pratique, le Bouddhisme est à peu près aussi sévère que la religion qu'il prétendait réformer. On doit même remarquer que

---

(1) Ces règles, qui prescrivent l'habitation en plein air, semblent en contradiction avec l'institution des vihâras, ou maisons de refuge pour les religieux, qui remontent cependant aux premiers temps du Bouddhisme. Il est facile de concilier cette opposition apparente, en supposant que les vihâras ne devaient servir que dans la saison des pluies, et que le reste du temps, l'ascète devait vivre dans la forêt.

dans le Brahmanisme, l'ascétisme recommandé par les sages n'a rien d'obligatoire ; la philosophie peut le conseiller ; mais l'orthodoxie védique ne l'impose à personne. Au contraire, le Bouddha, tout en voulant adoucir les habitudes brahmaniques qu'il condamne, prescrit à ses religieux un régime austère dont il leur est défendu de s'écarter sous peine de dégradation.

A ces onze observances s'en ajoute une douzième d'un tout autre genre, qui les complète et en fait très-nettement comprendre le but commun. Les religieux se rendront de temps à autre, la nuit, dans les cimetières pour y méditer sur l'instabilité des choses humaines (1).

Il me semble qu'après ces détails on doit mieux comprendre la portée de ces noms par lesquels les Bouddhistes se désignent eux-mêmes ; je veux dire ceux de Bhikshou, mendiant qui ne vit que des aumônes qu'il recueille, et de Çramana, ou ascète qui dompte ses sens. Le Bouddha n'avait pas dédaigné de les prendre l'un et l'autre. Il s'appelait tantôt : « le grand mendiant » mahâ Bhikshou ; et tantôt : « l'ascète des Gotamides, » Çramana Gaoutama. La mendicité attestait assez que le Bouddhiste avait renoncé à tout ce qui fait les convoitises et les attachements du monde ; et son chaste célibat lui refusait même les affections les plus permises de la famille, en lui assurant, il est vrai, l'empire sur la plus redoutable des passions humaines. Je ne dis pas que ce soit ainsi qu'on puisse faire des citoyens utiles à la société ; mais certainement c'est ainsi qu'on peut faire des saints.

(1) J'ai mis cette observance la dernière, bien qu'elle soit placée la dixième dans la liste du vocabulaire pentaglotte. Mais en la laissant au dixième rang, elle interrompt la série des autres qui se rapportent toutes à l'habitation des religieux ; voir l'*Introd. à l'hist. du Bouddh. ind.*, de M. E. Burnouf, p. 311.

Les règles relatives au vêtement méritent une attention particulière, et dans le monde indien ce sont elles peut-être qui formaient l'originalité la plus frappante des ascètes bouddhiques. Les Brahmanes admettaient la complète nudité de leurs sages ; et ils se nommaient eux-mêmes par une expression à la fois juste et spirituelle : « les gens « vêtus de l'espace » digambaras (1). Les Grecs, compagnons d'Alexandre, qui les avaient vus sur les bords de l'Indus, les avaient nommées par analogie des gymnosophistes ; et c'était, à ce qu'il semble, une mode reçue dans la première caste de vivre, même au sein des villes, dans un état de nudité que les sauvages ne supportent qu'avec peine. Ce n'est pas à dire que la société indienne se montrât indifférente à cette impudeur, que les ascètes brahmaniques prenaient sans doute pour de la piété ; et ce n'était pas seulement les femmes d'un rang élevé, comme Soumâgadhâ, la fille d'Anâtha-Pindika, qui étaient révoltées de ce cynisme (2) ; c'étaient les courtisanes elles-mêmes, comme celle qui se moquait du mendiant Pourâna Kâçyapa, quand, de dépit d'avoir été vaincu par Bhagavat, il allait, une pierre au cou, se noyer dans un étang (3).

(1) Ils s'appelaient aussi : « Les gens vêtus de la ceinture de la Loi. » *Introd. à l'hist. du Bouddh. ind.*, de M. E. Burnouf, page 187.

(2) Soumâgadhâ disait tristement en voyant tous ces mendiants nus qui venaient prendre leur repas dans la maison de sa belle-mère : « Si les personnes respectables ont cette tenue, « comment seront donc les pécheurs ? » (Soumâgadhâ avadâna, *Introduction à l'histoire du Bouddhisme indien*, p. 312.)

(3) Prâtihârya-Soûtra dans le *Divya avadâna, Introduction à l'histoire du Bouddhisme indien*, de M. E. Burnouf, page 188.

La vie religieuse était un idéal que le Bouddha seul avait rempli dans toute son étendue ; mais si tous les hommes ne pouvaient l'atteindre, tous du moins pouvaient, quelle que fût leur position dans la vie, pratiquer certaines vertus que le réformateur regardait, après « les « préceptes de l'enseignement » comme les plus importantes. Elles sont au nombre de six : l'aumône ou la charité, la vertu, la patience, le courage, la contemplation et la science. Ce sont là les six vertus transcendantes (pâramitâs) « qui font passer l'homme à l'autre rive, » ainsi que l'indique l'étymologie du mot par lequel on les désigne (1). L'homme en les observant n'est pas encore arrivé au Nirvâna ; il n'est encore que sur le chemin qui

---

(1) Chacune de ces vertus sont exprimées respectivement par les mots dâna, çîla, kchânti, vîrya, dhyâna et pradjnâ, suivis du mot pâramitâ. Ainsi l'on dit : la vertu transcendante de l'aumône, dâna pâramitâ, çîla pâramitâ, etc. Le mot pâramitâ ne peut signifier que l'idée de passer à l'autre rive, pâram et ita. Mais on peut le prendre également, soit pour un substantif, soit pour un adjectif qui devient l'attribut du mot avec lequel il se compose. Par exemple, dâna pâramitâ peut vouloir dire tout aussi bien la vertu transcendante de l'aumône, et la perfection de l'aumône, que l'aumône passée à l'autre rive, en d'autres termes conçue et pratiquée comme la conçoit et la pratique le Bouddhisme. Au point de vue de la grammaire cette double nuance peut présenter quelque embarras ; et M. E. Burnouf n'avait pas pu trancher complètement cette difficulté (*Introd. à l'histoire du Bouddh. ind.*, p. 463, et *Lotus de la bonne loi*, pages 544 et suiv., Appendice n° VII sur les dix perfections) ; mais le sens général ne peut être douteux ; et ces six vertus transcendantes sont évidemment celles que le Bouddha recommande le plus expressément aux hommes. Voir aussi le *Rgya tch'er rol pa*, de M. Ed. Foucaux, t. II, ch. 4, p. 45.

y mène; mais sur la route de la foi, il a quitté ces rivages ténébreux de l'existence où l'on s'ignore; il sait désormais où il doit tendre; et s'il manque le but, ce n'est pas du moins faute de le connaître (1).

L'aumône, telle que la comprend le Bouddhisme, n'est point la libéralité ordinaire qui donne à autrui une partie des biens qu'on possède. C'est une charité sans bornes, qui s'adresse à toutes les créatures sans exception, et qui impose les sacrifices les plus douloureux et les plus extrêmes. Il y a telle légende, par exemple, où le Bouddha donne son corps en pâture à une tigresse affamée qui n'avait plus la force d'allaiter ses petits (2). Dans une autre, c'est un néophyte se jetant dans la mer pour apaiser la tempête qui menace le vaisseau de ses compagnons, et qu'a suscitée la colère du roi des Nâgas (3). Le Bouddha n'est venu en ce monde que pour sauver les êtres; tous ceux qui croient en lui doivent suivre son exemple, et ne reculer devant aucune épreuve pour assurer le bonheur des créatures. La charité doit éteindre dans le cœur de

---

(1) Ce n'est pas toujours ainsi que l'on comprend les six vertus transcendantes; et il y a des soûtras qui semblent en faire des attributs spéciaux du Bouddha ou des Boddhisattvas. Mais au temps d'Hiouen Thsang, on comprenait les pâramitâs comme je le fais ici; *Hist. de la vie d'Hiouen Thsang*, de M. Stanislas Julien, p. 57.

(2) Roûpavati avadâna, dans le *Divya avadâna*, *Introd. à l'hist. du Bouddh. ind.*, p. 159. Voir la *vie d'Hiouen Thsang*, de M. Stanislas Julien, p. 89. Plusieurs fois le Bouddha fit l'aumône de son corps, *Idem, ibid.*, p. 87 et 89 et passim; *Foe Koue Ki*, de M. Abel Rémusat, p. 64, 66 et 74; et *Rgya tch'er rol pa*, de M. Ed. Foucaux, p. 157, 160, 161.

(3) Légende de Samgha Rakshitha, dans le *Divya avadâna*, *Introd. à l'hist. du Bouddh. ind.*, de M. E. Burnouf, p. 317.

l'homme tout égoïsme; ou comme on dit en style bouddhique, « elle conduit à la maturité parfaite de l'être « égoïste. »

La vertu « conduit à la maturité parfaite de l'être vi-« cieux; » c'est-à-dire qu'elle détruit tous les vices dont l'âme humaine peut-être souillée. Elle lui fait franchir les régions ténébreuses et les quatre existences misérables, celle de damné dans l'enfer, celle d'animal, celle de préta et celle d'asoura.

La perfection de la patience « conduit à la maturité « parfaite de l'être à l'esprit méchant, » et lui fait abandonner toute espèce de malice, de désir de nuire, d'orgueil, de fierté et d'arrogance (1).

La perfection du courage ou de l'énergie « conduit à la « maturité parfaite de l'être indolent, » et ranime en lui toutes les semences languissantes de vertu. Elle lui fait traverser « ces régions désertes et ces landes stériles vides « de tous mérites; elle lui fait cultiver les germes féconds « que la pratique du devoir dépose toujours dans le cœur « d'un être doué de moralité. »

La cinquième perfection est une conséquence de la précédente; c'est la perfection de la contemplation « qui con-« duit à la maturité parfaite de l'être à l'esprit inattentif, « et qui lui fait produire en lui toutes les sciences et les

---

(1) Cette définition de la patience ne répond guère à l'idée que le mot même exprime et qu'on s'en fait d'ordinaire. Ailleurs le Bouddhisme comprend cette vertu comme nous la comprenons nous-mêmes; et le Lalitavistara loue le Bouddha « de « s'être plu dans la patience, d'avoir supporté de la part des « êtres, l'abandon, les persécutions, les injures, les meurtres « et les emprisonnements multipliés. » *Rgya tch'er rol pa*, de M. Ed. Foucaux, t. II, ch. XIII, p. 164.

« connaissances surnaturelles. » En d'autres termes, c'est une puissance magique que le Bouddhisme promet à la crédulité de ses adeptes, en récompense de leur vertu. En cela, le Bouddhisme n'est pas coupable d'innovation; et le Brahmanisme, longtemps avant lui, avait fait ces trompeuses promesses, ou plutôt s'était flatté de cette illusion déplorable (1).

La sixième et dernière perfection, c'est celle de la sagesse; « elle conduit à la maturité parfaite de l'être qui a
« une fausse science, et lui fait abandonner les doctrines
« hétérodoxes, les préjugés, les ténèbres, l'obscurité,
« l'erreur et l'ignorance (2). »

A côté de ces vertus, qui peuvent paraître essentielles,

---

(1) Il faut dire, pour être juste, que, bien souvent, dans les soûtras on trouve de virulentes critiques contre l'art de la divination et de la magie exercé par les Brahmanes. Le Bouddha blâme énergiquement ces pratiques et les défend à ses religieux; voir en particulier le Brahma Djâla Soutta, *Lotus de la bonne loi*, de M. E. Burnouf, p. 495, et le Sâmanna phala soutta, *Ibid.*, p, 468 et suiv. Si le Bouddha fait des miracles lui-même comme ses adversaires, ce n'est que pour abaisser et confondre leur orgueil, dans l'intérêt des créatures, *Prâtihârya Soûtra*, dans le Divya avadâna, *Introd. à l'Hist. du Bouddh. Indien*, page 171.

(2) A ces six vertus ou perfections, on en ajouta plus tard quatre autres, qui ne sont pas aussi essentielles, et qui d'ailleurs rentrent à peu près dans les précédentes. Je ne les cite pas, attendu que cette addition, assez peu utile, est très-postérieure à la prédication du Bouddha. Voir le *Lotus de la bonne loi*, de M. E. Burnouf, p. 549. Le Brahma Djâla Soutta, pâli, divise la morale en trois parties : la morale fondamentale, la morale moyenne et la grande morale, *Ibid.* p. 495. Cette classification n'appartient pas non plus au Bouddha.

— 143 —

il en est d'autres qui, pour être de moindre importance, ont aussi leur utilité, et dont le Bouddha recommande la stricte observation. Ainsi, non-seulement il ne faut pas mentir, mais, de plus, il faut éviter avec un soin presque égal la médisance, la grossièreté de langage, et même les discours vains et frivoles (1). Ne pas commettre ces fautes, c'est contracter des habitudes respectables (ariya vohârâ); s'y laisser aller, c'est contracter des habitudes dignes de mépris. Le religieux, pris en ceci comme le modèle des hommes, a de l'aversion pour la médisance; il ne va pas répéter ce qu'il a entendu pour brouiller les gens entre eux; loin de là, il reconcilie ceux qui sont divisés; il ne sépare pas ceux qui sont unis; il se plaît dans la concorde; et, comme il est passionné pour elle, il tient un langage propre à la produire. Il n'a pas moins d'éloignement pour toute parole grossière. Le langage doux, agréable aux oreilles, affectueux, allant au cœur, poli, gracieux pour les autres, est celui qu'il emploie. Enfin, comme il a renoncé à tout discours frivole, il ne parle qu'à propos; il dit ce qui est, d'une manière sensée, selon la Loi et la discipline; son discours est toujours plein de choses, comme il est aussi toujours convenable (2). Dans une légende, celle de Samgha Rakshita, on voit des religieux punis de peines fort graves en enfer pour avoir proféré des paroles inconvenantes, et pour n'avoir point gardé dans leur langage toute la mesure désirable (3). Si l'on en croit les traditions recueillies par Hiouen Thsang à Çrâvasti, un bhikshou nommé Koukâli, et une jeune

(1) *Lotus de la bonne loi*, de M. E. Burnouf, p. 495 et 497.
(2) *Sâmanna phala soutta*, id. ibid., p. 464.
(3) Samgha Rakshita avadâna, dans le Divya avadâna, *Introd. à l'Hist. du Bouddh. ind*, p. 329.

brahmine, qui avaient calomnié le Bouddha, furent enfouis tout vivants dans l'enfer (1). Au temps du pèlerin chinois, on montrait encore les fosses où ils étaient disparus, disait-on, en expiation de cette faute.

Une vertu d'un autre ordre que le Bouddha prêche avec une égale insistance, et qu'il ne cesse de pratiquer, c'est l'humilité. Çâkyamouni n'a pas compris certainement tous les maux que l'orgueil entraîne et les fatales conséquences qui le suivent d'ordinaire ; mais il sentait trop profondément la misère et la faiblesse radicales de l'homme, pour l'enivrer follement des vertus qu'il peut avoir, et ne pas lui prescrire la simplicité du cœur et le renoncement à toute vanité. Lorsque le roi Prasénadjit, provoqué par les Tîrthyas, engage le Bouddha, qu'il protège, à faire des miracles qui doivent imposer silence à ses ennemis, le Bouddha, tout en consentant à ce que le roi exige, lui répond : « Grand roi, je n'enseigne pas la Loi à mes audi« teurs en leur disant : Allez, ô religieux, et devant les « Brahmanes et les maîtres de maison, opérez, à l'aide « d'une puissance surnaturelle, des miracles supérieurs à « tout ce que l'homme peut faire ; mais je leur dis, en « leur enseignant la Loi : Vivez, ô religieux, en cachant « vos bonnes œuvres et en montrant vos péchés (2). »

(1) M. Stanislas Julien, *Histoire de la vie d'Hiouen Thsang*, p. 12. Ces traditions prouvent que, dans la doctrine du Bouddha, la médisance et la calomnie passaient pour des péchés fort graves, et qu'on les croyait punis par des châtiments très-rudes ; voir aussi le *Foe Koue Ki*, de M. Abel Rémusat, ch. xx, p. 174.

(2) Prâtihârya Soûtra, divya avadâna, cité par M. E. Burnouf, *Introd. à l'Hist. du Bouddh. ind.*, p. 170, et légende de Poûrna, *ibid.*, p. 261.

C'est évidemment en comptant sur ce sentiment d'humilité, plus naturel d'ailleurs qu'on ne pense, que le Bouddha put inst' tuer la confession parmi ses religieux, et même parmi tous les fidèles. Deux fois par mois, à la nouvelle et à la pleine lune, les religieux confessaient leurs fautes devant le Bouddha et devant l'Assemblée, à haute voix. Ce n'était que par le repentir et par la honte devant soi-même ∠ devant les autres qu'on pouvait se racheter. Des rois puissants confessèrent au Bouddha des crimes qu'ils avaient commis, ainsi que nous le verrons plus tard pour Adjâtaçatrou ; et ce ne fut qu'au prix de ce pénible aveu que les coupables expièrent les plus odieux forfaits (1). Cette institution du Bouddha, quoique d'une application bien difficile, subsista longtemps après lui ; et dans les édits religieux de Piyadasi, le pieux monarque recommande à ses sujets la confession générale et publique de leurs fautes tous les cinq ans au moins (2). Il paraît qu'on rassemblait le peuple à ces époques pour lui

(1) Le Sâmanna phala soutta tout entier est consacré à l'entretien de Bhagavat et d'Adjâtaçatrou (*Lotus de la bonne loi*, de M. E. Burnouf, p. 449 et suiv.). Le roi le termine en avouant qu'il a tué son père, et en promettant de se soumettre désormais « au frein de la règle. » (*Ibid.*, p. 481). Cet aveu suffit pour l'expiation, et il n'est suivi d'aucun acte de pénitence, quoique le roi se soit converti. Voir aussi Csoma de Körös, Analyse du Doul va, *Asiat. Researches*, t. XX, p. 58, 73 et 79 ; et M. E. Burnouf, *Introd. à l'hist. du Bouddh. ind.*, p. 300.

(2) Voir le premier édit séparé de Dhauli et le troisième édit de Guirnar, qui se répète à Dhauli et à Kapour-di-Guiri. *Lotus de la bonne loi*, de M. E. Burnouf, p. 683 et 684 ; *Introd. à l'hist. du Bouddh. ind.*, p. 394 ; *Foe Koue Ki*, de M. Abel Rémusat, p. 26, et *Histoire de la vie d'Htouen Thsang*, de M. Stanislas Julien, p. 113.

rappeler les principes de la Loi et pour engager chacun à faire l'aveu de ses fautes. Cette cérémonie ne devait durer que trois jours.

Une chose assez étonnante, c'est que le Bouddha, tout en prêchant le renoncement absolu et l'ascétisme au sein du célibat, n'en a pas moins respecté les devoirs de la famille, qu'il a mis au premier rang. Personnellement, il s'est toujours montré plein de respect et de tendresse pour le souvenir de sa mère, bien qu'il ne l'eût pas connue, puisqu'il l'avait perdu sept jours après être né; mais les légendes nous le représentent sans cesse préoccupé de la convertir, et il va plusieurs fois au ciel des Trâyastrimçats, où elle réside, pour lui enseigner la Loi, qui doit la sauver (1). Dans une des légendes les plus simples et les plus belles, Bhagavat s'adresse ainsi aux religieux, qui l'écoutent dans le jardin d'Anâthapindika, à Djétavana, près Çrâvastî : « Brahma, ô religieux, est avec
« les familles dans lesquelles le père et la mère sont
« parfaitement honorés, parfaitement vénérés, parfaite-
« ment servis. Pourquoi cela ? C'est que, d'après la Loi,
« un père et une mère sont, pour un fils de famille, Brahma
« lui-même. Le Précepteur, ô religieux, est avec les fa-
« milles dans lesquelles le père et la mère sont parfaite-
« ment honorés, parfaitement vénérés, parfaitement ser-
« vis. Pourquoi cela? C'est que, d'après la Loi, un père
« et une mère sont, pour un fils de famille, le Précepteur
« lui-même. Le feu du sacrifice, ô religieux, est avec les

---

(1) Il paraît, d'après le récit d'Hiouen Thsang, que le roi Prasénadjit avait fait élever une statue au Bouddha, pour conserver le souvenir de sa piété filiale; *Hist. de la vie d'Hiouen Thsang* de M. Stanislas Julien, p. 125; voir aussi le *Foe Koue Ki*, de M. Abel Rémusat, ch. xx, p. 171.

« familles dans lesquelles le père et la mère sont parfaite-
« ment honorés, parfaitement vénérés, parfaitement ser-
« vis. Pourquoi cela ? C'est que, d'après la Loi, un père et
« une mère sont, pour un fils de famille, le feu du sacrifice
« lui-même. Le feu domestique, ô religieux, est avec les
« familles, etc. Le Déva (Indra, sans doute) est avec les
« familles, etc. (1). » Dans une autre légende, Bhagavat
explique les causes de la piété filiale : « Ils font, ô reli-
« gieux, une chose bien difficile pour leur enfant, le père
« et la mère qui le nourrissent, qui l'élèvent, qui le font
« grandir, qui lui donnent à boire leur lait et qui lui font
« voir les spectacles variés du Djamboudvîpa. » Le fils n'a
qu'une manière de reconnaître dignement les bienfaits de
ses parents et de leur rendre ce qu'il leur doit : c'est de
les établir dans la perfection de la foi, s'ils ne l'ont pas ;
c'est de leur donner la perfection de la morale, s'ils ont
de mauvaises mœurs ; celle de la libéralité, s'ils sont ava-
res ; celle de la science, s'ils sont ignorants (2). Voilà
comment un fils, qui pratique la Loi, peut faire du bien à
son père et à sa mère, sans parler de tous les soins dont il
les entoure ; voilà comment il peut s'acquitter de sa dette
envers ceux dont il a reçu l'existence.

On peut trouver que le Bouddhisme, qui a une telle

---

(1) Avadâna-Çataka, cité par M. E. Burnouf, *Introd. à l'hist. du Bouddh. ind.*, p. 133. Je n'achève pas la citation ; la suite est évidente de soi. On peut trouver ici un exemple de ces répétitions si familières au style bouddhique. Dans ce passage, du moins, elles produisent un certain effet ; mais elles sont le plus souvent poussées si loin, qu'elles rendent la lecture tout-à-fait insupportable.

(2) M. E. Burnouf, *Introd. à l'hist. du Bouddhisme ind.*, p. 270, légende de Poûrna.

horreur de la vie, n'a guère le droit de prôner des devoirs et des liens sans lesquels la vie ne serait pas ; mais c'est là une contradiction qui l'honore, et dont il est même possible de le disculper. Le Bouddha, pour atteindre à toute sa perfection et parvenir au Nirvâna, doit nécessairement passer par la condition humaine ; et, sous peine d'une ingratitude coupable, il ne peut que chérir et vénérer les êtres sans lesquels la voie du Nirvâna ne lui serait point ouverte (1).

Je me borne aux théories qui précèdent en ce qui concerne la morale bouddhique ; et je crois que, toutes concises qu'elles sont, elles en renferment la plus grave et la meilleure partie. On peut les attribuer au Bouddha lui-même, tandis que les autres, plus subtiles et moins pratiques, n'appartiennent qu'à l'école et à la casuistique que l'école a fondée.

Je veux terminer ce que j'ai à dire ici par quelques considérations sur le moyen qu'employait le Bouddha pour propager sa doctrine. Ce moyen unique, qui a aussi son côté moral, c'est la prédication. Il ne paraît pas que le réformateur ait jamais pensé qu'il pût en employer d'autre. Soutenu et protégé par les rois, il aurait pu avoir recours à la force et à la persécution, dont rarement le prosélytisme se fait faute, pour peu qu'il ait d'ardeur. Mais toutes les légendes, sans aucune exception, sont unanimes sur ce point. Le Bouddha n'a choisi ses armes toutes puissantes que dans la persuasion. Il appelle à lui les hommes de toutes les castes et l'ensemble des créatures, depuis les plus élevés des dieux jusqu'aux êtres les plus dégradés ; il les exhorte à embrasser la Loi, qu'il leur

---

(1) M. I. J. Schmidt, *Mém. de l'Acad. de Saint-Pétersbourg*, t. II, p. 36 ; et M. E. Burnouf, *Lotus de la bonne loi*, p. 353.

expose; il les charme par ses discours; il les étonne quelquefois par sa puissance surnaturelle. Il ne songe jamais à les contraindre. Souvent il vient au secours de leur faiblesse par des paraboles, dont quelques-unes sont fort ingénieuses; il leur cite des exemples pour les encourager à l'imitation; il puise dans l'histoire de ses existences passées le récit de ses propres fautes, pour instruire ses auditeurs en les effrayant des châtiments dont elles furent suivies; il se plaît même à ces aveux, du moment qu'ils sont utiles, et il raconte ses chutes pour les épargner à ceux qui l'écoutent, et leur apprendre le moyen de les éviter.

Ne se fier qu'au pouvoir de la vérité et de la raison, c'était se faire une noble et juste idée de la dignité humaine, méconnue d'ailleurs à tant d'autres égards; et nous allons voir que les individus comme les peuples ont répondu à l'appel du Bouddha par des vertus délicates et sincères, qu'on ne s'attendrait point à rencontrer dans ces temps reculés.

V.

INFLUENCE DE LA MORALE DE ÇÂKYAMOUNI.

Il faudrait, pour bien juger de l'influence exercée par la morale de Çâkyamouni, connaître en grands détails l'état des mœurs publiques et particulières dans la société à laquelle il s'adressait, et l'histoire exacte des peuples qu'il a tenté de convertir en leur prêchant la foi nouvelle. Les renseignements de ce genre, sans nous manquer complètement, sont encore trop peu nombreux pour qu'on puisse en tirer des informations suffisantes. Mais, à leur défaut, les Soûtras peuvent nous offrir une foule de traits qui nous montrent bien nettement l'action du réformateur sur les âmes. Quelques-uns de ces traits sont vraiment admirables ; et il est juste de les rapporter au Bouddhisme, puisque c'est lui qui les a provoqués ; car s'il est un fait général qui ressorte des légendes de tout ordre, c'est que la société indienne est profondément corrompue au moment où le Bouddha y paraît. Il n'annonce pas directement le projet de la corriger en la critiquant ; mais, en faisant de la vertu le seul moyen de salut éternel, il lui apporte le remède dont elle a besoin, et l'idéal qui doit la conduire en l'améliorant. Il est vrai, comme le dit la légende (1), que « l'effort tenté par un homme ordinaire « pour louer les qualités personnelles du Bouddha ou « pour les embrasser par la pensée, est aussi vain que la

---

(1) *Djina alamkara*, ouvrage pâli, consacré, comme son titre l'indique, à l'énumération des perfections du Bouddha, citant le Brahmadjâla soutta, *Lotus de la bonne loi*, de M. E. Burnouf, p. 851.

« tentative de percer un diamant avec la trompe d'un pu-
« ceron. Mais quand on dit que la perfection d'un Boud-
« dha ne peut être ni décrite ni imaginée par un homme
« ordinaire (en sanscrit *prithagdjana*, en pâli *pouthoudj-
« djana*), on ne prétend pas pour cela défendre à cet homme
« de l'essayer ; on veut seulement dire que les qualités du
« Bouddha ne peuvent appartenir qu'à lui seul, en ce sens
« qu'elles sont inconcevables et sans égales. Si, en effet,
« un homme ordinaire ne s'occupait pas sans cesse à célé-
« brer et à se rappeler la perfection du Bouddha, com-
« ment pourrait-il être affranchi de la douleur de la
« transmigration ? Par quelle voie atteindrait-il à l'autre
« rive du Nibbâna ? Comment croîtrait-il en foi, en mo-
« ralité, en savoir, en générosité, en sagesse ? De même
« qu'une graine de moutarde ou de jujubier, jetée dans
« le grand Océan, n'y pompe l'eau que proportionnelle-
« ment à son propre volume, de même les hommes or-
« dinaires saisissent chacun une qualité du Bouddha pro-
« portionnellement à leur propre science, si ce n'est
« proportionnellement à ces qualités mêmes ; car il est un
« texte qu dit : « Je déclare très-profitable le simple acte
« de penser aux conditions de la vertu ; à bien plus forte
« raison, la stricte observation de ces conditions en ac-
« tion et en paroles. » Et de même qu'un homme qui n'a
« vu qu'une partie de l'Océan s'appelle néanmoins un
« homme qui a vu l'Océan, de même celui qui se rappelle
« sans interruption, ne fût-ce que la plus petite portion
« des qualités du Bouddha, qui est à sa portée, est un
« homme qui se rappelle le Bouddha ; et il en retire un
« grand avantage. »

Le type de la perfection est donc posé dans le Bouddha ;
chacun tâche de s'en rapprocher le plus qu'il peut, et non

sans espoir de l'atteindre, puisque après tout le Bouddha n'est qu'un homme, malgré la supériorité incommensurable de sa vertu. Je choisis quelques exemples dans les légendes pour montrer ce que le Bouddha faisait des cœurs qu'il avait éclairés. Je citerai de simples particuliers et des rois.

Poûrna est le fils d'une esclave affranchie, que son maître, sur ses pressantes instances, a honorée de sa couche pour la rendre libre. Elevé dans la maison paternelle avec trois autres frères, il se distingue de bonne heure par son intelligence et son activité. Non-seulement il fait sa fortune dans le commerce lucratif auquel il se livre, mais aussi généreux qu'habile, il fait celle de sa famille, dont il n'a pas d'ailleurs toujours à se louer. Il va souvent sur mer pour son négoce, et d'heureuses spéculations l'ont bientôt porté à la tête de la corporation des marchands, dont il devient le chef. Dans un de ses voyages, il a pour compagnons, sur le vaisseau qu'il commande, des marchands de Çrâvastî qui, la nuit et à l'aurore, lisent à haute voix des hymnes saints, des « prières qui conduisent à l'autre rive, des textes qui découvrent la vérité, les stances des Sthaviras et des Solitaires. » Ce sont les Soûtras et les propres paroles du Bouddha. Poûrna, ravi de ces accents si nouveaux pour lui, est à peine revenu qu'il se rend à Çrâvastî, et que se faisant présenter à Bhagavat par Anâthapindika, il embrasse la foi dont son cœur a été touché. Il entre dans la vie religieuse; et le Bouddha, « à qui l'on ne peut faire un plus doux présent que de lui amener un homme à convertir, » ne dédaigne pas d'ordonner et d'instruire lui-même le néophyte. Il lui apprend en quelques mots que la loi tout entière consiste dans le renoncement; et Poûrna, mort désormais au monde, veut

aller vivre et se fixer chez une tribu voisine qu'il doit gagner à la religion du Bouddha, mais dont les mœurs farouches pourraient effrayer un courage moins résolu. Bhagavat cherche à le détourner de ce dessein périlleux : « Les hommes du Çronâparânta, où tu veux fixer ton sé-
« jour, lui dit-il, sont emportés, cruels, colères, furieux
« et insolents. Lorsque ces hommes, ô Poûrna, t'adresse-
« ront en face des paroles méchantes, grossières et inso-
« lentes ; quand ils se mettront en colère contre toi et t'in-
« jurieront, que penseras-tu ? — Si les hommes du Çro-
« nâparânta, répond Poûrna, m'adressent en face des
« paroles méchantes, grossières et insolentes, s'ils se
« mettent en colère contre moi et m'injurient, voici ce
« que je penserai : Ce sont certainement des hommes
« bons que les Çronâparântakas, ce sont des hommes
« doux, eux qui ne me frappent ni de la main, ni à coups
« de pierre. — Mais si les hommes du Çronâparânta te
« frappent de la main et à coups de pierre, qu'en pen-
« seras-tu ? — Je penserai qu'ils sont bons et doux, puis-
« qu'ils ne me frappent ni du bâton ni de l'épée. — Mais
« s'ils te frappent du bâton et de l'épée, qu'en penseras-
« tu ? — Je penserai qu'ils sont bons et doux, puisqu'ils
« ne me privent pas complètement de la vie. — Mais s'ils
« te privent de la vie, qu'en penseras-tu ? — Je penserai
« que les hommes du Çronâparânta sont bons et doux de
« me délivrer avec si peu de douleur de ce corps rempli
« d'ordures. — C'est bien, Poûrna, lui dit le Bouddha ; tu
« peux, avec la perfection de patience dont tu es doué,
« fixer ton séjour dans le pays des Çronâparântakas. Va
« donc, ô Poûrna; délivré, délivre; parvenu à l'autre
« rive, fais-y parvenir les autres; consolé, console; arrivé
« au Nirvâna complet, fais que les autres y arrivent

« ainsi que toi. » Poûrna se rend en effet dans la redoutable contrée; et par sa résignation imperturbable, il en adoucit les féroces habitants, auxquels il enseigne les préceptes de la loi et les formules de refuge (1).

Voilà pour la foi courageuse du missionnaire, bravant la mort dans un dangereux apostolat. Voici maintenant des héroïsmes d'un autre genre, mais aussi difficiles.

Le fils du roi Açoka est à Takshaçilâ (Taxile), où son père l'a envoyé pour gouverner cette partie de ses États, et où il s'est fait adorer de tous les sujets, quand un ordre royal arrive qui prescrit d'arracher les deux yeux à Kounâla; c'est le nom du jeune prince. Cet ordre cruel est envoyé par la reine Rishya-Rakshitâ, l'une des femmes d'Açoka, qui abuse du sceau de l'État et qui veut punir par cette vengeance affreuse les dédains du jeune prince, qui n'a point accueilli des avances criminelles. Les habitants de Takshaçilâ ne veulent pas accomplir eux-mêmes cet ordre, qui leur semble inique. On s'adresse vainement à des Tchandalas, qui répondent : « Nous n'avons pas le courage d'être ses bourreaux. » Le jeune prince, qui a reconnu le cachet de son père, se soumet à son triste sort; et quand s'est présenté enfin un homme lépreux et difforme qui se charge de l'exécution, Kounâla, se rappelant les leçons de ses maîtres les Sthaviras, se dit : « C'est parce
« qu'ils prévoyaient ce malheur que les sages qui con-
« naissent la vérité me disaient naguères : « Vois; ce monde

---

(1) *Poûrna Avadâna, ou Légende de Poûrna*, dans l'*Introduction à l'hist. du Bouddh. ind.*, de M. E. Burnouf, p. 235 à 275, et surtout p. 253; voir aussi l'analyse du *Bkah Hgyour* et du *Hdoul va tibétain*, par Csoma de Körös, *Asiat. Researches*, t. XX, p. 61.

« tout entier est périssable ; personne n'y reste dans une
« situation permanente. » Oui, ce furent pour moi des amis
« vertueux recherchant mon avantage et voulant mon
« bonheur, que ces sages magnanimes, exempts de pas-
« sion, qui m'ont enseigné cette loi. Quand je considère
« la fragilité de toutes choses et que je réfléchis aux con-
« seils de mes maîtres, je ne tremble plus à l'idée de ce
« supplice ; car je sais que mes yeux sont quelque chose
« de périssable. Qu'on me les arrache donc ou qu'on me
« les conserve, selon ce que commande le roi. J'ai retiré
« de mes yeux ce qu'ils pouvaient me donner de meilleur,
« puisque j'ai vu, grâce à eux, que les objets sont tous
« périssables ici-bas. » Puis, s'adressant à l'homme qui
s'était offert pour bourreau : « Allons, dit-il, arrache d'a-
« bord un œil, et mets-le moi dans la main. » L'homme
accomplit ce hideux office, malgré les lamentations et les
cris de la foule ; et le prince prenant son œil qui est dans
sa main : « Pourquoi ne vois-tu plus les formes, dit-il,
« comme tu faisais tout à l'heure, vil globe de chair ?
« Combien ils s'abusent et qu'ils sont à plaindre les in-
« sensés qui s'attachent à toi en disant : C'est moi ! » Le
second œil est arraché comme le premier. En ce moment
Kounâla, qui venait de perdre les yeux de la chair, mais
en qui ceux de la science s'étaient purifiés, prononça cette
stance : « L'œil de la chair vient de m'être enlevé, mais
« j'ai acquis les yeux parfaits et irréprochables de la sa-
« gesse. Si je suis délaissé par le roi, je deviens le fils du
« roi magnanime de la Loi, dont je suis nommé l'enfant.
« Si je suis déchu de la grandeur suprême qui entraîne à
« sa suite tant de chagrins et de douleurs, j'ai acquis la
« souveraineté de la Loi qui détruit la douleur et le cha-
« grin. »

Kounâla met le comble à tant de résignation et d'énergie par une égale magnanimité; et quand bientôt après il apprend qu'il est victime des intrigues de Rishya-Rakshitâ, il s'écrie : « Ah ! puisse-t-elle conserver longtemps le « bonheur, la vie et la puissance, la reine Rishya-Rak-« shitâ, pour avoir employé ce moyen qui m'assure un si « grand avantage! » Le reste de la légende n'est pas moins touchant. Le prince aveugle erre de lieux en lieux avec sa jeune femme, qui guide ses pas, en chantant ses malheurs et ses consolations. Il arrive ainsi jusqu'au palais de son père, qui, dans sa juste fureur, veut faire périr la reine coupable de tant de maux. Kounâlâ intercède pour elle, et ne rejette que sur lui seul le malheur qui l'a frappé, et qu'il avait mérité sans doute par quelque faute commise dans une existence antérieure (1).

Vraie ou fausse, cette légende ne doit pas avoir moins de prix pour nous. Que ce soit le récit d'une aventure réelle, ou la simple invention de l'auteur du Soutrâ, peu importe. C'est un conseil si l'on veut, au lieu d'une histoire; mais les sentiments n'en sont ni moins nobles ni moins grands; et c'est toujours la doctrine du Bouddha qui les inspire.

Dans une autre légende, je trouve un exemple délicat et frappant de chaste tempérance et d'austère charité. Il y avait à Mathourâ (2) une courtisane célèbre par ses charmes, nommée Vâsavadattâ. Un jour que sa servante

(1) *Açoka avadâna*, dans le *Divya avadâna, Introd. à l'hist. du Bouddh. ind.*, de M. E. Burnouf, p. 358 à 435 et surtout p. 408.

(2) Ville située sur la rive droite de la Yamounâ, visitée par Fa Hian et Hiouen Thsang, *Foe Koue Ki* de M. A. Rémusat, p. 99 et 102, et *Hist. de la vie d'Hiouen Thsang*, de M. St.-Julien, p. 103.

revenait d'acheter des parfums chez un jeune marchand appelé Oupagoupta, elle lui dit : « Ma chère, il paraît que ce jeune homme te plaît beaucoup puisque tu achètes toujours chez lui. » — « Fille de mon maître, répondit la « servante, Oupagoupta, le fils du marchand, qui est doué « de beauté, de talent et de douceur, passe sa vie à obser- « ver la Loi. » Ces paroles éveillèrent dans Vâsavadattâ de la passion pour Oupagoupta, et quelques jours après elle lui envoya sa servante pour lui dire : « Mon intention « est d'aller te trouver ; je veux me livrer à l'amour avec toi. » La servante s'acquitta de la commission ; mais le jeune homme la chargea de répondre à sa maîtresse : « Ma « sœur, il n'est pas temps pour toi de me voir. » La courtisane s'imagina qu'Oupagoupta la refusait parce qu'il ne pouvait pas donner le prix qu'elle fixait d'ordinaire à ses faveurs. Elle lui renvoya donc la servante pour lui dire : « Je ne demande pas au fils de mon maître un seul « karshapana ; je veux seulement me livrer à l'amour « avec lui. » Mais Oupagoupta lui fit répondre encore : « Ma sœur, il n'est pas temps pour toi de me voir. » A quelque temps de là, Vâsavadattâ, pour se vendre à un riche marchand qui la convoitait, assassina l'un de ses amants dont elle redoutait la jalousie. Le crime ayant été découvert, le roi de Mathourâ donna l'ordre qu'on coupât les mains, les pieds, les oreilles et le nez à la courtisane, et qu'on l'abandonnât ainsi mutilée dans le cimetière. Au récit de ce supplice, Oupagoupta se dit : « Quand son « corps était couvert de belles parures et de riches orne- « ments, le mieux était de ne pas la voir pour ceux qui « aspirent à l'affranchissement et qui veulent échapper à « la loi de la renaissance. Mais aujourd'hui que mutilée « par le glaive, elle a perdu son orgueil, son amour et sa

« joie, il est temps de la voir. » Alors Oupagoupta, se faisant accompagner d'un jeune serviteur pour porter le parasol qui l'abrite, se rend au cimetière avec une démarche recueillie. La fidèle servante, qui n'a point quitté Vâsavadattâ le voit s'approcher ; elle en avertit sa maîtresse, qui, par un reste de coquetterie, au milieu d'atroces souffrances, lui recommande de ramasser les membres épars et de les cacher sous un morceau de toile. Puis Vâsavadattâ voyant Oupagoupta debout devant elle, lui dit : « Fils de mon maître, quand mon corps était doux
« comme la fleur du lotus, qu'il était orné de parures et
« de vêtements précieux, qu'il avait tout ce qui peut attirer
« les regards, j'ai été assez malheureuse pour ne point te
« voir. Aujourd'hui pourquoi viens-tu contempler en ce
« lieu un corps dont on ne peut supporter la vue, qu'ont
« abandonné les jeux, le plaisir, la joie et la beauté, qui
« n'inspire que l'épouvante, et qui est souillé de sang et
« de boue ? » — « Ma sœur, lui répond Oupagoupta, je
« ne suis point venu naguères auprès de toi attiré par
« l'amour du plaisir ; mais je viens aujourd'hui pour con-
« naître la véritable nature des misérables objets des
« jouissances de l'homme. » Puis il console Vâsavadattâ par l'enseignement de la Loi ; et ses discours portant le calme dans l'âme de l'infortunée, elle meurt en faisant un acte de foi au Bouddha « pour renaître bientôt parmi
« les dieux (1). »

Je passe maintenant à d'autres traits non moins remarquables que la légende attribue à des rois. Je commence

---

(1) *Pâmçou avadâna*, dans le *Divya avadâna*, traduit par M. E. Burnouf, *Introd. à l'hist. du Bouddh. ind.*, p. 147.

par Bimbisâra, le protecteur constant du Bouddha, et le premier parmi les princes contemporains qui se soit converti. Avant de transférer le siége du royaume à Râdjagriha, Bimbisâra résidait d'abord à Kouçâgâra. La population y était fort nombreuse ; les habitations, pressées les unes contre les autres, et sans doute en bois, avaient eu très-souvent à souffrir des ravages du feu. Le roi, pour prévenir ces désastres, rendit un décret qui menaçait ceux qui, faute d'attention et de vigilance, laisseraient prendre le feu à leur maison, d'être transférés dans la Forêt froide. Dans ce pays, on appelle de ce nom « un « lieu abhorré où l'on jette les cadavres, » un cimetière. Mais peu de temps après le feu prit dans le palais. Le roi dit alors : « Je suis le maître des hommes ; si je viole « moi-même mes propres décrets, je n'aurai plus le « droit de réprimer les écarts de mes sujets. » Le roi ordonna donc au prince royal de gouverner à sa place, et il alla demeurer dans la Forêt froide, dans le cimetière.

Telle est la tradition que rapporte Hiouen Thsang, et qu'il trouva vivante encore au VIIe siècle de notre ère quand il visitait les ruines de Râdjagriha, où Bimbisâra avait construit des fortifications, dont les restes jonchaient le sol (1). Il serait difficile d'affirmer que la tradition soit exacte ; mais le caractère que toutes les légendes prêtent à Bimbisâra n'y répugne point ; et elle atteste tout au moins que dans l'opinion des peuples bouddhistes, les

(1) *Hist. de la vie d'Hiouen Thsang*, de M. Stanislas Julien, p. 159. Plus tard Açoka transporta la capitale à Patalipouttra, comme Bimbisâra, ou son fils Adjâtaçatrou, l'avait déjà transportée à Râdjagriha.

rois devaient être les premiers à observer les lois qu'ils rendaient.

On se rappelle qu'un soutta singhalais, que j'ai déjà cité plus haut (1), est consacré tout entier au récit d'un entretien entre le roi Adjâtaçatrou, fils de Bimbisâra, et le Bouddha, qui doit avoir à cette époque environ soixante-douze ans. Ce roi cruel, assassin de son père et persécuteur de la foi nouvelle, n'est point encore converti. On est au temps de l'ouposatha, c'est-à-dire de la confession générale, qui avait lieu parmi les bouddhistes, toutes les quinzaines, à la nouvelle et à la pleine lune. La nuit est splendide; et le roi, entouré de ses ministres sur sa terrasse, où il prend le frais, admire ce grand spectacle. Il se sent ému; et se rappelant sans doute le souvenir de son forfait, il veut, à l'époque où tant de coupables font l'aveu de leurs fautes, aller témoigner son respect à quelque Brahmane, pour qu'en retour le saint homme rende un peu de calme à son âme déchirée par le remords. Ses ministres lui proposent divers Brahmanes; mais l'un d'eux cite Bhagavat, et le roi se décide à se rendre sur le champ auprès de lui, à la lueur des torches. Il va le trouver dans un bois de manguiers, où sont réunis autour de lui treize cent cinquante religieux; et il lui demande un entretien, que le Bouddha lui accorde. Le roi ne lui découvre pas d'abord le vrai motif qui l'amène; et avant d'en venir à l'aveu qu'il médite, il lui pose une question qui s'y rattache assez étroitement, quoique d'une manière indirecte, et qu'il a vainement posée à tous les Brahmanes qu'il a consultés jusqu'à ce jour : « Peut-on dès cette vie annon-

(1) Voir plus haut, p. 145.

« cer d'une manière certaine aux hommes le résultat
« prévu et général de leur conduite ? » Le roi expose les
doutes que lui ont laissés les réponses des gens les plus
habiles ; et il veut avoir l'avis du Bouddha, qui par une
longue et savante démonstration, que termine l'exposition
des Quatre vérités sublimes, n'hésite pas à lui affirmer que
les actions humaines ont un résultat prévu et inévitable.
Le roi, éclairé par cette lumière de la Loi, comprend
toute l'énormité de son crime; et, pénétré de repentir, il
dit au Bouddha : « Je me réfugie auprès de Bhagavat,
« auprès de la Loi, auprès de l'Assemblée. Consens, ô
« Bhagavat, à me recevoir comme fidèle, aujourd'hui que
« je suis arrivé devant toi et que je suis venu chercher un
« asile près de toi. Un crime m'a fait transgresser la loi,
« seigneur, comme à un ignorant, comme à un insensé,
« comme à un criminel. J'ai pu, pour obtenir le pouvoir
« suprême, priver de la vie mon père, cet homme juste,
« ce roi juste! Que Bhagavat daigne recevoir de ma bou-
« che l'aveu que je fais de ce crime, afin de m'imposer
« pour l'avenir le frein de la règle. » Bhagavat, con-
formément à la Loi, lui remet sa faute, qu'il vient
d'expier en l'avouant devant toute cette nombreuse assemblée (1).

Un autre roi, bien plus puissant que ne l'avait été
Adjâtaçatrou, Açoka, si fameux d'abord par sa cruauté
et ensuite par sa piété fastueuse, donne dans une légende
un exemple d'humilité, moins pénible que celui-là sans
doute, mais dont peu de rois seraient certainement ca-

(1) *Sâmana phala soutta*, du *Dîgha nikâya*, voir le *Lotus
de la bonne loi*, de M. E. Burnouf, p. 449 à 482. Un autre
soutta singhalais, le *Soubha soutta*, rapporte l'entretien d'Adjâtaçatrou et de Bhagavat dans les mêmes termes.

pables. Il vient de se convertir, et il est dans toute la ferveur d'un néophyte. Aussi chaque fois qu'il rencontrait des ascètes bouddhistes, « des fils de Çâkya, » soit dans la foule, soit isolés, il touchait leurs pieds de sa tête et les adorait. L'un de ses ministres, Yaças, quoique converti lui-même, s'étonne de tant de condescendance ; et il a le courage de représenter à son maître qu'il ne doit pas se prosterner ainsi devant des mendiants sortis de toutes les castes. Le roi accepte cette observation sans y répondre ; mais, quelques jours après, il dit à ses conseillers qu'il désire connaître la valeur de la tête des divers animaux, et leur enjoint de vendre chacun une tête d'animal. C'est Yaças qui doit vendre la tête humaine. Les autres têtes sont vendues à des prix différents ; mais celle-là, personne n'en veut ; et le ministre est forcé d'avouer que, même gratuitement, il n'a point trouvé à la placer.

— « Pourquoi donc, dit le roi, personne n'a-t-il voulu
« de cette tête humaine ? — Parce qu'elle est un objet
« méprisable et sans valeur, répond le ministre. — Est-
« ce cette tête seule qui est méprisable, ou bien toutes
« les têtes humaines le sont-elles ? — Toutes les têtes hu-
« maines, dit Yaças. — Eh quoi ! dit Açoka, est-ce que
« la mienne aussi serait méprisable ? » — Le ministre
retenu par la crainte, n'ose dire la vérité ; mais le roi lui
ordonne de parler selon sa conscience ; et ayant obtenu
de sa franchise la réponse qu'il en attendait : « Oui,
« ajoute-t-il, c'est par un sentiment d'orgueil et d'eni-
« vrement que tu veux me détourner de me prosterner
« devant les religieux. Et si ma tête, ce misérable objet
« dont personne ne voudrait pour rien, rencontre quel-
« que occasion de se purifier, et acquiert quelque mérite,
« qu'y a-t-il là de contraire à l'ordre ? Tu regardes la
« caste dans les religieux de Çâkya, et tu ne vois pas les

« vertus qui sont cachées en eux. On s'enquiert de la caste
« quand il s'agit d'une invitation ou d'un mariage, mais
« non quand il s'agit de la Loi; car les vertus ne s'in-
« quiètent pas de la caste. Si le vice atteint un homme
« d'une haute naissance, on dit : « C'est un pécheur, »
« et on le méprise. Mais on ne fait pas de même pour un
« homme né d'une famille pauvre; et s'il a des vertus,
« on doit l'honorer en se prosternant devant lui. » Puis,
interpellant plus directement son ministre, le roi poursuit : « Ne connais-tu pas cette parole du héros compa-
« tissant des Çâkyas : Les sages savent trouver de la va-
« leur aux choses qui n'en ont pas? Lorsque je veux
« obéir à ses commandements, ce n'est pas une preuve
« d'amitié de ta part que d'essayer de m'en détourner.
« Quand mon corps, abandonné comme les fragments de
« la canne à sucre, dormira sur la terre, il sera bien in-
« capable de saluer, de se lever et de réunir les mains en
« signe de respect. Quelle action vertueuse serai-je alors
« en état d'accomplir? Souffre donc que maintenant je
« m'incline devant les religieux; car celui qui sans exa-
« men se dit : « Je suis le plus noble », est enveloppé
« des ténèbres de l'erreur. Mais celui qui examine le
« corps à la lumière des discours du sage aux dix for-
« ces (1), celui-là ne voit pas de différence entre le corps
« d'un prince et celui d'un esclave. La peau, la chair, les
« os, la tête, sont les mêmes chez tous les hommes ; les
« ornements seuls et les parures font la supériorité d'un

---

(1) *Daçabala*, « celui qui a les dix forces, » est un des surnoms les plus fréquents et les plus élevés du Bouddha; voir le
Lotus de la bonne loi, de M. E. Burnouf, Appendice n° 11, où
cette question est traitée spécialement.

« corps sur un autre. Mais l'essentiel en ce monde, c'est
« ce qui peut se trouver dans un corps vil et que les
« sages ont du mérite à saluer et à honorer (1). »

Je ne sais pas trop ce que nous pourrions ajouter aujourd'hui à ce noble et stoïque langage ; mais que le roi Açoka l'ait tenu réellement ou qu'on le lui prête, il n'en est pas moins remarquable dans des ouvrages qui sont antérieurs de deux ou trois siècles à notre ère.

Maintenant je quitte les légendes, dont l'autorité peut toujours être contestable, et j'aborde le terrain solide de l'histoire. Ce même roi Açoka, dont nous venons d'entendre les opinions si hautes et si sensées sur l'égalité des hommes, est celui qui, sous le nom de Piyadasi, a promulgué ces édits gravés sur la pierre dont j'ai déjà fait usage pour établir la date authentique du Bouddhisme (2). Ces inscriptions, dont il n'a été question que sous le rapport de la chronologie, sont encore plus intéressantes par leur contenu que par l'époque à laquelle elles se rapportent et qu'elles constatent. On le croirait à peine, mais ce sont des leçons officielles de morale que Piyadasi donne à ses sujets dans les édits qu'il a fait graver en vingt endroits de l'Inde, à l'ouest, à l'est, au nord : ce sont des édits de tolérance qu'il a rendus, et l'on ne peut attribuer des idées si généreuses et si avancées qu'à l'influence des doctrines du Bouddha, dont Piyadasi s'était fait le tout-puissant protecteur. Qu'on en juge.

Je commence par l'édit qui est placé à Guirnar le huitième, et qui se trouve répété avec quelques variantes

---

(1) *Açoka Avadâna*, dans le *Divya Avadâna*, Introd. à l'hist. du Bouddh. ind., de M. E. Burnouf, p. 374.

(2) Voir plus haut, page 21.

peu importantes à Dhauli et à Kapour-di-Guiri. C'est celui où le pieux monarque annonce à ses peuples sa conversion à la foi du Bouddha : « Dans le temps passé, dit « Piyadasi, les rois ont connu les promenades de plaisir : « c'était à la chasse et à d'autres divertissements de ce « genre qu'ils se livraient alors. Mais Piyadasi, le roi « chéri des Dévas, parvenu à la dixième année depuis « son sacre, a obtenu la science parfaite qu'enseigne le « Bouddha ; et la promenade de la Loi est désormais la « seule qu'il lui convient de faire : ce sont la visite et « l'aumône faites aux Brahmanes et aux Samanas, la vi- « site aux théras, la distribution de l'or en leur faveur, « l'inspection du peuple et du pays, l'injonction d'exécu- « ter la Loi, les interrogations sur la Loi; voilà les seuls « plaisirs qui charment désormais Piyadasi, le roi chéri « des Dévas, dans cette période de temps différente de « celle qui l'a précédée (1). »

A cette première déclaration, qui marque une ère toute nouvelle, et comme nous dirions, un changement de système dans le gouvernement du roi Piyadasi, j'en ajoute une autre qui la complète et qui révèle encore mieux ses intentions magnanimes. Je la trouve dans le dixième de ses édits, répété comme le précédent à Guirnar, à Dhauli et à Kapour-di-Guiri, dans des endroits

---

(1) On peut voir la traduction de cet édit par Prinsep, *Journal of the Asiat. soc. of Bengal*, t. VI et VII; par M. Wilson, *Journ. of the roy. Asiat. soc. of Great Britain*, t. XII, p. 199, et par M. Lassen, *Indische Alterthumskunde*, t. II, p. 227, et par M. E. Burnouf, *Lotus de la bonne loi*, p. 757. Il faut lire d'ailleurs tout entier le savant travail de M. Ch. Lassen, sur le règne d'Açoka et son gouvernement, *Ind. Alterth.* t. II, p. 215 à 270).

éloignés de plusieurs centaines de lieues les uns des autres.

« Piyadasi, le roi chéri des Dévas, pense que ni la
« gloire ni la renommée ne sont d'un grand prix. La
« seule gloire qu'il désire pour lui-même, c'est de voir
« ses peuples pratiquer longtemps l'obéissance à la Loi,
« et accomplir tous les devoirs que la Loi impose. Telle
« est la seule gloire et la seule renommée que désire
« Piyadasi, le roi chéri des Dévas; car tout ce que Piya-
« dasi, le roi chéri des Dévas, peut déployer d'héroïsme,
« c'est en vue de l'autre monde. Qui ne sait que toute
« gloire est peu profitable, et que souvent au contraire
« elle détruit la vertu? C'est une chose bien difficile que
« le salut pour un homme médiocre comme pour un
« homme de haut rang, à moins que par un mérite su-
« prême il n'ait tout abandonné; mais le salut est plus
« difficile encore dans un rang élevé (1). »

Ces déclarations solennelles ont précédé, comme elles ont suivi, la convocation du troisième concile qui se tint à Patalipoutra, sous la protection de ce même roi, dans la 17e année de son règne. J'ai parlé plus haut de la missive qu'il avait adressée aux religieux réunis à cette grande assemblée (2). La voici telle qu'elle résulte de

---

(1) On peut comparer pour cet édit comme pour l'autre les traductions diverses qu'en ont données Prinsep, M. Wilson et M. E. Burnouf, *Journal of the asiat soc. of Bengal*, t. VII, 1re partie, p. 240 et 258; *Journal of the roy. asiat. soc. of Great Britain*, t. XII, p. 209 et 212; et *Lotus de la bonne loi*, p. 659, Appendice n° x, § 1, sur le mot *Anyatra*. La traduction de M. E. Burnouf, que j'ai surtout suivie, diffère des deux autres dans sa dernière partie.

(2) Voir plus haut, p. 23.

l'inscription dite de Bhabra, qu'a découverte M. le colonel Burt. Je la donne toute entière, quoique la fin seule nous intéresse pour le point spécial que nous étudions en ce moment :

« Le roi Piyadasi, à l'assemblée du Magadha, qu'il fait
« saluer, souhaite peu de peines et une existence agréable.
« Il est bien connu, seigneurs, jusqu'où vont et mon res-
« pect et ma foi pour le Bouddha, pour la Loi, pour
« l'Assemblée. Il n'y a que ce qui a été dit par le bien-
« heureux Bouddha qui soit bien dit. Il faut donc mon-
« trer, seigneurs, quelles en sont les autorités ; c'est
« ainsi que la bonne Loi sera de longue durée ; et voilà
« ce que je crois nécessaire. Mais en attendant que vous
« ayez prononcé, voici, seigneurs, les sujets qu'embrasse
« la Loi : les règles marquées par le Vinaya (ou la disci-
« pline), les facultés surnaturelles des Ariyas, les dangers
« de l'avenir, les stances et le soûtra du solitaire, la doc-
« trine d'Oupatissa, et l'instruction de Râhoula (Lâ-
« ghoula), en rejetant les doctrines fausses. Voilà tout ce
« qui a été dit par le bienheureux Bouddha. Ces sujets
« que la Loi embrasse, seigneurs, je désire, et c'est la
« gloire à laquelle je tiens le plus, que les religieux et
« les religieuses les écoutent et les méditent constam-
« ment, aussi bien que les fidèles des deux sexes. C'est
« dans cette vue, seigneurs, que je vous ai fait écrire
« ceci ; telle est ma volonté et ma déclaration (1). »

(1) J. S. Burt, *Journal of the asiat. soc. of Bengal*, IX, p. 616 ; M. E. Burnouf, *Lotus de la bonne loi*, p. 725. La traduction de M. E. Burnouf, que j'ai reproduite, diffère beaucoup de celle des Pandits de Calcutta ; mais je crois pouvoir affirmer que notre savant confrère a toute raison contre les docteurs indigènes.

A partir de sa conversion jusqu'à la fin de sa vie, Açoka ne cessa point d'adresser à ses peuples des exhortations aussi utiles, et il put s'applaudir bientôt du succès de ses efforts. Voici quelques fragments d'un édit qui est daté de la douzième année de son règne, et qui atteste que ces prédications royales, propagées par les seuls moyens dont on pouvait disposer alors, n'étaient pas restées sans effet :

« Dans le temps passé, pendant de nombreux siècles,
« on vit pratiquer uniquement le meurtre des êtres vi-
« vants, la méchanceté envers les créatures, le manque
« de respect pour les parents, et le manque de respect
« pour les Brahmanes et les Çramanes. Aussi en ce jour,
« parce que Piyadasi, le roi chéri des Dévas, pratique la
« Loi, le tambour a retenti ; la voix de la Loi s'est fait
« entendre. Ce que depuis bien des siècles auparavant on
« n'avait point vu, on l'a vu prospérer aujourd'hui par
« suite de l'ordre que donne Piyadasi, le roi chéri des
« Dévas, de pratiquer la Loi. La cessation du meurtre
« des êtres vivants et des actes de méchanceté à l'égard des
« créatures, le respect pour les parents, l'obéissance aux
« pères et mères, l'obéissance aux anciens, voilà les
« vertus, ainsi que d'autres pratiques recommandées par
« la Loi, qui se sont accrues. Et Piyadasi, le roi chéri des
« Dévas, fera croître encore cette observation de la Loi ;
« et les fils, et les petits-fils et les arrière-petits-fils de
« Piyadasi, le roi chéri des Dévas, feront croître cette
« observation de la Loi jusqu'au Kalpa de la destruc-
« tion (1). »

(1) Voir la traduction de M. Wilson dans *Journ. of the roy. asiat. soc. of Great Britain*, t. XII, p. 177 ; la traduction partielle de M. Ch. Lassen, *Ind. Alterth.*, t. II, p. 226, et celle de

Cet édit est le quatrième de ceux qui sont inscrits sur la colonne de Guirnar. Dans le onzième, qui le reproduit en partie, on trouve la confirmation et le développement de ces préceptes moraux.

« Piyadasi, le roi chéri des Dévas, a parlé ainsi : Il n'y
« a pas de don pareil au don de la Loi, ou à l'éloge de
« la Loi, ou à la distribution de la Loi, ou à la concorde
« dans la Loi. Et voici comment la Loi s'accomplit : La
« bienveillance pour les esclaves et pour les serviteurs à
« gages, et l'obéissance aux pères et mères sont bien ; la
« libéralité envers les amis, les compagnons et les pa-
« rents, envers les Brahmanes et les Çramanas est bien ;
« le respect de la vie des créatures est bien. Voilà ce qui
« doit être dit par un père, par un fils, par un frère, par
« un ami, par un compagnon, par un parent et même par
« de simples voisins. Tout cela est bien et tout cela est
« un devoir. Celui qui agit ainsi est honoré dans ce
« monde ; et pour l'autre, un mérite infini résulte de ce
« don de la Loi (1). »

Dans un règne qui ne dura pas moins de trente-sept ans (263-226 avant J.-C.), Açoka poursuivit avec persévérance les réformes morales qu'il avait entreprises ; et voici l'édit de la vingt-sixième année de son sacre. Il est

M. E. Burnouf, *Lotus de la bonne loi*, p. 731, Appendice n° x. On peut remarquer que Piyadasi met dans ses édits les Brahmanes avant les Çramanas ; mais dans ceux qui ont été promulgués après le concile, il met toujours les Çramanas avant les Brahmanes.

(1) Voir les traductions de Prinsep, *Journ. of the roy. asiat. soc. of Bengal*, t. VII, p. 240 et 259 ; de M. Wilson, *Journ. of the roy. asiat. soc. of Great Britain*, t. XII, p. 213 ; de M. E. Burnouf, *Lotus de la bonne loi*, p. 736, Appendice n° x, et celle de M. Lassen, qui est partielle, *Ind. Alterth.*, t. II, p. 229.

inscrit sur le pilier de Dehli, à la face qui regarde le nord, et répété sur les colonnes de Mathiah, de Radhiah et d'Allahabad.

« Piyadasi, le roi chéri des Dévas, a parlé ainsi : La
« vingt-sixième année depuis mon sacre, j'ai fait écrire
« cet édit de la Loi. Le bonheur dans ce monde et dans
« l'autre est difficile à obtenir sans un amour extrême de
« la Loi, sans une extrême attention, sans une extrême
« obéissance, sans une crainte extrême, sans une extrême
« persévérance. Aussi est-ce là mon commandement que
« la pratique de la Loi et l'amour de la Loi s'accroissent
« à l'avenir, comme ils se sont accrus, dans le cœur de
« chacun de mes sujets. Tous mes gens, tant les premiers
« que ceux des villages et ceux de rang moyen, doivent
« obéir à cet ordre et l'exécuter sans y mettre jamais de
« négligence. C'est également ainsi que doivent agir les
« grands ministres eux-mêmes ; car ceci est mon ordre
« que le gouvernement ait lieu par la Loi, le commande-
« ment par la Loi, la prospérité publique par la Loi, la
« protection par la Loi (1). »

Ces instructions morales ne pouvaient porter tous leurs fruits que si elles étaient fréquemment répétées ; et dans l'un de ses édits, le second des deux édits séparés de Dhauli, Piyadasi ordonne qu'elles seront lues au peuple tous les quatre mois au moins par l'Assemblée des religieux, et dans l'intervalle, même par un seul religieux isolément (2). C'était une sorte de prédication publique

---

(1) M. E. Burnouf, *Lotus de la bonne loi*, p. 655 ; J. Prinsep, *Journ. of the asiat. soc. of Bengal*, t. VI, p. 577 ; Ch. Lassen, *Ind. Alterth.*, t. II, p. 258, note 1.

(2) M. E. Burnouf, *Lotus de la bonne loi*, p. 705 et 706 ; J. Prinsep, *Journ. of the asiat. soc. of Bengal*, t. VII, p. 447 ; M. Ch. Lassen, *Ind. Alterth.*, t. II, p. 268, note 5.

faite dans les termes mêmes qu'avait décrétés la pieuse sollicitude du monarque; et il est facile de comprendre qu'au bout d'assez peu de temps, le sermon royal, si souvent entendu, devait être su par cœur à peu près par tous les sujets. Dans le premier des deux édits spéciaux de Dhauli, le roi ordonne, en outre, que la confession générale des fautes aura lieu au moins tous les cinq ans; et il enjoint au prince royal qui gouverne comme vice-roi à Oudjdjayinî (Oudgein), de faire procéder à cet acte important sans déranger les gens du peuple de leurs travaux (1).

Dans l'*Açoka avadâna*, la légende d'Açoka, dont j'ai déjà cité plus haut quelques passages (2), on affirme que le roi Açoka, désolé qu'un de ses ordres, mal interprété, eût coûté la vie à son frère, abolit la peine de mort dans ses États, après l'avoir prodiguée durant de longues années avec une cruauté vraiment effrayante (3). Je ne sais jusqu'à quel point cette tradition, recueillie dans les soûtras népalais, peut répondre à un fait historique; mais l'Açoka de nos édits, sans aller aussi loin, se montre cependant très-charitable envers les criminels qui ont été condamnés à mort. Il veut que, entre la sentence et l'exécution, on leur laisse trois jours de sursis, afin qu'ils

---

(1) M. E. Burnouf, *Lotus de la bonne loi*, p. 683; J. Prinsep, *Journ. of the asiat. soc. of Bengal*, t. VII, p. 453; M. Ch. Lassen, *Ind. Alterth.*, t. II, p. 228, note 2; voir aussi le *Foe-koue-ki* de M. A. Rémusat, p. 26, et la légende d'Açoka, *Introd. à l'hist. du Bouddh. ind.* de M. E. Burnouf, t. I, p. 394, note 2.

(2) Voir plus haut, p. 162.

(3) *Introd. à l'hist. du Bouddh. ind.* de M. E. Burnouf, p. 424, *Açoka avadâna*.

aient le temps de se préparer à mourir. Ils pourront, par le repentir, par des aumônes ou par des jeûnes, racheter leurs fautes et adoucir les châtiments qui les attendent dans l'autre monde (1).

Il paraît que pour le strict accomplissement de toutes ces mesures morales et religieuses, si neuves parmi les populations indiennes, Piyadasi avait créé un corps tout spécial de fonctionnaires chargés d'en surveiller et d'en diriger l'application. Il est plusieurs fois question dans les édits de ces officiers royaux qui étaient, en quelque sorte, les gardiens de la morale publique (2). Ils se nommaient les gens du roi (*râdjakas*).

Voilà déjà bien des révélations étonnantes qui nous montrent la réforme bouddhique sous un jour tout nouveau, dans son action sur les gouvernements et les peuples; mais voici quelque chose qui doit nous surprendre encore bien davantage. Ce roi, l'ardent promoteur de la foi, précepteur religieux de ses sujets, si vigilant à former et à conserver leurs mœurs, est en même temps plein de tolérance. Il croit au Bouddha de toute la puissance d'une conviction qui se traduit par les actes les plus décisifs; et cependant, loin d'inquiéter les croyances différentes de celle-là, il les protège et les défend contre

(1) Voir le second édit de Dehli, côté de l'ouest, répété à Allahabad, à Matthiah et à Radhiah, *Lotus de la bonne loi*, de M. E. Burnouf, p. 741.

(2) M. Ch. Lassen, *Ind. Alterth*, t. II, p. 256, et M. E. Burnouf, *ibid.*, p. 740 et suiv. Il faut lire surtout dans M. Lassen les recherches qu'il a consacrées au règne d'Açoka; elles sont des plus curieuses, et l'on comprend encore mieux, après les avoir lues, l'importance capitale qu'a le règne de ce grand roi pour l'histoire du Bouddhisme, et pour celle de l'Inde, qu'il a enrichie des monuments les plus précieux.

toutes les attaques. Il ne se contente pas de les laisser lui-même en paix dans ses États ; il veut de plus que chacun de ses sujets, dans sa sphère étroite, imite ce grand exemple et respecte la conscience de ses voisins, tout opposée qu'elle peut être à la sienne. Dans le septième édit de Guirnar, reproduit comme la plupart des autres à Dhauli et à Kapour-di-Guiri, Piyadasi s'exprime ainsi .

« Piyadasi, le roi chéri des Dévas, désire que les as-
« cètes de toutes les croyances puissent résider en tous
« lieux. Tous ces ascètes professent également, et l'empire
« qu'on exerce sur soi-même, et la pureté de l'âme. Mais
« le peuple a des opinions diverses et des attachements
« divers ; les ascètes obtiennent donc tantôt tout ce qu'ils
« demandent, et tantôt ils n'en obtiennent qu'une partie
« seulement. Mais pour celui même qui ne reçoit point
« une large aumône, il est bien de conserver l'empire
« sur soi-même, la pureté de l'âme, la reconnaissance et
« une dévotion solide qui dure toujours (1). »

La pensée, qui ne se montre pas ici très-nettement, éclate dans un autre édit, qui ne laisse plus subsister la moindre obscurité sur les intentions du roi ; c'est le douzième des édits de Guirnar :

« Piyadasi, le roi chéri des Dévas, honore toutes les
« croyances, ainsi que les mendiants et les maîtres de
« maisons ; il les honore par des aumônes et par diverses
« marques d'honneur et de respect ; mais le roi chéri
« des Dévas n'estime pas autant les aumônes et les mar-
« ques de respect, que ce qui peut augmenter essentiel-
« lement la considération de toutes ces croyances et leur

(1) Voir les traductions de M. Prinsep, *Journ. of the asiat. soc. of Bengal*, t. VII, p. 238 et 255 ; de M. Wilson, *Journ. of the roy. asiat. soc. of Great Brit.* t. XII, p. 198 ; et de M. E. Burnouf, *Lotus de la bonne loi*, p. 755, Appendice n° x.

« bonne renommée. Or, l'augmentation de ce qui est es-
« sentiel pour toutes les croyances est de plusieurs genres;
« mais pour chacune d'elles le point capital, c'est d'être
« louée en paroles. On ne doit honorer que sa propre
« croyance; mais il ne faut jamais blâmer celle des autres,
« et c'est ainsi qu'on ne fera de tort à personne. Il y a
« même des circonstances où la croyance des autres doit
« être aussi honorée; et, en agissant ainsi selon les cas,
« on fortifie sa propre croyance et on sert celle des autres.
« Celui qui agit autrement diminue sa croyance person-
« nelle et nuit à celle d'autrui. L'homme, quel qu'il soit,
« qui, par dévotion à sa propre croyance, l'exalte et
« blâme la croyance des autres, en se disant : « Mettons
« notre foi en lumière, » ne fait que nuire plus grave-
« ment à la croyance qu'il professe. Ainsi, il n'y a que
« le bon accord qui soit bien. Bien plus; que tous les
« hommes écoutent avec déférence et suivent la loi des
« uns et des autres; car tel est le désir du roi chéri des
« Dévas. Puissent les hommes de toutes les croyances
« abonder en savoir et prospérer en vertu! Et ceux qui
« ont foi à une religion particulière doivent se répéter
« ceci : « Le roi chéri des Dévas n'estime pas autant les
« aumônes et les marques de respect que ce qui peut
« augmenter essentiellement la bonne renommée et le
« développement de toutes les croyances. » A cet effet,
« il a été établi des grands ministres de la Loi et de
« grands ministres surveillants des femmes, ainsi que des
« inspecteurs des choses secrètes et des agents d'autre
« espèce. Et le fruit de cette institution, c'est que le dé-
« veloppement des religions ait lieu promptement, ainsi
« que la diffusion de la Loi (1). »

(1) Voir les traductions de M. Prinsep, *Journ. of the asiat.
soc. of Bengal*, t. VII, p. 259 ; celle de M. Wilson, *Journ. of the*

Je ne pousserai pas plus loin ces recherches et ces citations, parce que je crois que la démonstration doit être complète, et que l'immense et très-heureuse influence de la morale bouddhique sur les individus et sur les peuples est maintenant hors de doute. C'est un très-grand résultat que je tenais à constater, et qui doit occuper désormais sa place dans l'histoire de l'humanité. Mais je ne veux pas quitter cet ordre de considérations sans y ajouter un fait plus irrécusable encore que tous ceux qui précèdent. Je veux parler de cette ardeur de prosélytisme et de conviction que le Bouddhisme a su communiquer aux nations les plus éloignées. Au v° et au vII° siècle de notre ère, des pèlerins chinois ont traversé, au milieu des plus affreux dangers, les contrées qui séparent la Chine du nord et de l'ouest de l'Inde, pour venir chercher au berceau du Bouddhisme les livres saints, les pieuses traditions, et y adorer les monuments de toutes sortes élevés en l'honneur du Bouddha. Nous avons actuellement dans notre langue deux de ces ouvrages traduits, sans parler de plusieurs autres qui, sans doute, le seront bientôt; ce sont ceux de Fa-Hian, que nous devons à M. Abel Rémusat, et l'*Histoire de la vie et des voyages d'Hiouen Thsang*, que nous devons à la science de M. Stanislas Julien.

roy. asiat. soc. *of Great Britain*, t. XII, p. 215; celle de M. Lassen, qui est partielle, *Ind. Alterth.* t. II, p. 264; et celle de M. E. Burnouf, *Lotus de la bonne loi*, p. 762, Appendice n° x. Toutes les inscriptions de Piyadasi sont en un dialecte encore peu connu; et les interprétations qu'en ont données tous ces savants indianistes sont parfois différentes; j'ai suivi plus particulièrement celle de M. E. Burnouf, qui est la dernière; mais j'ajoute qu'il ne peut pas y avoir le moindre doute sur la teneur générale de ces édits. Les divergences ne portent que sur des détails.

Fa-Hian partait de Tchhang'an, au nord de la Chine, aujourd'hui Si'-an-Fou, en 399 de l'ère chrétienne, traversait toute la Tartarie, franchissait les montagnes du Tibet, les plus hautes du globe, passait plusieurs fois l'Indus, suivait les bords du Gange jusqu'à son embouchure, s'embarquait pour Ceylan, qu'il visitait, relâchait à Java, et revenait dans sa patrie, après quinze ans d'absence, ayant fait environ douze cents lieues par terre et deux mille au moins par mer, uniquement dans l'intention de rapporter des versions plus exactes des textes sacrés dont le sens commençait à se perdre en Chine (1). Après tant d'épreuves et de souffrances, rentré seul à son foyer, d'où il était parti avec de nombreux compagnons, voici en quels termes modestes et dignes, Fa-Hian appréciait son héroïque dévouement : « En récapitulant ce que j'ai
« éprouvé, mon cœur s'émeut involontairement. Les
« sueurs qui ont coulé dans mes périls ne sont pas le su-
« jet de cette émotion. Ce corps a été conservé par les
« sentiments qui m'animaient. C'est mon but qui m'a fait
« risquer ma vie dans des pays où l'on n'est pas sûr de sa
« conservation, pour obtenir à tout risque ce qui faisait
« l'objet de mon espoir (2). »

Hiouen Thsang, qui voyage deux cent vingt ans environ après Fa-Hian, est beaucoup plus instruit que lui; mais il n'est pas plus courageux. Il recueille beaucoup plus de matériaux; et son récit, que nous ne connaissons encore que d'après l'analyse de deux de ses disciples, est une mine inappréciable de renseignements de tout genre sur le Bouddhisme indien au VII° siècle, ainsi que j'aurai

(1) M. Landresse, préface au *Foe Koue Ki*, de M. A. Rémusat, p. 40.

(2 *Foe Koue Ki* de M. A. Rémusat, ch. XL, p. 363.

prochainement l'occasion de le fa' e voir ; mais il n'apporte pas à son entreprise ni plus d'énergie ni plus de ténacité. Il reste seize ans absent depuis son départ de Liang-Tcheou, au nord-ouest de la Chine, en 629, jusqu'à son retour à Si'-an-Fou, en 645. Arrivé dans l'Inde par le pays d'Oïgous, la Dzoungarie, la Transoxane, où dominait dès lors la nation turque, et par l'Hindou Kouch, il commence dans le pays d'Attok et d'Oudyâna, ses explorations saintes. Il visite les parties septentrionales du Penjâb, le Kachemire ; et redescendant au sud-est, il parvient à Mathourâ ; il parcourt tous les royaumes compris entre le Gange, la Gandak et les montagnes du Népal, Ayodhyâ, Prayâga, Kapilavastou, berceau de Çâkyamouni, Kouçinagara, où il mourut, Bénarès, où il fit ses premières prédications, le Magadha, où il a passé sa vie, et les royaumes situés au nord-est et à l'est du Gange. De là, il revient au sud, parcourt une grande partie de la presqu'île méridionale, sans aller jusqu'à Ceylan, et se dirigeant à l'ouest, il parvient dans le Goudjarat, remonte dans le Moultân, revoit le Magadha, le Penjâb, les montagnes de l'Hindou-Kouch, et rentre dans le nord-ouest de la Chine par les royaumes de Kachgar, de Yarkand et de Khotan, rapportant des reliques et des statues du Bouddha, mais surtout des ouvrages sur toutes les parties de la doctrine bouddhique, au nombre de six cent cinquante-sept (1). »

Les travaux de ces pèlerins n'étaient point finis avec leurs pénibles voyages. Rentrés dans la patrie, deux soins nouveaux les occupaient : écrire la relation de leur entre-

(1) Voir l'*Histoire de la vie et des voyages d'Hiouen Thsang*, traduite par M. Stanislas Julien, préface, p. 40 à 67, et dans l'ouvrage, livre VI, p. 293 et suiv.

prise, et traduire les livres qu'ils avaient conquis au prix de tant de fatigues et de périls. Ainsi Hiouen Thsang consacrait les vingt dernières années de sa vie à faire passer dans la langue chinoise les principaux documents qu'il avait recueillis, auprès des plus éminents docteurs du Bouddhisme (1). Quelles nobles existences ! quels héroïsmes ! que de désintéressement et de foi ! Et, quand on pénètre dans le détail des actions, quelle douceur ! quelle résignation ! quelle simplicité ! quelle droiture ! Mais aussi quel admirable témoignage pour une doctrine qui, à douze cents ans de distance, peut encore inspirer à ces âmes généreuses tant de confiance, de courage et d'abnégation ! Pourtant les principes sur lesquels cette morale repose sont profondément faux ; et les erreurs qu'ils renferment sont au moins égales aux vertus qu'ils propagent.

(1) Voir les quatre derniers livres de l'ouvrage précité.

VI.

DE LA MÉTAPHYSIQUE DE ÇÂKYAMOUNI.

On ne saurait douter que Çâkyamouni, bien que songeant par dessus tout à la pratique, ne se soit fait une théorie. Il avait été l'élève des Brahmanes, et la direction toute méditative de son propre génie devait le conduire à rechercher les bases essentielles de sa doctrine. Il n'a point, il est vrai, séparé formellement la métaphysique de la morale; mais de la morale il a dû, par la nécessité même des choses, remonter à des principes plus hauts; et, dans son enseignement, il a joint aux préceptes qu'il donnait sur la discipline de la vie, les axiomes qui justifiaient ces préceptes en les expliquant. De là vient que dès le premier concile, ses disciples firent de la métaphysique sous le nom d'Abhidharma, l'un des recueils, l'une des « trois corbeilles » (tripitaka) entre lesquels on partagea l'ensemble des livres canoniques (1). Ainsi que je l'ai dit (2), Kâçyapa, le plus illustre des auditeurs du maître et des arhats, se chargea de la rédaction de l'Abhidharma, « qui n'avait point été exposé directement par le Boud-« dha, » comme le remarque un commentateur (3), mais

_____

(1) M. E. Burnouf, *Introd. à l'hist. du Bouddh. ind.*, p. 35 et 40. Cette division de la Triple corbeille est acceptée par tous les Bouddhistes; voir le *Foe Koue Ki* de M. A. Rémusat, p. 101 et 108; et l'Histoire d'*Hiouen Thsang* de M. Stanislas Julien, p. 157.

(2) Voir plus haut, p. 81.

(3) Yaçomitra, auteur d'un commentaire fort important intitulé *Abhidharma koça vyâkyâ*, c'est-à-dire « Commentaire

qui ressortait, au même titre que le Vinaya, de tous les discours qu'il avait prononcés, et dont les Soûtras conservaient le fidèle souvenir.

Abhidharma veut dire en sanscrit : « lois manifestées, la manifestation des lois ou de la loi; » et notre mot de métaphysique y correspond assez exactement, si on le renferme dans les limites de l'orthodoxie bouddhique. L'Abhidharma comprend donc la partie la plus élevée des croyances prêchées par Çâkyamouni; et la supériorité en a été tellement sentie par les peuples bouddhistes, qu'ils l'ont toujours considérée comme la source théorique de tout le reste. Aussi ont-ils appelé l'Abhidharma d'un nom qui marque à la fois leur respect, et l'on pourrait dire leur affection pour lui. Ils l'appellent la Mère (Mâtrikâ; en pâli, Mâtikâ; Youm ou Ma-Mo, en tibétain) (1). Les Bouddhistes de Ceylan prétendent même que l'Abhidharma s'adresse aux dieux et a été révélé en leur faveur, tandis que les Soûtras ont été laissés aux hommes (2).

sur le trésor de la métaphysique. » Le *Trésor de la métaphysique*, *Abhidharma koça*, est de Vasoubandhou, qui vivait dans les premiers siècles de l'ère chrétienne. M. E. Burnouf, *Introd. à l'hist. du Bouddh. ind.*, p. 41, 563 et suiv.

(1) *Introd. à l'hist. du Bouddh. ind.*, de M. E. Burnouf, p. 46 et 48.

(2) *Idem, ibid.*, p. 317, note 2. Une remarque importante qu'il faut faire, c'est que, des trois parties du *Tripitaka*, les édits de Piyadasi ne nomment que le Vinaya et les Soûtras; ils ne parlent pas de l'Abhidharma, ou métaphysique, à moins qu'on ne suppose qu'ils ne le désignent par les gâthâs, ou « stances du Solitaire. » Les gâthâs des Soûtras simples sont en général les axiomes auxquels le Bouddha semble attacher le plus de prix, *Lotus de la bonne loi*, de M. E. Burnouf, p. 725 et 729.

L'ouvrage qui passe pour renfermer plus particulièrement la métaphysique bouddhique, se nomme la *Pradjnâ pâramitâ*, c'est-à-dire « la Sagesse transcendante. » C'est le premier des neuf dharmas, ou livres canoniques des Népâlais. Il y en a trois rédactions principales : l'une en cent mille articles, l'autre en vingt-cinq mille, et l'autre en huit mille ; les plus développées ne faisant guère qu'ajouter des mots à l'exposition plus concise de l'autre (1). Il faut même dire pour toutes ces rédactions diverses, que, si elles contiennent des conséquences nouvelles, elles ne donnent point un seul principe nouveau, et qu'en définitive, pour connaître la véritable métaphysique de Çâkyamouni, c'est encore aux Soûtras simples qu'il convient de puiser, en ce qu'ils sont beaucoup plus voisins de la prédication (2).

On doit s'attendre à trouver dans la métaphysique de Çâkyamouni, comme dans sa morale, plus d'axiomes que de démonstrations, plus de croyances données pour

(1) M. E. Burnouf, *Introd. à l'hist. du Bouddh. ind.*, p. 455.

(2) Selon toute apparence, la *Pradjnâ pâramitâ* ne fut composée que trois ou quatre cents ans après le Bouddha. Elle servait de texte aux doctrines de l'école des Madhyamikas, fondée par le fameux Nâgârdjouna cent cinquante ans environ avant notre ère. M. E. Burnouf a donné un spécimen de la rédaction en huit mille articles, qu'il avait traduite presque entière, et qu'il avait comparée avec la rédaction en cent mille articles. Cette comparaison, exacte autant que possible, ne lui avait offert aucune différence de doctrine, *Introd. à l'hist. du Bouddh. ind.*, p. 465. Si l'on en croit la tradition tibétaine, la *Pradjnâ pâramitâ* aurait été exposée par Çâkyamouni lui même, seize ans après qu'il était devenu Bouddha, c'est-à-dire à l'âge de cinquante et un ans à peu près.

des dogmes que de développements systématiques et réguliers. Mais il faut toujours se rappeler que nous avons à faire à l'Inde, et que nous ne sommes ni dans la Grèce ni dans l'Europe moderne. Les doctrines n'en sont pas moins graves ; mais la forme sous laquelle elles s'expriment n'a rien de scientifique, même quand on essaie, ce qui est assez rare, de lui donner quelque rigueur.

La première et la plus inébranlable théorie de la métaphysique du Bouddhisme, empruntée d'ailleurs au Brahmanisme, c'est celle de la transmigration. L'homme a fourni une multitude d'existences les plus diverses, avant de vivre de la vie qu'il mène ici-bas. S'il n'y applique ses efforts les plus sérieux, il court risque d'en fournir une multitude plus grande encore ; et son attention la plus constante et la plus inquiète doit être de se soustraire à la loi fatale que la naissance lui impose. La vie n'est qu'un long tissu de douleurs et de misères ; le salut consiste à n'y jamais rentrer. Telle est, dans le monde indien tout entier, dans quelque partie qu'on le considère, à quelque époque qu'on le prenne, la croyance déplorable que chacun partage, et que professent les Brahmanes et les Bouddhistes de toutes les écoles, de toutes les sectes, de toutes les nuances, de tous les temps. Le Bouddha subit cette opinion commune, contre laquelle il ne semble à personne qu'il puisse s'élever la moindre protestation ; et sa seule originalité sous ce rapport ne consiste que dans le moyen nouveau de libération qu'il offre à ses adeptes. Mais le principe lui-même, il l'accepte ; il ne le discute pas. Je jugerai plus tard la valeur de ce principe, ou plutôt les conséquences désastreuses qu'il a eues chez tous les peuples qui l'ont adopté. Pour le moment, je me borne à signaler sa domination toute puissante et absolument incontestée. J'ai fait voir en traitant des Védas, que cette doctrine monstrueuse ne s'y trouvait pas (1), et j'ai fait de ce silence un éloge pour l'orthodoxie védique. Elle est de l'invention des Brahmanes, et elle doit remonter jusqu'à l'origine de la société et de la religion qu'ils ont fondées. Çâkyamouni ne se distingue donc en rien quand il l'adopte.

Mais jusqu'où s'étend cette idée de la transmigration ? L'homme, après avoir perdu la forme qu'il a dans cette vie, reprend-il seulement une forme humaine ? Peut-il indifféremment reprendre une forme supérieure ? ou reprendre, à un échelon plus bas, une forme animale ? Peut-il même descendre encore au-dessous de l'animal et s'abaisser, selon ses actions en ce monde, à ces formes où toute vie disparaît et où il ne reste plus que l'existence, avec ses conditions les plus générales et les plus confuses ? Pour les Brahmanes orthodoxes, je serais assez embarrassé de répondre à cette question; et dans tout ce que je connais de leur littérature, je ne vois rien qui détermine la limite précise où s'arrêtait pour eux l'idée de la transmigration (2). Quant aux Bouddhistes, la réponse peut être décisive : oui, l'idée de la transmigration s'étend pour le Bouddhisme aussi loin que possible ; elle embrasse tout, depuis le Bodhisattva, qui va devenir un Bouddha parfaitement accompli, et depuis l'homme, jusqu'à la matière inerte et morte. L'être peut transmigrer sans aucune exception dans toutes les formes quelles qu'elles soient ; et

---

(1) Voir le *Journal des Savants*, 6ᵉ article sur les Védas, cahier de février 1854, p. 113; et cahier d'avril, p. 212.

(2) Pour la transmigration dans le système de Kapila, voir mon *Premier mémoire sur le Sânkhya*, mémoires de l'Académie des sciences morales et politiques, t. VIII, p. 455 et suiv.

suivant les actes qu'il aura commis, bons ou mauvais, il passera depuis les plus hautes jusqu'aux plus infimes (1). Les textes sont si nombreux et si positifs, qu'il n'y a pas lieu au plus léger doute, quelque extravagante que cette idée puisse nous paraître.

On se rappelle que, selon la légende du *Lalitavistara*, le Bodhisattva entre dans le sein de sa mère sous la forme d'un jeune éléphant blanc armé de six défenses (2) ; et, sur le point de devenir Bouddha parfaitement accompli, il repasse dans sa mémoire les naissances incalculables, les centaines de mille de kotis d'existences qu'il a déjà parcourues, avant d'arriver à celle qui doit être la dernière (3). Dans d'autres légendes, le Bouddha raconte les transformations qu'il a subies lui-même, ou celles qu'ont subies les personnages dont il veut expliquer la prospérité ou les malheurs (4). Hiouen Thsang vit à Bénarès les nombreux et splendides stoûpas élevés dans les lieux où

---

(1) Il faut donc faire une très-grande différence entre la transmigration et la métempsychose telle que l'entendaient les Pythagoriciens, et qu'ils bornaient, selon toute apparence, à la série animale ; c'est du moins l'opinion du plus récent historien de la philosophie, M. Henri Ritter. Voir son *Histoire de la philosophie ancienne*, t. 1er, p. 360 de la traduction française de M. J. Tissot. Il faut voir aussi ce qu'en dit Aristote, *Traité de l'âme*, liv. 1er, ch. III, § 23, p. 134 de ma traduction.

(2) Voir plus haut, t. XXX, p. 13 ; *Rgya tch'er rol pa*, de M. Ed. Foucaux, t. II, ch. VI, p. 61.

(3) *Rgya tch'er rol pa*, de M. Ed. Foucaux, t. II, ch. IXII, p. 330.

(4) Voir les Légendes de Samgha-Rakshita, d'Açoka, du Concile, et plusieurs autres, *Introd. à l'hist. du Bouddh. ind.*, de M. E. Burnouf, p. 334, 425 et 435.

le Bouddha avait pris, pendant ses diverses existences, la forme d'un éléphant, d'un oiseau, d'un cerf, etc. (1). Les *Djâthakas* singhalais, au nombre de cinq cent cinquante, contiennent le récit d'autant de naissances du Bodhisattva ; et les Singhalais ont été même fort modérés en se bornant à ce nombre ; car c'est une croyance reçue généralement que le Bouddha a parcouru toutes les existences de la terre, de la mer et de l'air, ainsi que toutes les conditions de la vie humaine ; il a même été arbre et plante (2), si l'on en croit le Bouddhisme chinois.

Dans une légende fort intéressante par les détails qu'elle donne sur la vie intérieure des religieux dans les vihâras, celle de Samgha-Rakshita, la transmigration a lieu, dit-on, sous la forme d'un mur, d'une colonne, d'un arbre, d'une fleur, d'un fruit, d'une corde, d'un balai, d'un vase, d'un mortier, d'un chaudron, etc. « Quelle « est l'action dont ces métamorphoses sont la consé- « quence ? demande Samgha-Rakshita ; » Bhagavat lui répond : « *Les êtres que tu as vus sous la forme d'un mur* « ont été des auditeurs de Kâçyapa (un ancien Bouddha); « ils ont sali de leur morve et de leur salive le mur de la « salle de l'assemblée ; le résultat de cette action est « qu'ils ont été changés en murs. Ceux que tu as vus « sous la forme de colonnes ont été changés pour la

(1) *Histoire de la vie et des voyages d'Hiouen Thsang*, de M. Stanislas Julien, p. 134.

(2) Voir le *Foe Koue Ki* de M. Abel Rémusat, et une note très-curieuse de M. Landresse sur les Djâtakas singhalais. Upham en a donné la liste, *Sacred and historical Books of Ceylon*, t. III, p. 269. M. E. Burnouf avait traduit quelques-uns des plus importants.

« même raison ; ceux que tu as vus sous la forme d'arbres,
« de feuilles, de fleurs et de fruits, ont revêtu cette forme
« parce qu'ils ont joui jadis, dans un intérêt tout person-
« nel, des fleurs et des fruits de l'assemblée. Un autre,
« qui s'est servi avec le même égoïsme de la corde de
« l'assemblée, a été changé en corde ; un autre, pour
« n'avoir pas fait un meilleur usage du balai de l'assem-
« blée, a été métamorphosé en balai ; un novice, qui
« venait de nettoyer les coupes de l'assemblée, eut la
« dureté de refuser à boire à des religieux étrangers fati-
« gués d'une longue route, il a été changé en coupe ; ce-
« lui que tu as vu sous la forme d'un mortier est un Stha-
« vira qui demanda jadis à un novice, avec des paro-
« les grossières, un instrument de ce genre, etc. (1). »

Ainsi, l'on n'en peut douter : le système de la transmigration va pour les Bouddhistes jusqu'à cette exagération
monstrueuse où la personnalité humaine, méconnue et
détruite, se confond avec les choses les plus viles de ce
monde.

Mais poursuivons.

La cause unique de ces transformations, c'est la conduite qu'on a tenue dans une existence antérieure ; on est
récompensé ou puni selon ses vertus et ses vices. Mais
de quelle manière a commencé cette longue série d'é-
preuves ? Pourquoi l'homme y est-il soumis ? Quelle a été
l'origine de cette succession sans fin de causes et d'effets ?
C'est là, ce semble, une question fondamentale dans la

(1) Légende de Samgha-Rakshita, du Divya avadâna, *Introd.
à l'hist. du Boudh. ind.*, de M. E. Burnouf p. 328, et dans
l'analyse du *Doul-va* tibétain, de Csoma de Körös, *Asiat.
Resear.*, t. XX, p. 55.

système bouddhique lui-même ; mais, chose étrange, Çâkyamouni ne paraît pas l'avoir jamais soulevée, et le Bouddhisme tout entier après lui ne l'a pas traitée davantage. Est-ce oubli ? c'est peu probable. Est-ce prudence ? Et, sur un problème si obscur, le Bouddha s'est-il dit qu'il valait mieux garder le silence ? Ce qui est certain, c'est que nulle part, dans les Soûtras, on ne trouve même un essai de solution, pas un mot, pas une théorie, pas une discussion. Tout ce qu'on peut inférer de quelques passages très-rares, c'est que le Bouddha, selon toute apparence, a cru à l'éternité des êtres, je n'ose pas dire des âmes, et que, pour lui, les maux qu'il venait guérir, la naissance, la vieillesse, la maladie et la mort, s'ils pouvaient cesser par le Nirvâna, étaient pourtant sans commencement (1). L'univers est créé par les œuvres de ses habitants ; il en est l'effet ; et si, par impossible, comme le dit M. E. Burnouf d'après les Soûtras bouddhiques, il n'y avait pas de coupables, il n'y aurait pas d'enfers ni de lieux de châtiment (2).

Le Bouddha, malgré la science sans bornes qu'il possède, ne veut donc pas expliquer les choses de cet univers en remontant jusqu'aux ténèbres de leur origine. Il les prend, en quelque sorte, telles qu'il les trouve, sans leur demander d'où elles viennent ; et comme la vie, sous quel-

(1) Les seuls passages un peu décisifs que je puisse citer à ce point de vue sont celui du *Lalitavistara, Rgya tch'er rol pa*, de M. Ed. Foucaux, t. II, ch. xxII, p. 337, et celui de l'*Abhidharma koça vyâkhyâ*, de Yaçomitra, commentateur du vi° ou vii° siècle de notre ère, *Introd. à l'hist. du Bouddh. ind.*, de M. E. Burnouf, p. 573.

(2) *Lotus de la bonne loi*, de M. E. Burnouf, p. 835.

que aspect qu'il la regarde, ne lui semble que « une grande masse de maux, » voici comment il la comprend :

Douze conditions, tour à tour effets et causes les unes des autres, s'enchaînent mutuellement pour produire la vie. A commencer par la triste fin qui la termine, la vieillesse avec la mort (djâramarana) ne serait pas sans la naissance ; en d'autres termes, si l'homme ne naissait pas, il ne pourrait ni vieillir ni mourir. La mort est donc un effet dont la naissance est la cause. La naissance (djâti) est elle-même un effet, et elle ne serait pas sans l'existence. Cette idée, tout étrange qu'elle peut nous paraître, est très-conséquente dans le système bouddhique qui croit à l'éternité des êtres. On existe longtemps avant de naître ; et la naissance, sous quelque forme qu'elle se présente (humidité, œuf, matrice ou métamorphose, pour les Bouddhistes comme pour les Brahmanes), n'est qu'un effet de l'existence qui l'a précédée ; car, sans l'existence (bhava), la naissance ne serait pas possible. Mais il ne s'agit point ici de l'existence dans son acception générale et vague ; c'est l'existence avec toutes les modifications qu'y ont apportées les épreuves antérieures ; c'est l'état moral de l'être, selon toutes les actions qu'il a successivement accumulées, vertueuses et vicieuses, dans la durée infinie des âges. Ainsi, l'existence détermine la naissance ; et, suivant ce qu'on a été précédemment, on renaît dans une condition différente, ou plus haute, ou plus basse.

L'existence a pour cause l'attachement (oupâdâna) (1).

---

(1) Ce terme d'oupâdâna est fort difficile. M. E. Burnouf le rend d'ordinaire, ainsi que M. Foucaux, par « conception. » Je n'ai pas cru devoir adopter cette traduction qui me semble in-

Sans l'attachement aux choses, l'être ne revêtirait pas, ne prendrait pas un certain état moral qui le mène à renaître de nouveau. L'attachement est, en quelque sorte, une chute qui le fait retomber sous la loi fatale de la transmigration. L'attachement, cause de l'existence, n'est lui-même qu'un effet; ce qui le cause, c'est le désir (trichnâ, mot à mot la soif). Le désir est cet insatiable besoin de rechercher ce qui nous plaît, et de fuir ce qui est désagréable. Il a pour cause la sensation (védanâ), qui nous fait percevoir et connaître les choses, et qui nous indique leurs qualités, dont nous sommes affectés au physique et au moral. La sensation, cause du désir, a pour cause le contact (sparça). Il faut que les choses nous touchent, soit à l'extérieur, soit à l'intérieur, pour que nous les sentions; et c'est ainsi qu'on peut dire que les Bouddhistes font de la sensation la source unique de la connaissance. Mais, comme parmi les sens, ils comprennent aussi le sens intime, ou manas, leur doctrine n'est pas aussi matérialiste qu'on pourrait d'abord le croire. Le contact, cause de la sensation, est l'effet, à son tour, des six places ou six sièges des qualités sensibles et des sons. Ces six sièges (shadâyatanas) sont la vue, l'ouïe, l'odorat, le goût, le toucher, auxquels il faut joindre le manas ou le cœur, qui comprend aussi ce que nous appellerions les sentiments moraux.

---

terrompre la suite des idées. Parfois aussi M. Burnouf le rend par « prise, caption, adhérence, attachement. » J'ai préféré ce dernier mot comme beaucoup plus clair; voir l'*Introduction à l'hist. de Bouddh. ind.*, p. 494; *Lotus de la bonne loi*, p. 109, 531 et suiv.; *Rgya tch'er rol pa*, de M. Ed. Foucaux, p. 331 et 395; *Foe Koue Ki* de M. A. Rémusat, ch. xxxi, p. 287, avec les notes de M. Kloproth.

Voilà déjà huit des douze conditions qui produisent la vie, se liant entre elles par les rapports de causes à effets. Il en reste encore quatre autres pour terminer cette évolution complète qui, suivant le Bouddha, embrasse et explique la destinée humaine tout entière.

Les six siéges des sens et des objets sensibles ont pour cause le nom et la forme (nâmaroûpa, en un seul mot, comme plus haut djâramarana, la vieillesse et la mort). Sans le nom, sans la forme, les objets seraient indistincts; ils seraient pour nos sens, tant ceux du dehors, que ceux du dedans, comme s'ils n'étaient pas; ils entrent en contact avec nous d'abord par la forme matérielle qu'ils revêtent, et ensuite par le nom qui les désigne et les rappelle au manas, à l'esprit. Le nom et la forme que les Bouddhistes confondent en une notion unique, sont donc ce qui rend les objets perceptibles; et c'est ainsi qu'ils sont la cause des sens. Mais le nom et la forme ne sont, eux non plus, que des effets. Ils ont pour cause la connaissance ou la conscience (vidjnâna), qui distingue les objets les uns des autres et leur attribue à chacun, et le nom qui les représente et les qualités qui leur sont propres. La conscience est la dixième cause. Les concepts (samskaras) sont la onzième; ils composent les idées qui apparaissent à l'imagination; ce sont les illusions qu'elle se forge et qui lui servent à constituer l'univers factice qu'elle se crée. Enfin la douzième et dernière cause, c'est l'ignorance (avidyâ) qui consiste tout entière à regarder comme durable ce qui n'est que passager, à croire permanent ce qui nous échappe et s'écoule, en un mot, à donner à ce monde une réalité qu'il n'a pas.

Tel est l'Enchaînement mutuel des causes; et cette théorie, jointe à celle des Quatre vérités sublimes, forme le fond le plus ancien et le plus authentique de la doctrine du Bouddha (1).

C'est dans le *Lalitavistara* qu'il faut voir toute l'importance que Çâkyamouni lui donne. Quand il l'a découverte à Bodhimanda, il croit avoir découvert enfin le secret du monde. Il peut sauver les êtres en la leur enseignant; c'est parce qu'il l'a comprise, après les plus longues méditations soutenues des plus terribles austérités, qu'il se croit et qu'il est devenu le Bouddha parfaitement accompli. Tant qu'il n'a pas saisi le lien mystérieux qui enchaîne ce tissu de causes et d'effets, il ignore la Loi et le chemin du salut. Une fois qu'il en a démêlé la trame, il est en possession de la vérité qui éclaire et qui délivre les créatures (2). Il connaît la route du Nirvâna, qu'il peut désormais atteindre lui-même et faire atteindre aux autres êtres.

Les Bouddhistes, en général, et surtout ceux du nord et du sud ont cette théorie des causes et des effets en grande vénération; des Soûtras entiers, sans parler de leurs commentaires, sont consacrés à l'exposer dans tous ses détails avec une prolixité que rien ne peut ni épuiser ni fatiguer (3). Le Pratîtya samoutpâda, comme on l'appelle, est pour les disciples, comme pour le maître, la

---

(1) Cette théorie prend en sanscrit le nom très-célèbre de Pratîtya samoutpâda, c'est-à-dire « la production connexe des causes réciproques. » Voir le *Lotus de la bonne loi*, de M. E. Burnouf, p. 11, 109, 332 et 530.

(2) *Rgya tch'er rol pa*, de M. Ed. Foucaux, t. II, ch. XXII, p. 331 et suiv.; M. E. Burnouf a traduit aussi ce morceau capital du Lalitavistara dans son *Introd. à l'hist. du Bouddh. ind.*, p. 486 et suiv.

(3) C'est ainsi que le Soûtta pâli, le Mahânidâna soûtta, le

clef de la destinée humaine; et tant qu'on ne la tient pas, on ne sait rien de l'organisation et du jeu de l'univers ; car il faut bien le remarquer, par la croyance de la transmigration, l'homme n'est plus un être à part; il est mêlé à tout; et ce qui explique sa nature, explique du même coup la nature entière et l'ordre universel des choses.

Nous venons de parcourir la série des effets et des causes, en remontant de l'état actuel de l'être à son état primitif. De la vieillesse et de la mort nous sommes arrivés par douze degrés successifs jusqu'à l'ignorance, qui, à un certain point de vue, peut se confondre avec le non-être; car l'objet de l'erreur n'existe pas ; et s'il était, on ne se tromperait pas en croyant à son existence. Mais au lieu de remonter la série, on peut la descendre, et prendre l'ignorance pour point de départ, au lieu de la prendre pour terme et pour but. On renverse alors l'enchaînement des causes et des effets, qui d'ailleurs n'en restent pas moins unis; et l'on commence par où l'on finissait d'abord. Ainsi, de l'ignorance ou du néant, viennent les concepts qui en sont l'effet; des concepts vient la conscience ; de la conscience, le nom et la forme; du nom et de la forme, les six siéges des sens; des six siéges des sens, le contact; du contact, la sensation; de la sensation, le désir; du désir, l'attachement; de l'attachement, l'existence ; de l'existence, la naissance ; de la naissance enfin, la vieillesse et la mort. Cet ordre inverse est celui qu'adopte la Pradjnâ pâramitâ (1) et que suivent

---

Soûtra des grandes causes, n'a pas d'autre objet. M. E. Burnouf l'a traduit tout entier, *Lotus de la bonne loi*, p. 534 et suiv., Appendice n° vi.

(1) On peut voir le morceau de la *Pradjnâ pâramitâ*, qu'a

aussi quelquefois les Singhalais (1). Ce n'est pas la méthode, il est vrai, qu'a recommandée le Bouddha, par son exemple, à Bodhimanda; mais elle est peut-être plus conforme à l'esprit général du Bouddhisme primitif, qui, sans nier précisément la réalité des choses, comme le fit plus tard la Pradjnâ pâramitâ, ne croit point cependant à la permanence d'aucun de leurs éléments, et qui ne trouve d'immutabilité que dans le vide ou le néant.

Non pas que je veuille accuser le Bouddha des excès de scepticisme où la plupart de ses adhérents se sont laissé emporter; mais jusqu'à certain point il en est responsable, parce que c'est lui qui en a déposé le germe dans ses doctrines principales. On ne peut douter qu'il n'ait admis des axiomes analogues à ceux que lui prêtent quelques Soûtras; et qu'il n'ait, par exemple, soutenu ceux-ci : « Tout phénomène est vide; aucun phénomène n'a

traduit M. E. Burnouf, dans son *Introd. à l'hist. du Bouddh. ind.*, p. 465 et suiv.

(1) Clough, *Singhal. Dictionnary*, t. II, p. 435. Dans le *Mahânidâna soutta* singhalais, on donne, tour à tour, les deux énumérations dans l'ordre direct et dans l'ordre renversé. Dans le *Lotus de la bonne loi*, ch. vii, stance 74, le Tathâgata commence son enseignement par l'ignorance. Il faut ajouter qu'au lieu d'énumérer les douze nidânas ou causes selon l'idée de leur production, on les énumère aussi selon l'idée de leur destruction; et l'on se demande, par exemple : Quelle est la chose qui n'existant pas, fait que la vieillesse et la mort n'existent pas? C'est la naissance. Quelle est la chose qui n'existant pas, fait que la naissance n'existe pas? etc., etc. Puis l'on descend et l'on remonte à son gré la série de destruction, comme on a remonté ou descendu celle de la production. Voir le morceau du *Lalitavistara*, cité plus haut.

« de substance propre (1). Toute substance est vide (2).
« Au dedans est le vide; au dehors est le vide (3). La
« personnalité elle-même est sans substance (4). Tout
« composé est périssable; et comme l'éclair dans le ciel,
« il ne dure pas longtemps (5). » Il est encore très-probable que voulant condenser tout son système en un seul axiome qui le résumât, c'est lui qui a dit : « Cela est passager ; cela est misère ; cela est vide (6), » faisant de cette connaissance de la mobilité des choses, des maux de la vie et du néant, la science supérieure qui renfermait et remplaçait toutes les autres, la triple science (trividyâ) qui suffit à éclairer et à sauver l'homme. Enfin on peut même croire sans injustice que le Bouddha fit de la sensibilité la source unique et absolue de toute information pour l'intelligence; et que le grossier sensualisme de ses disciples, avec les conséquences sceptiques qu'il

(1) Ce premier principe est dans la *Pradjnâ pâramitâ*; mais le second qui est identique se trouve dans le *Lalitavistara*; voir l'*Introd. à l'hist. du Bouddh. ind.*, de M. E. Burnouf, p. 462, et le *Rgya tch'er rol pa*, de M. E. Foucaux, t. II, ch. xxi, p. 324.

(2) *Idem, ibid.*

(3) *Idem, ibid.*

(4) *Idem, ibid.*, p. 295; et dans la *Pradjnâ pâramitâ*, *Introd. à l'hist. du Boudh., ind.*, de M. E. Burnouf, p. 477. La *Pradjnâ pâramitâ* va même plus loin, et elle affirme que le nom même du Bouddha n'est qu'un mot, *Ibid.*, p. 461 et 483.

(5) *Rgya tch'er rol pa*, de M. Éd. Foucaux, t. II, p. 172; *Soûtra de Mândhâtri*, *Introd. à l'hist. du Bouddh. ind.*, de M. E. Burnouf, p. 84 et 462.

(6) *Lotus de la bonne loi*, de M. E. Burnouf, p. 372, et *Introd. à l'hist. du Bouddh. ind.*, p. 202 et 462.

entraîne, lui est imputable, sans qu'il l'ait précisément enseigné.

Nous arrivons maintenant à la dernière et à la plus importante des théories du Bouddhisme; je veux dire celle du Nirvâna. Le nirvâna, est, on le sait, le but suprême auquel tend le Bouddha; c'est la délivrance à laquelle il convie toutes les créatures; c'est la récompense qu'il promet à la science et à la vertu; en un mot, c'est le salut éternel. Qu'est-ce au juste que le nirvâna? Est-ce une immortalité, plus ou moins déguisée? Est-ce le néant? Est-ce un simple changement d'existence? Est-ce une annihilation absolue? Chose bien singulière et bien remarquable! Çâkyamouni a laissé planer sur l'idée du nirvâna une obscurité presque complète; l'on ne pourrait citer un seul Soûtra où il se soit appliqué à la définir comme tant d'autres idées qui en valent beaucoup moins la peine. Tout au plus va-t-il jusqu'à réfuter les fausses notions qu'on s'en faisait dans le monde des Brahmanes (1) ou Tirthakaras; mais ces explications négatives, si elles font comprendre dans une certaine mesure ce que n'est pas le nirvâna, ne disent jamais ce qu'il est; et c'est là cependant ce qu'il importe de savoir.

Si l'on s'adresse à l'étymologie du mot, elle apprend assez peu de chose; il se compose de *nir* qui exprime la négation, et du radical *vâ* qui signifie souffler. Le nirvâna est donc l'extinction, c'est-à-dire l'état d'une chose qu'on ne peut plus souffler, qu'on ne peut plus éteindre en soufflant dessus; et de là vient cette comparaison si fréquente dans les livres bouddhiques, d'une lampe qui s'é-

(1) Voir le morceau fort obscur du *Saddharma Laṅkâvatâra* qu'a traduit M. E. Burnouf, *Introd. à l'hist. du Bouddh. ind* ., p. 517 et suiv.

teint et qui ne peut plus se rallumer (1). Mais cette analyse, tout exacte qu'elle est, reste à la surface des choses; et cette expression du nirvâna, ainsi entendue, si elle suffit à représenter une image de la mort, ne nous dit rien de l'état qui la suit, selon le système de Çâkyamouni. Quand le Bouddha meurt à Kouçinagari, son cousin Anourouddha, qui l'accompagne ainsi qu'Ananda, prononce la stance suivante restée célèbre dans la tradition : « Avec un esprit qui ne faiblissait pas, il a souffert l'ago« nie de la mort ; comme l'extinction d'une lampe, ainsi « a eu lieu l'affranchissement de son intelligence (2). »

M. Eugène Burnouf, dont l'autorité doit être si grande, n'hésite pas. Selon lui, le nirvâna est l'anéantissement complet, non-seulement des éléments matériels de l'existence, mais de plus et surtout du principe pensant. Il a vingt fois exprimé cette grave opinion, soit dans son premier ouvrage l'*Introduction à l'histoire du Bouddhisme indien*, soit dans le *Lotus de la bonne loi*, publié à huit ans de distance avec le secours des documents les plus nombreux et les plus décisifs (3). Ses premières études comme

---

(1) Colebrooke, *Miscel. Essays*, t. I, p. 401 et 402 : E. Burnouf, Appendice sur le mot Nirvâna, *Introd. à l'hist. du Bouddh. ind.*, p. 589.

(2) *Mahâparinibbâna soutta*, le Soûtra du grand Nirvâna complet, en pâli ; cité par M. G. Turnour, *Journal of the Asiat. soc. of Bengal*, t. VII, p. 1008, et par M. E. Burnouf, *Lotus de la bonne loi*, p. 389.

(3) Je citerai spécialement, dans l'*Introd. à l'hist. du Bouddh. ind.*, les passages suivants, p. 83, 153, 155 et surtout p. 521. Dans le *Lotus de la bonne loi*, tout indique que M. E. Burnouf conservait cette première opinion que rien ne paraît avoir ébranlée en lui ; voir p. 835.

ses dernières ne lui ont jamais laissé d'incertitude sur ce point capital; et l'on sait de reste avec quelle exactitude scrupuleuse il examinait toutes les questions, et avec quel jugement à peu près infaillible il les tranchait. A ce témoignage de M. Eugène Burnouf, on peut ajouter le témoignage de tous ceux qui se sont occupés des mêmes matières. MM. Hodgson, Clough, Turnour, Schmidt, Foucaux, sans avoir eu à se prononcer positivement, ne se sont jamais fait, ce semble, une autre idée du nirvâna. Colebrooke, qui n'avait pas pu, il est vrai, pénétrer aussi profondément dans ces recherches alors trop nouvelles, déclare cependant que le nirvâna, tel que les Bouddhistes l'entendent, se confond avec un sommeil éternel (1). Si l'on interroge les rares et incomplètes définitions qu'on peut trouver dans les Soûtras, on arrive à la même conclusion. Presque toujours le nom du nirvâna est suivi d'une épithète qui veut dire: « Où il ne reste plus rien de « l'aggrégation (2); où il ne reste plus rien de l'exis-« tence (3); où il ne reste plus rien absolument (4). » Il faut ajouter que les Brahmanes dans leurs accusations contre les Bouddhistes, leur font surtout un grief « de « croire à une destruction complète; » et il les flétrissent

(1) Colebrooke, *Miscellaneous essays*, t. I, p. 391, 393, 401 et 402.

(2) *Lotus de la bonne loi*, de M. E. Burnouf, ch. i, p. 14 et 335, *Mahâparinibbânasoutta* dans le *Dighanikâya*, et *Thoûpavamsa*, id., ibid.

(3) *Soûtra de Mândhâtri*, dans le *Divya avadâna*, Introd. à l'hist. du Bouddh. ind., de M. E. Burnouf, p. 83.

(4) *Kevaddha soutta*, dans le *Digha nikâya*, cité par M. E. Burnouf, dans le *Lotus de la bonne loi*, p. 515.

des surnoms de Sarvavaïnâçikas et de Nâstikâs, qui ne signifient pas autre chose (1), et que les Bouddhistes eux-mêmes adoptent loin de le repousser.

Ainsi l'étymologie, les philologues contemporains les plus éclairés, les textes eux-mêmes, et enfin les critiques des adversaires du Bouddhisme, tout se réunit pour démontrer que le nirvâna n'est au fond que l'anéantissement définitif et absolu de tous les éléments qui composent l'existence. Pour ma part, je me range à cet avis ; et sans parler des considérations qui précèdent, en voici une dont on n'a peut-être pas tenu assez de compte et qui me décide ; c'est la théorie du dhyâna ou de la contemplation, qu'on peut appeler en quelque sorte la méthode et la pratique du nirvâna (2).

Dans une foule de passages empruntés aux Soûtras de tout ordre, on distingue entre le nirvâna complet, le grand nirvâna complet, et le nirvâna simplement dit. Le nirvâna complet est celui qui suit la mort, quand on a su d'ailleurs s'y préparer par la foi, la vertu et la science, tandis que le simple nirvâna peut être acquis même durant cette vie, en adoptant certains procédés que le Boud-

---

(1) Colebrooke, *Miscell. essays*, t. I, p. 379, 391 et 393. La seconde branche de l'école des Svâbhâvikas déclare formellement qu'elle croit à l'anéantissement, tandis que l'autre branche croit à la persistance de la personnalité affranchie; voir M. Hodgson, *Asiat. Resear.*, t. XVI, p. 437, et M. E. Burnouf, *Introd. à l'hist. du Bouddh. ind.*, p. 441.

(2) Voir l'Appendice n° xiii, spécial ou dhyâna, *Lotus de la bonne loi*, de M. E. Burnouf, p. 800. Parfois le nirvâna n'est que « l'extinction de l'incendie du vice, » comme dans le *Djina alamkara*, pâli, *Lotus de la bonne loi*, de M. E. Burnouf, p. 332.

dhisme enseigne et dont le Bouddha lui-même avait donné l'exemple. Ainsi dans le *Lotus de la bonne loi*, des Sthaviras s'approchent de Bhagavat pour lui soumettre leurs doutes; et ils lui avouent leur faiblesse et leur vanité en ces termes : « Épuisés par l'âge, nous nous disons : « Nous avons obtenu le nirvâna; nous nous imaginons « être arrivés au nirvâna, parce que nous sommes acca- « blés par l'âge et par les maladies (1). » Dans d'autres passages plus clairs encore, s'il est possible, il est dit : « Les hommes qui vivent avec la connaissance de la Loi « exempte d'imperfection, ont atteint le nirvâna (2). Ce- « lui qui fait usage du véhicule des Çrâvakas a atteint le « nirvâna (3). Les Çrâvakas se figurent qu'ils ont atteint « le Nirvâna; mais le Djina leur dit : Ce n'est là qu'un « lieu de repos; ce n'est pas le nirvâna (4). »

Le nirvâna est donc jusqu'à un certain point compatible avec la vie, dans les croyances bouddhiques; et on peut le conquérir même avant d'être mort, bien que ce ne soit pas encore là le nirvâna véritable. Le procédé pour atteindre à ce nirvâna incomplet, gage de celui qui le suit en restant éternel, c'est le dhyâna ou la contemplation, et, pour parler plus nettement, c'est l'extase. Le dhyâna a quatre degrés qui se succèdent dans un ordre régulier, et il joue un grand rôle dans les circonstances les plus importantes de la vie du Bouddha. Dans le Village de l'agriculture, sous l'ombre du djambou, quand sa famille, effrayée de son absence, le cherche en vain, le jeune Siddhârtha est occupé à passer par les quatre méditations

---

(1) *Lotus de la bonne loi*, de M. E. Burnouf, p. 68.
(2) *Idem, ibid.*, p. 80, stance 80.
(3) *Idem, ibid.*, p. 86.
(4) *Idem, ibid*, p. 88, stance 71.

qu'il connaît déjà (1). A Bodhimanda, quand Çâkyamouni a vaincu le démon, il se prépare à sauver le monde en devenant Bouddha par les quatre méditations (2). A Kouçinagarî, quand le Bouddha va mourir, il franchit une première fois les quatre degrés du dhyâna ; et il expire dans un nouvel effort avant d'avoir atteint le quatrième (3).

Quels sont donc les quatre degrés du dhyâna ou de la contemplation ? Les voici, tels que les donnent les Soûtras de Népâl et ceux de Ceylan, pleinement d'accord sur cette théorie fondamentale. Il est presque inutile d'ajouter que le religieux qui se livre au dhyâna est dans la solitude la plus complète, et que, délivré de tous les soins mondains et à l'abri de tous les troubles qu'ils entraînent, il ne pense qu'au salut éternel, au nirvâna, sur lequel seul sa pensée est désormais fixée.

Le premier degré du dhyâna est le sentiment intime de bonheur qui naît dans l'âme de l'ascète, quand il se dit qu'il est enfin arrivé à distinguer profondément la nature des choses. L'ascète alors est détaché de tout autre désir que celui du nirvâna ; il juge et il raisonne encore ; mais il est affranchi de toutes les conditions du péché et du vice ; et la contemplation du nirvâna, qu'il espère et dont il s'approche, le jette dans une extase qui lui permet de franchir le second degré.

(1) Voir plus haut, p. 33, *Rgya tch'er rol pa*, de M. Ed. Foucaux, t. II, p. 125.

(2) *Idem*, *ibid.*, et *Journal des Savants*, cahier de juillet 1854, p. 411.

(3) M. G. Turnour, *Journal of the asiat. soc. of Bengal*, t. VII, p. 1008, et M. E. Burnouf, *Lotus de la bonne loi*, Appendice n° 18, p. 801.

A ce second pas, la pureté de l'ascète reste la même ; le vice et le péché ne le souillent plus ; mais, en outre, il a mis de côté le jugement et le raisonnement ; et son intelligence, qui ne songe plus aux choses et ne se fixe que sur le nirvâna, ne ressent que le plaisir de la satisfaction intérieure, sans le juger ni même le comprendre.

Au troisième degré, le plaisir de la satisfaction a disparu ; le sage est tombé dans l'indifférence à l'égard même du bonheur qu'éprouvait tout à l'heure encore son intelligence. Tout le plaisir qui lui reste, c'est un vague sentiment du bien-être physique dont tout son corps est inondé. Il n'a point perdu cependant la mémoire des états par lesquels il vient de passer, et il a encore une conscience confuse de lui-même, malgré le détachement à peu près absolu auquel il est arrivé.

Enfin, au quatrième degré, l'ascète ne possède plus ce sentiment de bien-être physique, tout obscur qu'il est ; il a également perdu toute mémoire ; bien plus, il a même perdu le sentiment de son indifférence (1) ; et désormais, libre de tout plaisir et de toute douleur, quel qu'on puisse être l'objet, soit au dehors, soit au dedans,

(1) Sur cette explication du quatrième degré du dhyâna, je suis en désaccord avec les explications qu'en donne M. Eugène Burnouf, *Lotus de la bonne loi*, p. 806. Selon lui, la mémoire et l'indifférence, au lieu d'être détruites à ce degré suprême, sont au contraire perfectionnées ; mais je ne puis comprendre en ce sens le mot de *viçouddham*, dont se sert le texte sanskrit. Ce mot signifie « purifié » plutôt que « perfectionné » et je pense qu'en effet il faut qu'au quatrième degré l'ascète soit pur de toute mémoire et même de toute indifférence pour que ce degré se distingue du troisième et qu'il soit le plus élevé de tous.

il est parvenu à l'impassibilité, aussi voisine du nirvâna qu'elle peut l'être durant cette vie (1). D'ailleurs cette impassibilité absolue n'empêche pas l'ascète d'acquérir en ce moment même l'omniscience et la puissance magique, contradiction flagrante dont les Bouddhistes ne s'inquiètent pas plus que de tant d'autres.

Tels sont les quatre degrés du dhyâna, d'après toutes les autorités bouddhiques. Ils n'ont rien qui puisse surprendre ceux qui ont étudié le mysticisme, et qui savent par quelles éliminations successives on réduit l'âme à ce néant passager qu'on appelle l'extase. Les mystiques d'Alexandrie, ceux du moyen-âge et de la renaissance, ont connu, comme les Bouddhistes et les Brahmanes, ces élaborations intérieures de l'âme luttant contre elle-même pour arriver enfin à détruire momentanément toutes ses puissances. Plotin, Gerson, sainte Thérèse croient par là s'unir à Dieu lui-même et se confondre avec lui (2). Les Bouddhistes n'ont pas cette prétention, puisqu'ils ne connaissent point de Dieu, et que, dans tout le système de Çâkyamouni, cette grande idée de l'être infini n'apparaît pas un seul instant.

On voit maintenant ce qu'est pour les Bouddhistes le dhyâna, route et conquête préliminaire du nirvâna. Mais, comme si la pensée n'était pas assez claire, le Bouddhisme ajoute aux quatre degrés du dhyâna, tel que nous venons de les énoncer, quatre autres degrés supérieurs, ou si l'on

---

(1) Pour cette théorie du dhyâna, il faut consulter surtout le *Lalitavistara*, le *Sâmanna phala soutta*, pâli, et le mémoire spécial qu'a consacré à cette question M. E. Burnouf, *Lotus de la bonne loi*, Appendice n° XIII, p. 800 et suiv.

(2) Voir mon rapport sur l'*École d'Alexandrie*, préface, p. 44 et suiv.

veut, correspondants : ce sont les quatre régions du monde sans formes. L'ascète qui a franchi courageusement les quatre premiers pas en est récompensé en entrant dans les régions de l'infinité en espace ; de là il monte un degré nouveau, dans la région de l'infinité en intelligence. Parvenu à cette hauteur, il atteint une troisième région, celle où il n'existe rien. Mais, comme dans ce néant et ces ténèbres, on pourrait supposer qu'il reste du moins encore une idée qui représente à l'ascète le néant même où il se plonge, il faut un dernier et suprême effort, et l'on entre dans la quatrième région du monde sans formes, où il n'y a plus ni idées, ni même une idée de l'absence d'idées (1).

Je ne sais si je me trompe ; mais il me semble que la doctrine du dhyâna est un commentaire décisif de celle du nirvâna ; et que si, par cet état transitoire de l'extase, c'est déjà un néant transitoire comme elle et anticipé que l'on poursuit, on ne peut chercher dans le nirvâna lui-même qu'un néant éternel et définitif. Si ce n'est pas là le véritable sens qu'il faut donner au nirvâna des Bouddhistes,

(1) Voir, pour les quatre régions du monde sans formes, le *Saggutti soutta*, pâli, dont M. E. Burnouf a traduit le passage le plus important, *Lotus de la bonne loi*, p. 814. M. Abel Rémusat a été le premier qui se soit occupé de ces obscures théories, bien plus difficiles encore à comprendre au travers des traductions chinoises. On peut remarquer en outre que, dans la théorie des sept places de l'intelligence, la dernière et la plus haute est celle « où il n'existe absolument rien ; » (*Mahânidâna Soutta*, pâli, *Lotus de la bonne loi*, de M. E. Burnouf, p. 542), et que le parfait affranchissement des religieux dans la théorie des Huit affranchissements est « l'anéantissement des idées et des sensations. » *Idem, ibid.*, p. 543 et 824.

qu'on dise alors quel est positivement celui qu'il y faut attacher. Le Bouddhisme n'a pas de Dieu; il n'a pas même la notion confuse et vague de l'esprit universel, dans lequel, selon la doctrine orthodoxe du Brahmanisme et du Sânkhya, va se perdre l'âme humaine. Il n'admet pas non plus de nature proprement dite; et il ne fait point cette distinction profonde de l'esprit et du monde matériel, qui est le système et la gloire de Kapila; enfin il confond l'homme avec tout ce qui l'entoure, tout en lui prêchant la vertu. Il ne peut donc réunir l'âme humaine, qu'il ne nomme même pas, ni à Dieu qu'il ignore (1), ni à la nature qu'il ne connaît pas davantage. Il ne lui reste qu'un parti à prendre, c'est de l'anéantir; et pour être bien assuré qu'elle ne reparaîtra point sous une forme quelconque, dans ce monde qu'il a maudit comme le séjour de l'illusion et de la douleur, il en détruit tous les éléments, ainsi qu'il a bien soin de le répéter mille fois lui-même. Que veut-on de plus? Si ce n'est pas là le néant, qu'est-ce donc que le nirvâna?

Je reconnais tout ce qu'il y a de grave dans une telle affirmation; oui, je l'avoue; quand on pense que le Bouddhisme compte aujourdhui sur la surface du globe tant de sectateurs, et qu'il est la croyance du tiers de l'humanité, expliquer le nirvâna comme je le fais, c'est dire que le tiers à peu près de nos semblables adorent le néant et ne placent qu'en lui leur espoir contre les maux de l'existence. C'est une foi hideuse, sans doute, mais ce n'est pas calomnier le Bouddhisme que de la lui imputer; et l'histoire se manquerait à elle-même en reculant de-

---

(1) Voir un passage décisif dans le *Tévidjdja soutta*, du Digha nikâya, *Lotus de la bonne loi*, de M. E. Burnouf, p. 494.

vant cette vérité déplorable, qui jette d'ailleurs tant de jour sur les destinées du monde asiatique.

On le voit donc : la morale et la métaphysique de Çâkyamouni se résument en quelques théories fort simples, quoique très-fausses : les quatres vérites sublimes, la transmigration, l'enchaînement mutuel des causes et le nirvâna, qu'explique le Dhyâna, qui le prépare et le précède. Il ne me reste plus qu'à juger la valeur de ces théories, en rendant justice aux parcelles de vérité qu'elles renferment, et en condamnant sans pitié tant d'erreurs monstrueuses que couvre vainement une grandeur apparente.

VII.

CRITIQUE DU SYSTÈME DE ÇÂKYAMOUNI.

Puisque j'ai à dire beaucoup de mal du Bouddhisme, je préfère commencer par le bien qu'on lui peut justement attribuer et que j'en pense. Ces éloges, tout limités qu'ils devront être, auront du moins ce résultat de tempérer la sévérité du jugement dont ils seront suivis. La condamnation, précédée de cet adoucissement équitable, ne paraîtra point une injustice ni une colère; et après avoir loué les bons côtés de cette grande doctrine, il sera moins pénible d'en blâmer les aberrations et d'en signaler les fatales conséquences.

Voici donc pour la part du bien; je ne veux pas l'exagérer; mais je ne voudrais pas non plus la réduire iniquement.

Ce qui me frappe d'abord dans le Bouddhisme, je ne parle que de celui du fondateur, c'est sa direction toute pratique. Le Bouddha se propose un très-grand objet, qui n'est pas moins que le salut du genre humain, ou même le salut de l'univers; et il marche à son but par les voies les plus directes et les plus faciles. Il est vrai que se donnant pour philosophe, la spéculation, avec ses analyses et ses profondeurs, ne lui serait point interdite; mais les Brahmanes en avaient fait un tel abus, que le réformateur aura cru devoir s'en abstenir. En effet, il faut bien prendre garde, en voulant descendre jusqu'aux principes des choses, de s'enfoncer dans des ténèbres inutiles et de ne parler qu'à une école au lieu de s'adresser à la foule. La philosophie, lors même qu'elle ne prétend point à devenir une religion, ne doit jamais perdre de vue son devoir suprême, qui est de servir l'humanité ; et le philosophe est assez peu digne de ce nom, qui est le seul à se comprendre, et à se sauver par la vérité qu'il découvre. Si cette vérité devait rester un avantage individuel, elle n'aurait point tout son prix ; et comme pour la masse des hommes, la pratique de la morale importe bien plus que les principes sur lesquels elle repose, il faut savoir gré aux chefs des intelligences de les pousser à bien vivre plutôt encore qu'à bien penser. La réforme, avant qu'on ne la tente, peut avoir été précédée et affermie par ces longues études que la science exige ; mais quand le réformateur paraît enfin sur le théâtre du monde, son enseignement, qui n'est désormais qu'une prédication, doit être aussi clair et aussi simple que possible. Il parle au vulgaire et non point aux savants. Il doit conduire les esprits plus encore que les éclairer ; il promulgue des préceptes plus qu'il n'approfondit des théories.

Cependant, tout en voulant convertir et guider la multitude, Çâkyamouni ne cherche point à l'attirer par de grossières séductions. Il ne flatte point bassement ses convoitises naturelles ; et les récompenses qu'il lui promet n'ont rien de terrestre ni de matériel. Loin d'imiter tant de législateurs religieux, il n'annonce à ses adeptes ni conquêtes, ni pouvoir, ni richesse ; il les convie au salut éternel, ou plutôt au néant, qu'il prend pour le salut, par la voie de la vertu, de la science et des austérités (1).

(1) Je ne parle pas du pouvoir magique et des facultés surnaturelles que, dans les doctrines bouddhiques, la science et la vertu confèrent à ceux qui sont parvenus aux degrés supérieurs de la sainteté. Les légendes sont pleines de ces superstitions et

C'est présumer sans doute beaucoup des hommes; mais ce n'est pas présumer trop. C'est un bonheur d'entendre ces nobles appels à la conscience humaine dans des temps si reculés, et dans des pays que notre civilisation un peu hautaine s'est habituée à trop dédaigner. Nous croyons que ces grandes aspirations n'appartiennent qu'à nous seuls, et nous sommes surpris autant que charmés d'en découvrir ailleurs des traces et des reflets. Dans les Védas et dans la religion qui en était immédiatement sortie, le réformateur ne trouvait rien de pareil (1); et ce n'est point là qu'il a puisé des leçons de renoncement et d'abnégation. Mais la philosophie brahmanique s'était élevée plus haut que ce culte égoïste où l'homme ne demande aux dieux que de le faire vivre, en échange des hommages ou plutôt des aliments qu'il leur offre; elle avait porté ses regards dans les régions supérieures de l'esprit; et le système de Kapila suffit pour attester qu'en prêchant le salut éternel, Çâkyamouni ne fait point une innovation (2). Tout le monde, dans l'Inde brahmanique, a cette

de ces extravagances, qui sont à l'usage des Brahmanes longtemps avant que le Bouddhisme ne les adopte et les sanctionne à son tour. Voir mon *Premier mémoire sur le Sânkhya*, dans les Mémoires de l'Académie des Sciences morales et politiques, t. VIII, p. 193 et 389. Mais je ne crois pas que le Bouddha lui-même ait jamais fait de ces promesses fallacieuses; il laissait ce charlatanisme et ces jongleries à des adversaires qu'il méprisait.

(1) J'ai essayé, dans mon travail sur les Védas, de faire voir combien la religion qu'ils avaient fondée était étroite et intéressée; voir le *Journal des Savants*, cahier d'avril 1854, p. 209.

(2) Voir le *Premier mémoire sur le Sânkhya*, Mémoires de l'Académie des Sciences morales et politiques, tome VIII, p. 377,

préoccupation solennelle ; l'ascète des Çâkyas la partage ; mais il ne la crée pas.

La gloire qui lui est propre, et que nul ne lui dispute, c'est cette charité sans bornes dont son âme paraît embrasée. Le Bouddha ne songe point à s'assurer personnellement le salut et la libération ; il cherche par-dessus tout à sauver les autres êtres ; et c'est pour leur montrer la voie infaillible du Nirvâna qu'il a quitté le séjour de la joie, le Touchita, et qu'il vient subir les hasards et les épreuves d'une dernière existence. Il ne rachète pas les créatures en s'immolant pour elles dans un sacrifice sublime ; il se propose seulement de les instruire par son enseignement et par ses exemples. Il les conduit sur la route où l'on ne peut plus errer, et il les guide au port d'où l'on ne revient plus. Sans doute l'esprit chrétien connaît des doctrines plus belles et plus hautes ; mais six ou sept siècles avant qu'il ne renouvelle le monde, c'est déjà une bien grande idée que celle d'associer tous les hommes, tous les êtres dans une foi commune, et de les confondre dans un égal estime et dans un égal amour.

Voilà comment le Bouddha a pu dire sans orgueil et sans erreur que « sa loi était une loi de grâce pour tous (1) ; » et comment, sans attaquer le régime odieux et dégradant des castes, il a ruiné cependant ce fondement de la société brahmanique. Il n'a pas vu, je l'avoue, le vrai principe de l'égalité humaine, puisqu'il n'a jamais

---

(1) Le Bouddha le dit en propres termes, en répondant aux railleries des Brahmanes qui se moquent de lui, quand il convertit Svâgata, le fils d'un marchand tombé dans la plus hideuse misère, *Svâgata Avadâna*, dans le Divya Avadâna, cité par M. E. Burnouf, *Introd. à l'hist. du Bouddh. ind.*, *p.* 981 : Samantaprâsâdikam mê çâsanam, dit Çâkyamouni.

compris l'égalité morale. Mais s'il n'a pas connu la véritable nature de l'homme, il a su du moins que tous les hommes sont égaux devant la douleur, et qu'ils doivent l'être aussi devant la délivrance. Il veut leur apprendre à s'affranchir pour jamais de la maladie, de la vieillesse et de la mort; et comme tous les êtres sans aucune exception sont exposés à ces maux nécessaires, ils ont tous droit à l'enseignement qui doit les y soustraire en les éclairant. Devant l'identité de la misère, il fait tomber les distinctions sociales, ou plutôt il ne les aperçoit pas; l'esclave est pour lui tout autant que les fils de rois (1). Ce n'est pas à dire qu'il n'ait point déploré les abus et les maux de la société dans laquelle il vivait; mais il a été frappé bien plus encore des maux inséparables de l'humanité même, et c'est à ceux-là qu'il s'est dévoué, parce que les autres en comparaison doivent sembler bien peu de chose. Le Bouddha ne s'est point attaché à guérir la société indienne; il a voulu guérir le genre humain.

Il faut louer cette grandeur et cette généralité de vue. L'homme certainement n'est pas tout entier dans la douleur; et en cela la théorie est fausse; mais il est vrai que tous les hommes y sont plus ou moins soumis, et c'est une entreprise généreuse que de vouloir les en délivrer.

Les moyens qu'emploie le Bouddha pour convertir et purifier les cœurs ne sont pas moins conformes à la dignité humaine : ils sont pleins d'une douceur qui ne se dément point un seul instant dans le maître, et qui subsiste aussi tendre, aussi invincible dans ses disciples les plus éloignés (2). Il ne songe jamais à contraindre les hommes,

(1) Si, parmi les principaux disciples de Çâkyamouni, Koçyapa était un Brahmane, Oupâli et Kâtyâyana étaient des Çoûdras.

(2) On peut voir toute la biographie d'Hiouen-Thsang dans la traduction de M. Stanislas Julien.

il se borne à les persuader. Il s'accommode même à leur faiblesse ; il varie de mille manières les moyens de les toucher ; et quand un langage trop direct et trop austère pourrait les rebuter, il a recours aux insinuations plus douces de la parabole. Il choisit les exemples les plus vulgaires, et il se met à la portée de ceux qui l'écoutent par la naïveté des formes dont il revêt ses leçons. Il leur apprend à soulager le poids de leurs fautes par la confession, et à les expier par la sincérité du repentir.

Il va même plus loin. Comme c'est un grand mal déjà que d'avoir à réparer la faute, l'essentiel serait de montrer aux hommes à ne point la commettre. Puisque c'est la vertu qui doit les racheter, il faut faire en sorte de les rendre impeccables ; s'ils ne font pas de chute, ils n'auront point à se relever. De là, dans la doctrine de Çâkyamouni, ces préceptes si sages et si positifs, ces défenses toujours si justes et parfois si délicates de certaines actions. C'est une lutte incessante contre le corps et ses passions qu'il entreprend et qu'il conseille : le corps est à ses yeux le seul ennemi de l'homme ; et bien qu'il ne donne pas lui-même à sa pensée une expression aussi formelle, son ascétisme n'a pas d'autre objet. Il faut que l'homme dompte le corps ; il faut qu'il éteigne les désirs brûlants qui le consument. Si le Bouddha prescrit plus particulièrement aux religieux engagés dans les ordres un célibat absolu, il n'en recommande pas moins à tous les fidèles la chasteté et la pudeur, que le Brahmanisme offensait sans aucune retenue, et dont un instinct secret révèle à tous les hommes l'obligation et le charme.

A ces vertus déjà bien difficiles, il en ajoute d'autres plus difficiles encore et non moins utiles : c'est la patience, c'est la résignation, qui n'exclut point l'énergie à souffrir courageusement des maux inévitables : c'est l'indifférence et l'héroïsme sous le coup de toutes les infortunes et de toutes les douleurs ; c'est l'humilité surtout, cet autre renoncement aux biens et aux splendeurs du monde, que n'ont point pratiqué seulement les pauvres mendiants, « fils de Çâkya, » mais les rois eux-mêmes au faîte de la toute-puissance. De l'humilité au pardon des offenses, il n'y a pas loin ; et bien que le Bouddha n'en ait pas fait l'un de ses préceptes étroits, sa doctrine tout entière mène à cette tolérance mutuelle dont les hommes en société ont tant besoin. La croyance même de la transmigration l'aidait singulièrement. Devant une insulte, un outrage, une violence, le premier sentiment du Bouddhiste n'est pas de s'emporter. Il ne s'indigne pas, attendu qu'il ne croit pas à l'injustice. Il se dit que dans une existence antérieure il a commis tel péché qui, dans celle-ci, lui attire et lui mérite tel châtiment. Il ne s'en prend qu'à lui seul du malheur qui le frappe ; et au lieu d'accuser son ennemi ou son oppresseur, il n'accuse que lui-même. Loin de penser à se venger, il ne voit qu'une leçon dans les maux qu'il endure, et son unique soin c'est d'éviter désormais la faute qui les a rendus nécessaires, et qui en se renouvelant renouvellerait aussi la punition qui a déjà dû la suivre. Quand le jeune prince Kounâla, dont les légendes racontent la touchante histoire (1), est soumis à un supplice aussi douloureux qu'inique, il pardonne à la marâtre qui le poursuit, il pardonne à un père abusé ; et il ne pense qu'aux fautes passées par lesquelles il a provoqué contre lui-même tant de désastres.

(1) Voir plus haut, page 154, l'histoire du prince Kounâla, fils du fameux roi Açoka, qui régnait sur la plus grande partie de la presqu'île indienne. On se rappelle que ce prince a les yeux arrachés.

Cette résignation qui, dans les faibles, peut si aisément tourner à la peur et à la lâcheté, rend sans doute trop facile aux forts et aux méchants la domination et le despotisme ; sans doute elle favorise la tyrannie dans ces climats qui n'ont jamais connu qu'elle. Mais, entre des mains intelligentes, quel élément d'ordre et de paix sociale ! quel apaisement de toutes ces passions qui troublent trop souvent la concorde et font naître des guerres implacables !

Joignez-y l'horreur du mensonge, ce respect de la parole humaine, cette sainteté du lien qui met les intelligences en communication ; joignez-y cette réprobation de la médisance et même des discours frivoles ; joignez-y encore le culte de la famille, la pieuse vénération pour les parents, la considération et l'estime pour les femmes, jugées dignes de tous les honneurs religieux à l'égal des hommes ; et vous serez étonnés que le Bouddhisme, avec tant de vertus sociales, n'ait pu parvenir à fonder, même en Asie, une société ni des gouvernements tolérables. D'abord il a échoué dans l'Inde elle-même où il est né ; et dans les pays où il s'est réfugié, son influence, toute heureuse qu'elle a pu être à certains égards, n'a point prévalu jusqu'à réformer les mœurs politiques de ces peuples. Ils sont restés partout soumis au joug le plus avilissant et le plus arbitraire. Les trop faibles germes déposés par le Bouddha dans sa doctrine, et que développaient quelques rois comme Piyadasi, ne se sont point fécondés ; et aujourd'hui notre civilisation même ne peut leur rendre la vie, en pénétrant dans ces contrées où le Bouddhisme garde encore toute sa vigueur. Il est à craindre que tous nos efforts bienveillants et libéraux ne soient vains contre ces institutions déplorables, qui ont pour elles la sanction des siècles, les habitudes invétérées des peuples, leur indifférence et leurs superstitions incurables. Sans doute, je ne voudrais pas juger le Bouddhisme tout entier sur ce seul signe ; et il ne faudrait pas le condamner sans autre examen, par cela seul que les sociétés qui le pratiquent sont mal organisées. Mais cependant on peut trouver une mesure des religions dans les institutions sociales qu'elles inspirent ou qu'elles tolèrent ; et certainement l'une des marques les plus éclatantes de la grandeur du christianisme, c'est d'avoir produit ces sociétés et ces gouvernements libres qui marchent chaque jour, sous les yeux et aux applaudissements de l'histoire, à de nouveaux progrès, à une nouvelle perfection. On ne découvre rien de semblable dans les sociétés bouddhiques ; et en fait de politique et de législation, le dogme du Bouddha est resté fort au-dessous du Brahmanisme lui-même. Il a bien pu instruire et sanctifier quelques individus prenant pour modèle et pour appui ce noble idéal de Çâkyamouni ; mais pour les nations, il est resté impuissant plus encore que ses adversaires, et il n'a presque rien pu faire ni pour les constituer, ni pour les régir équitablement.

Il est donc assez probable, rien qu'à une première vue, que le Bouddhisme, malgré ses mérites apparents, renferme des vices cachés qui l'ont rendu stérile ; je vais m'attacher à les découvrir et à les montrer. J'ai fait la part du bien ; il faut en venir maintenant à celle du mal, qui sera beaucoup plus grande.

Toute cette morale a beau afficher le renoncement et l'abnégation ; au fond elle est étroite et intéressée. Elle ne repose que sur une seule idée, qui n'est ni la plus juste ni la plus haute, celle du salut éternel, entendu encore comme les Bouddhistes l'entendent, dans le sens du néant ou Nirvâna. C'est la récompense offerte à tous les efforts de l'homme ; c'est le but suprême de la Loi ; c'est le prix ineffable promis à toutes ses vertus. Sa vie s'ordonne sur cette fin d'après les enseignements et les exemples du maître; mais il n'agit jamais qu'en vue de la rémunération qu'il espère. Il éteint toutes les autres convoitises; mais il garde celle-là; il dompte tous les autres désirs; mais il grandit ce désir insatiable de tous ceux qu'il lui sacrifie. Je dis qu'il y a là de quoi fausser la morale tout entière; et j'attribue sans hésiter à cette préoccupation égoïste de la récompense et à l'idée du Nirvâna presque toutes les fautes du Bouddhisme.

L'homme fait bien sans doute de songer durant toute cette vie que quelque chose doit la suivre. Il fait bien de se régler sur cette conséquence inévitable, quelle qu'elle soit d'ailleurs selon les croyances qu'il adopte; il fait bien de penser à l'éternité, qui lui peut expliquer à la fois et d'où il vient et où il retourne. En face de cette grande idée, il peut sentir également et toute sa faiblesse et toute sa valeur; elle peut lui donner la clef de son destin, s'il sait l'interroger avec discrétion et sagesse. Mais il doit se garder de l'abaisser et de la détruire, en n'y voyant et en n'y cherchant qu'une récompense, qui, tout élevée qu'elle peut paraître, n'en devient pas moins un salaire. La pensée du salut éternel n'est plus alors une vertu; c'est un calcul; et comme rien n'est plus mobile et plus changeant que le calcul et l'intérêt, l'homme se trouve jeté sur une voie où il ne peut faire que des faux pas. Dans une religion plus vraie et plus sainte, il peut s'en remettre à la justice de Dieu du soin de récompenser ou de punir éternellement; mais, dans une religion qui ne reconnaît point de Dieu, malheur irréparable de la religion bouddhique, l'homme demeure son propre juge; c'est lui qui, de son autorité privée, décide de ce qui mérite le salut ou de ce qui s'en éloigne; il prononce dans sa propre cause; et ce n'est guère le moyen de demeurer équitable et infaillible.

Il croit pratiquer la vertu, tandis qu'en réalité il ne pratique qu'un incessant égoïsme, qui se cache et se fortifie jusque dans les austérités les plus rudes et dans les détachements les plus orgueilleux. On ne fait jamais que son propre salut ; on ne peut faire celui des autres ; tout au plus peut-on, comme le Bouddha, leur montrer la voie. Mais il faut qu'ils y marchent, et l'on ne saurait y marcher pour eux. Le salut est donc exclusivement individuel ; il met l'homme dans un isolement complet. Plus l'homme s'en préoccupe, plus il s'éloigne de ses semblables, qu'il néglige tout au moins, quand il ne va pas jusqu'à les mépriser et à les fuir. Aussi les religieux, qui sont comme la milice de la religion nouvelle et qui en représentent les champions les plus fidèles et les plus accomplis, sont-ils à peu près étrangers à la société, qui pourtant les nourrit. Ils y passent leur existence effacée autant qu'inutile, en y vivant des aumônes que leur prépare le travail d'autrui, et en y portant des haillons que leur humilité ne dédaigne point, mais que leur main n'a point tissus. L'ascète est ravi tout entier au monde dans lequel il vit, par le monde auquel il aspire ; et en admettant qu'une paresse qui s'ignore par fois elle-même ne trouve pas son compte secret à cette prétendue sainteté, à qui cette sainteté peut-elle servir, si ce n'est à l'ascète lui-même ? Que deviendrait la société, y compris les anachorètes qu'elle soutient par sa facile libéralité, si chacun voulait imiter de si pieux exemples ? Le renoncement est une belle chose sans doute ; mais quand on prétend, comme Çâkyamouni, sauver le genre humain, il faut songer à tous les hommes sans exception ; il ne faut pas songer à quelques privilégiés. Vous abolissez les castes que vous trouvez établies, en ne vous arrêtant point aux limites illégitimes qu'elles prescrivent ; c'est bien ; mais vous créez vous-même une autre caste, qui n'est plus large qu'en apparence, et qui de fait reste plus étroite encore que les autres. Par la nature même des choses, la pensée du salut, à moins qu'on ne la restreigne dans de justes bornes, devient dangereuse autant qu'elle est fausse ; si elle envahit toutes les actions de l'homme, elle les gâte ; et, sans parler du mal qu'elle peut faire à la société, elle corrompt l'âme de l'individu, qui ne songe plus qu'à soi, et qui, malgré sa vanité d'initié et d'adepte, ignore profondément ce que doit être le véritable et unique mobile de toute sa conduite ici-bas.

C'est qu'en effet il n'y a point à présenter à la conscience humaine, surtout quand on se croit philosophe, d'autre mobile que l'idée du bien. Ce n'est pas simplement la plus désintéressée et la plus noble des idées ; c'est encore la plus vraie et la plus pratique. Pour peu que l'homme veuille descendre en lui-même, il la trouve au fond de son cœur vivante et infaillible ; le plus souvent, sans le savoir, c'est sur elle qu'il règle la plus grande partie de son activité. Si l'on veut remonter jusqu'à son origine, elle nous mène à Dieu, dont elle nous révèle la vraie nature ; si on la suit dans ses conséquences, elle nous explique le monde, qu'elle seule peut faire comprendre. Placée au faîte des idées les plus évidentes et les plus hautes, c'est elle qui éclaire toutes les autres, comme c'est elle qui les engendre. Eh bien ! cette idée, qui est le fond même de notre âme, de notre raison, de notre intelligence, comme elle est le fond de l'univers et de Dieu, n'apparaît point dans le Bouddhisme. Çâkyamouni ne semble pas s'être douté qu'elle existât. Dans la philosophie grecque, Socrate et Platon se sont fait la gloire impérissable d'avoir donné à l'idée du bien sa véritable place dans l'âme de l'homme, dans le monde et en Dieu. Ce flambeau, une fois allumé par leurs mains, n'a fait que jeter de jour en jour plus de lumière et d'éclat parmi nous. Dans le Bouddhisme, au contraire, pas une lueur de cette flamme divine ne s'est montrée; pas une étincelle durable n'en a jailli; et ce soleil des intelligences, comme Platon le nomme, ne les a jamais éclairées dans le monde indien. Les cœurs, les âmes, les esprits, y sont restés plongés dans les plus noires ténèbres; et les siècles, loin de dissiper cette obscurité, n'ont fait que l'épaissir. L'idée de la récompense, substituée à celle du bien, a tout perverti. Un voile impénétrable et sombre a été répandu sur toutes choses; et l'homme n'a pu désormais rien comprendre ni à lui-même, ni à la nature dans laquelle il vit, ni à Dieu, qui les a faits l'un et l'autre. C'est de cette première et capitale erreur que toutes les autres sont découlées.

Une des conséquences les plus certaines et les plus fatales, c'est d'abord que l'idée du bien, une fois méconnue, le Bouddhisme a, du même coup, ignoré celle du devoir. Chose étrange! dans un système où le mot de devoir (dharma) apparaît à chaque ligne des ouvrages sans nombre qu'il a produits, la notion même du devoir a complètement échappé. On y voit bien l'obéissance à la loi du Bouddha, une soumission aveugle à ses leçons, une vénération sincère pour ses vertus qu'on s'efforce d'imiter. Mais un conseil, un ordre, n'oblige pas moralement; tout ce qu'il peut faire, c'est de contraindre extérieurement, et tant que la conscience et la raison n'ont point parlé, le devoir n'apparaît point. On n'est pas lié parce qu'on obéit; on n'est point obligé parce qu'on se courbe sous un joug, ce joug fût-il le plus raisonnable et le plus salutaire. C'est donc au for intérieur, aux arrêts seuls de la conscience que le législateur moral doit toujours s'adresser, et surtout quand il se condamne, comme Çâkyamouni, à se passer de Dieu, source suprême de tout bien et de tout devoir.

Autrement il fait peut-être de fervents adeptes, et, au besoin, de très-fidèles sujets ; mais il ne fait pas des hommes. Il n'enseigne ni n'inspire la vertu ; tout au plus enseigne-t-il la prudence. Quand le jeune Oupagoupta résiste aux séductions d'une belle et riche courtisane (1), ce n'est pas en se disant que la continence est un devoir et qu'il fait bien de combattre de coupables désirs ; c'est en pensant qu' « il est mieux pour ceux qui aspirent à l'affranchisse- « ment et qui veulent échapper à la loi de la renaissance, « de ne point aller voir cette femme. » Ainsi il calcule son salut ; et, comme il craint de le risquer en succombant, il s'abstient, non pas par vertu, mais par intérêt. Il n'a donc point compris le devoir, tout en accomplissant une louable action ; il n'est point moralement vertueux, tout en restant vainqueur dans cette lutte délicate contre lui-même. J'avoue que c'est déjà beaucoup que le bien se fasse, quel que soit d'ailleurs le motif dont l'acte s'inspire. Mais le mérite moral n'est réel et complet que si l'agent se guide uniquement par la pensée du devoir, qui n'est au fond que l'idée même du bien. L'une et l'autre manquent absolument à la doctrine du Bouddha.

On peut signaler une seconde conséquence non moins fâcheuse ; c'est le scepticisme. Sans doute il n'est pas poussé aussi loin dans les Soûtras de la prédication qu'il le fut plus tard dans la Pradjnâ Pâramitâ, qui en arrive à nier tout à la fois et l'objet connu et le sujet connaissant, la réalité des choses et la réalité même de la conscience. Mais, sans être tombé dans ces excès, Çâkyamouni ne proclame pas moins résolument la vanité et le néant

---

(1) Voir ci-dessus p. 156. J'ai loué plus haut la chasteté d'Oupagoupta ; ici je tâche de faire voir ce qu'il y a de moralement incomplet dans le motif qui le décide.

de toutes choses, en face du Nirvâna, qui seul à ses yeux est immuable. « Tout est vide » est un de ses axiomes favoris, sur lequel il appuie avec le plus de sécurité le renoncement qu'il prêche aux hommes. Certainement, parmi les phénomènes au milieu desquels nous devons vivre, il en est beaucoup qui sont transitoires et passagers. Il en est bien peu qui soient permanents et qui portent « le « caractère de la fixité, ce vrai signe de la Loi, » comme le disait le jeune Siddhârtha dans ses premières méditations (1). Mais tous les êtres ne sont pas « vides au dehors, vides au dedans, » ainsi qu'il le pensait ; et s'il avait su s'interroger lui-même avec un peu plus d'attention et d'exactitude, il aurait trouvé le terrain solide et inébranlable, où l'homme peut poser d'infaillibles pas. L'homme peut nier tout ce qui l'entoure ; il peut douter de tous les phénomènes qu'il porte en lui. Mais il a beau faire ; il ne peut douter de sa propre conscience quand elle lui reproche la faute qu'il a commise, ou qu'elle le loue du bien qu'il a fait (2). Il ne se demande peut-être pas, comme le prétend une doctrine plus subtile encore qu'elle n'est vraie, si le principe en vertu duquel il agit peut devenir une loi universelle ; mais il se dit assurément qu'il doit lui-même toujours agir comme il le fait, et que tout être raisonnable doit agir comme lui. Quand l'homme trouve ainsi l'ordre au dedans de son propre cœur, il lui est assez facile de le transporter dans le monde du dehors ; et le bien qu'il a découvert dans sa conscience, il le reconnaît aussi évident et plus immense dans l'univers, que le bien

---

(1) Voir plus haut, p. 38, et le *Journal des Savants*, cahier de juin 1854, p. 360.

(2) Je prends ici le mot de *conscience* dans le sens vulgaire ; il ne serait pas juste de demander davantage au Bouddhisme.

seul régit et anime. Il ne croit plus dès lors au vide; et les êtres acquièrent pour lui autant de substance qu'ils participent au bien. Il ne doute de leur réalité que dans la proportion même où ils s'en éloignent; et sur la ferme base où il s'est lui-même placé, toutes les notions de son intelligence se raffermissent en même temps qu'elles s'ordonnent. S'il en est quelques-unes qui chancellent encore, c'est qu'elles ne valent pas la peine qu'on les observe ou qu'on les fixe.

L'idée du bien bannit donc de l'âme le scepticisme; non-seulement elle éclaire l'homme; mais, de plus, elle le fortifie. En face de sa conscience, qui lui parle si haut, même alors qu'elle dépose contre lui, il n'est plus tenté de croire avec Çâkyamouni au seul témoignage de ses sens; et sans les récuser absolument, il sait désormais quel est le juste degré de confiance qu'il leur doit. Quand on ne regarde que le monde matériel, on peut à toute force nier que le bien ou le mal s'y trouvent; mais quand l'homme se regarde lui-même, il ne peut repousser la distinction du bien et du mal moral, à moins que sa perversité ne lui en fasse un criminel intérêt (1).

A mon sens, ceci explique très-bien le caractère le plus saillant du Bouddhisme, et le plus douloureux de tous ceux qu'il présente à notre observation, je veux dire sa profonde et irrémédiable tristesse. Quand on ne croit

---

(1) Comme dans le système de Çâkyamouni, il y a les meilleurs instincts, si ce n'est les théories les plus conséquentes, le Bouddha, tout sceptique qu'il est, combat énergiquement le scepticisme corrupteur des Brahmanes. Il faut lire particulièrement, pour bien juger de cette contradiction, le *Sâmanna phala sodtta*, pâli, *Lotus de la bonne loi*, de M. E. Burnouf, p. 453 et suiv.

au bien, ni dans l'homme, ni dans le monde, il est tout simple qu'on les prenne l'un et l'autre en aversion, et qu'on ne cherche de refuge que dans le néant. De là cet aspect désespéré de la vie qui, sous toutes les formes, se retrouve dans toutes les parties de cette doctrine, et qui l'assombrit sans cesse. On se croirait dans un sépulcre; et lorsque le Bouddhisme parle de la délivrance, il dit toujours du Nirvâna, qu'il vient détruire définitivement pour l'homme « ce qui n'est qu'une grande masse de maux. » Dès qu'on se fait de la vie une telle opinion, il semble qu'il n'y ait plus qu'à se débarrasser de cet odieux fardeau, et que le suicide soit le seul parti que l'homme ait à prendre en cette affreuse extrémité. Plus d'une légende nous prouverait qu'assez souvent les adeptes du Bouddhisme en ont tiré cette conséquence aussi logique qu'absurde. Mais Çâkyamouni, par une contradiction qui l'honore, a voulu que l'homme employât sa vie à se racheter de la vie même par la vertu. Il a voulu que, pour cesser de vivre à jamais, on commençât par vivre selon toutes les lois de la raison, telles du moins qu'il les comprenait, et que l'on conquît une mort éternelle par l'existence la plus pure et la plus sainte. Cette haute idée qu'il se fait de la vertu, seul gage du salut éternel, aurait dû, ce semble, éclairer le philosophe. La vie n'est donc pas si peu de chose qu'il le croit, puisque, après tout, elle permet à l'homme cet admirable emploi de ses facultés. Mais les ténèbres sont trop épaisses pour que cette lumière, toute vive qu'elle est, les traverse et les dissipe. Çâkyamouni ne voit dans l'existence que la douleur; et moitié par compassion pour ses semblables, moitié peut-être aussi par faiblesse et par un assez lâche retour sur lui-même, il consacre les efforts de son génie à soustraire l'homme à la loi fatale de la renaissance.

Mais ne dirait-on pas vraiment que la vie n'est qu'un long tissu de douleurs et de souffrances ? Sans doute, il faut reconnaître les maux nombreux qu'elle renferme et qui la déparent ; ce serait folie que de les nier. Mais sans parler des enseignements salutaires que l'homme peut tirer des maux mêmes qu'il endure, et dont trop souvent sa volonté dépravée est la seule cause, est-il donc vrai qu'il n'y ait que des maux dans la vie ? Et les joies de toute sorte qu'elle nous prodigue, depuis les joies naïves de l'enfance qui s'ignore jusqu'aux joies austères de la réflexion mûrie par l'expérience et de la conscience fortifiée par la sagesse ; depuis les plaisirs des sens jusqu'à ceux de l'entendement ; depuis le spectacle incessant et splendide de la nature jusqu'à celui de l'âme qui s'immole au devoir; depuis les affections de la famille jusqu'aux passions héroïques du patriotisme, que l'Inde elle-même n'a point ignorées, qu'en fait-on ? Prétend-on aussi les nier ? Mais si l'on tient tant de compte des maux, croit-on qu'il est bien juste de dédaigner tant de biens incontestables ? Est-ce apprécier équitablement les choses que de ne les considérer que sous une seule des deux faces contraires qu'elles présentent ? Il ne serait peut-être pas beaucoup plus sage de nier les maux de la vie aussi énergiquement que le Bouddhisme les affirme. Mais l'optimisme, s'il n'est pas parfaitement vrai, l'est sans comparaison beaucoup plus que le désespoir. Il soutient du moins les courages en les rassurant; s'il fausse un peu l'esprit, il ne l'abat point ; il l'élève au lieu de le dégrader; il lui donne certainement plus de lumières que la thèse opposée, puisque dans la vie humaine et dans le monde, la somme des biens l'emporte sur la somme du mal aux yeux des juges impartiaux et pour des cœurs un peu virils.

Il y a, en outre, je ne sais quelle pusillanimité à ne songer qu'aux maux tout extérieurs, la vieillesse, la maladie et la mort, et à oublier les autres maux bien autrement graves et redoutables, en soi et par leurs conséquences, qui attaquent l'âme et qu'on appelle des vices. Le Bouddhisme s'est donné la peine, dans une casuistique raffinée et savante, de classer avec le soin le plus minutieux toutes les nuances du *Kléça*; c'est par centaines qu'il les a distinguées. Et pourquoi, je le demande, tout ce labeur? Au fond ce n'est pas le vice que le Bouddhisme veut éviter, et qu'il déteste; c'est le Nirvâna qu'il recherche et qu'il veut conquérir; et comme le vice peut empêcher le salut et la délivrance, on craint le vice et on ne le repousse qu'indirectement. Ce qu'on redoute uniquement et par-dessus tout, c'est la douleur qui fait frémir d'effroi une sensibilité trop peu courageuse, c'est le déclin de l'âge qui fane les belles couleurs de la jeunesse, c'est la vieillesse qui détruit les forces, c'est la mort, enfin, qui n'est qu'un passage de cette existence de douleurs à une autre existence plus douloureuse encore. Ce qu'il faut éviter à tout prix, et même au prix de la vertu, ce n'est pas la dégradation morale, suite du vice; c'est cette dégradation corporelle qui, loin de désoler le sage, doit, au contraire, le fortifier en l'instruisant. Il serait injuste d'aller jusqu'à prétendre que Çâkyamouni ne s'inquiète en rien du mal moral et qu'il n'en fait aucun état. Mais ce qui est vrai, c'est qu'il le subordonne, et que le mal physique est le principal objet de ses craintes et de ses préoccupations.

Et ici, admirez la contradiction. Tout en redoutant outre mesure les maux de la vie, et en cherchant à s'en délivrer éternellement par le néant, le seul moyen, ou du moins le plus efficace que l'on trouve de se guérir de l'existence, c'est d'en faire une torture et un supplice pendant les cours instants qu'on la possède en l'exécrant. Quel code que celui que Çâkyamouni impose à ses adhérents les plus aimés et les plus fidèles! quelles observances que celles qu'il prescrit à ses religieux et qu'il pratique lui-même! Des haillons et des linceuls pour vêtements, des forêts pour abris, des aumônes pour nourriture, des cimetières pour lieux de méditation, la plus rigide abstinence, la proscription de tous les plaisirs, même les plus innocents, le silence habituel qui éloigne les plus chers entretiens! c'est presque déjà la tombe. Sans doute l'austérité même de cette doctrine, qu'on ne limite pas à un cloître, mais qu'on prêche au monde, prouve l'ardeur sincère de la foi qui la recommande. Il faut une bien énergique conviction pour se prescrire de si douloureux et de si longs sacrifices. Mais si la vie est déjà un aussi grand mal, pourquoi aggraver encore ce mal nécessaire? Pourquoi à ces misères inévitables ajouter volontairement ces mortifications sous lesquelles le corps succombe? Ne serait-il pas plus conséquent à la doctrine qu'on enseigne de faire de la vie une continuelle jouissance, et du plaisir la seule occupation de l'homme? Ne faut-il pas tâcher d'atténuer la douleur loin de l'irriter encore? Il est vrai qu'on ne touche pas les hommes en leur prêchant le plaisir, et que cette lâche doctrine, qui peut séduire quelques esprits corrompus, n'est pas faite pour entraîner les foules tout ignorantes et sensuelles qu'elles sont. Çâkyamouni a eu raison de ne pas descendre à cette bassesse que sa grande âme eût repoussée; mais l'ascétisme n'était pas l'application qu'il devait logiquement tirer de ses principes.

Ainsi, ignorance de la notion du bien; égoïsme aveugle; méprise absolue sur le devoir; scepticisme à peu près universel ; aversion fanatique de la vie qu'on méconnaît; pusillanimité devant ses douleurs ; tristesse inconsolable dans un monde que l'on comprend mal, voilà déjà bien des erreurs ; mais le Bouddhisme en commet de bien plus fortes encore. Il est assez prouvé que la nature véritable de l'homme lui a complètement échappé, et que, tout en instituant contre le corps une lutte incessante et implacable, ce n'est pas au profit de l'âme qu'il a travaillé. Il ne distingue pas l'âme du corps, ni l'esprit de la matière. Réduisant l'intelligence tout entière à la sensibilité extérieure, il ne paraît pas avoir soupçonné dans l'homme les deux principes qui le composent et qui expliquent toute sa destinée. Le Sânkhya du moins avait tracé profondément cette démarcation essentielle ; et tout en se trompant sur les conséquences qui la suivent, il avait fait à l'esprit une large part, sans lui faire d'ailleurs sa part véritable. Çâkyamouni est sous ce rapport bien au-dessous de Kapila. Il reste athée comme lui ; mais à un spiritualisme très-décidé quoique bâtard, il substitue, en s'adressant à la multitude, un matérialisme grossier qu'il accouple aux plus mystiques austérités.

Non-seulement il confond dans l'homme les deux principes si opposés qui le forment ; il confond de plus l'homme lui-même avec tout ce qui l'entoure. Il le confond d'abord avec les animaux, qui le servent, et qui parfois le déchirent quand ils ne le fuient pas ; avec les plantes, qui le nourrissent et parfois l'empoisonnent ; enfin, chose presque incroyable ! avec la matière brute, où il n'y a plus trace d'organisation ni de vie, et que l'homme façonne à son gré, quand il veut y appliquer ses mains industrieuses. Oui, l'idée de la transmigration porte jusque-là pour Çâkyamouni, c'est-à-dire jusqu'à la monstruosité la plus flagrante. Il y a parmi nous des doctrines qui ravalent l'homme au niveau de la bête, et qui ne veulent reconnaître en lui qu'un animal un peu plus parfait que les autres. C'est déjà pousser assez loin la méprise ; c'est déjà observer bien mal et bien peu. Mais qu'est-ce que cette erreur, toute grave qu'elle est, auprès de celle où s'abîme le Bouddhisme ? L'homme, selon lui, n'est en rien distinct de la plus vile matière. Dans les existences successives et infinies qu'il peut fournir, il peut être toutes choses sans exception, depuis le plus relevé des êtres jusqu'au plus informe ; depuis l'organisation la plus merveilleuse et la plus compliquée jusqu'à l'absence même de toute organisation. Si les textes n'étaient aussi formels et aussi nombreux, si cette croyance n'était en parfait accord avec tout le reste du système, qui la suppose et ne peut se passer d'elle, on douterait vraiment qu'un paradoxe de cet ordre ait jamais pu séduire des intelligences humaines. Mais malheureusement le doute n'est pas permis, ainsi que je l'ai fait voir (1). C'est l'idée de l'unité de substance poussée aussi loin qu'elle peut l'être, dans toute son étendue et dans toute son absurdité. Spinosa et nos panthéistes modernes, qui se croient sans doute fort audacieux et fort conséquents, le sont bien moins que Çâkyamouni. Il va jusqu'au bout de ses idées, tandis qu'eux ils ne voient qu'une partie des leurs et s'arrêtent à mi-chemin. Par une sorte d'instinct qui leur fait sentir le gouffre ouvert devant eux, ils reculent sans le savoir ; et bien qu'ils ne fassent point à l'homme sa juste part dans leurs systèmes, où tous les êtres s'effacent et se confondent sous une obscure identité, ils n'osent point avouer ces blasphèmes dégradants où le Bouddhisme s'est complu. Il est vrai que, sous un autre rapport, ils ont fait à

(1) Voir plus haut, pag. 183 et suiv.

peu près comme lui en ne voulant reconnaître d'autre Dieu que l'homme lui-même. Mais de nos jours, ces extravagances impies sont moins faciles ; on en sait long sur l'âme de l'homme quand on a derrière soi la philosophie platonicienne et la méthode de Descartes, et qu'on vit dans le sein de la civilisation chrétienne. On peut encore méconnaître tout ce qu'apprend la psychologie, et tâcher, sinon de la réfuter, au moins de l'éluder en semblant l'ignorer ; mais on a beau faire dans cette voie déplorable, le sens commun résiste ; le philosophe qui s'égare sent confusément l'erreur où il se perd ; sa propre conscience, en protestant contre lui, ôte à son système une partie de sa force ; et sa conviction ébranlée suffit à peine à le dominer lui-même, loin de pouvoir entraîner les autres. Mais dans le monde indien où la véritable science n'a jamais été connue, où la psychologie est restée ignorée profondément, même des Brahmanes, quelque spéculatifs qu'ils soient, toutes les aberrations, toutes les folies sont possibles ; et il n'a fallu qu'un esprit énergique et résolu pour les pousser à bout. Il est allé, sans que rien pût l'arrêter, aussi avant que la logique le menait ; et comme l'observation psychologique lui restait fermée plus encore qu'à ses adversaires, il n'a senti aucune des fautes, ou plutôt des inepties dans lesquelles il tombait. Rien n'a surpassé la grandeur de sa conviction que la grandeur de son aveuglement.

Je crois qu'il est assez facile maintenant de comprendre comment le Bouddhisme est nécessairement athée. Quand on méconnaît à ce point la personnalité de l'homme, il est absolument impossible de se faire la moindre idée de Dieu. Cette dernière face de la doctrine de Çâkyamouni mérite de nous arrêter encore quelques instants : elle est sans comparaison la plus fâcheuse de toutes. Mais notre examen doit aller jusqu'à sonder ces plaies hideuses de l'esprit humain ; en détourner les yeux, ce ne serait pas faire assez pour essayer de les guérir.

C'est une chose bien singulière à dire, mais plus déplorable encore : dans tout le Bouddhisme, il n'y a pas trace d'une idée de Dieu. Cette grande notion, de quelque côté qu'on la prenne, lui a complètement échappé. Il ne l'a pas niée précisément, et il ne l'a pas combattue ; mais il n'a pas semblé se douter qu'elle existât dans l'âme humaine et qu'elle lui fût indispensable. Il l'a ignorée de la manière la plus absolue. Le Brahmanisme, à ce point de vue du moins, est bien plus élevé et bien plus savant. S'il n'a point compris l'unité de Dieu, il l'a cherchée sans cesse sous l'esprit universel du monde ; et cette préoccupation, qui ne le quitte point un seul instant, lui fait parfois entrevoir la véritable lumière. Dans quelques hymnes des Védas, dans quelques-unes des Oupanishads surtout, on voit le génie brahmanique tout près de faire cette grande découverte de la raison. Il la pressent, il la touche ; et si l'on s'en tenait à son langage, on pourrait croire quelquefois qu'il possède toute la vérité. S'il ne l'a point encore, il est cependant sur la route où on la trouve ; et l'on peut espérer, grâce à des lueurs éclatantes, bien que fugitives, qu'elle ne lui échappera pas longtemps. Dans le Bouddhisme, au contraire, ces lueurs se sont éteintes entièrement, et pas une étincelle n'indique qu'elles puissent se ranimer et revivre. Tout est ténèbres ; et l'homme, réduit à lui seul, se trouve si faible et si délaissé qu'il se jette avec une sorte de frénésie dans la mort et dans le néant, d'où il est sorti et où il a hâte de retourner. Spectacle navrant et bien propre à susciter les réflexions les plus douloureuses ! Nous nous étions habitués à supposer que la notion de Dieu ne manque jamais, à un degré ou à un autre, à l'intelligence humaine. Cette notion peut être confuse et obscure, disions-nous; mais elle n'est point absente; et nous nous imaginions la retrouver jusque dans la grossièreté brutale des peuplades les plus sauvages. Eh bien ! voilà une grande doctrine, résultat des plus longues et des plus sincères méditations; voilà un système de philosophie, si ce n'est très-profond, au moins très-conséquent et très-étendu ; voilà une religion acceptée et pratiquée par des nations innombrables, où cette notion essentielle qui nous semblait indéfectible, n'apparaît pas, même dans sa nuance la plus effacée, et où l'homme se perd si absolument dans son égoïsme et ses terreurs puériles, qu'il ne voit absolument rien en dehors de lui-même. Il croit à son malheur de toutes les forces de sa lâcheté, et pour se délivrer, il n'en appelle qu'à lui seul, tout misérable qu'il est. Ce serait merveille si le Bouddhisme, sur un tel chemin, parvenait au port ; et quand on se rappelle d'où il part, il n'y a pas lieu de s'étonner qu'il soit arrivé au naufrage.

La personne humaine a été méconnue par lui dans ses signes les plus extérieurs et les plus manifestes. Mais elle l'a été bien plus outrageusement encore dans sa nature intime et dans son essence (1). La liberté, qui en est le caractère éminent, avec tout le cortége de facultés et de conséquences qui l'accompagnent, est oubliée, supprimée, détruite. L'homme agit durant toute cette vie sous le poids, non pas précisément de la fatalité, mais des existences antérieures dont il a fourni l'incalculable série. Il

---

(1) Dans un soûtra pâli consacré spécialement à l'exposition de la théorie des causes, *mahânidâna soutta*, il est dit en propres termes : « C'est le nom qui fait que l'individu se connaît lui-même. » *Lotus de la bonne loi* de M. E. Burnouf, p. 359.

n'est pas puni du mal ni récompensé du bien actuel qu'il fait ; il paie ici-bas la dette d'une vie passée qu'il ne peut réformer, dont il subit les résultats nécessaires, et dont il ne se souvient pas, quoiqu'il puisse en reconnaître les suites fatales. La transmigration le poursuit dans la vie présente; et, s'il n'y prend garde, elle va le ressaisir pour le rejeter encore dans le cercle qu'il a déjà parcouru, et d'où il ne pourra sortir. Il est vrai qu'il semble dépendre de lui d'écouter le Bouddha et de se sauver à sa voix, ou de fermer l'oreille et de se perdre. Mais cette option même, le seul point où l'homme paraisse libre encore, lui est à peine accordée; sa liberté n'est pas entière dans ce choix décisif; elle est entravée par un passé dont il ne dispose plus, et l'endurcissement à la loi libératrice qu'on lui prêche, peut-être le châtiment de fautes jadis commises, et que suit une faute nouvelle. L'homme n'est donc pas libre en cette vie. L'a-t-il jamais été ? A-t-il dépendu de lui au début des choses de commencer ou de ne pas commencer cet enchaînement d'existences successives? Qui l'a fait tomber pour la première fois sous le coup de cette redoutable loi ?

A toutes ces questions le Bouddhisme croit répondre par la fameuse et puérile théorie de l'Enchaînement connexe des causes réciproques. De degrés en degrés, il remonte de la mort à laquelle nous sommes soumis ici-bas, jusqu'au néant d'où il fait sortir les êtres, ou plutôt les ombres qu'il reconnaît en ce monde. Sans doute, c'est la naissance qui engendre la vieillesse et la mort; et tout naïf que cet axiome puisse paraître, il faut bien accorder que si l'on n'était point né on ne serait point exposé à mourir. Mais c'est jouer sur les mots que de dire que la vie est cause de la mort; elle n'en est que l'occasion. Sans doute encore une fois, si l'on ne naissait point, on ne mourrait point; mais la vie est si peu cause de la mort que vous reconnaissez la mort à son tour pour cause de la vie. La cause devient effet; et cet effet devient sa propre cause; c'est-à-dire qu'au fond vous vous contredites vous-mêmes, et que la véritable notion de cause vous échappe comme vous a échappé celle de la liberté. Le Bouddhisme lui-même semble faire aveu d'impuissance; et dans cette échelle qu'il parcourt, en la remontant ou en la descendant à son gré, c'est par le néant ou l'ignorance qu'il débute; c'est par l'ignorance ou le néant qu'il termine. Mais si l'ignorance est le point de départ de vos recherches, et si elle en est le terme, il est bien permis de douter de votre prétendue science; si vous partez du néant pour aboutir encore au néant, il vaudrait mieux avouer que vous ne connaissez rien, et que vous ne croyez à rien. C'est ce qu'a fait plus tard l'école de la Pradjnâ pâramitâ, plus audacieuse dans son nihilisme et plus conséquente que le fondateur même du Bouddhisme. Mais Çâkyamouni n'a point osé le dire, ou plutôt il s'est abusé lui-même en abusant les autres.

Ainsi, aucune idée de la personnalité humaine, aucune idée de la liberté, aucune idée de cause, voilà les éléments que le Bouddhisme emploie et qu'il croit avoir tirés de l'observation exacte et attentive de la réalité. Qu'avec de tels matériaux, il n'ait pas même tenté de construire l'édifice de la théodicée, il n'y a rien là qui doive nous étonner. Quand on comprend l'homme si imparfaitement, quoiqu'il pose sans cesse devant nos yeux et qu'on le porte en soi-même, il est tout simple que l'on comprenne aussi mal le monde, qu'on étudie encore moins, et que l'on ignore Dieu, que l'homme en effet ne peut comprendre qu'à l'aide de lui-même et du monde.

Mais ce qui doit surprendre à bon droit, et ce qui n'est

pas moins étrange que tout le reste, c'est que le Bouddhisme n'ait pas divinisé le Bouddha. Destitué de l'idée vraie de Dieu, il pouvait essayer de se donner le change, et, guidé par l'instinct secret dont la raison humaine ne peut s'affranchir absolument, il pouvait, à la place de Dieu, substituer une idole. Loin de là, le Bouddha reste homme, et ne cherche jamais à dépasser les limites de l'humanité, au-delà de laquelle il ne conçoit rien. L'enthousiasme de ses disciples a été aussi réservé que lui-même ; et, dans le culte innocent qu'ils lui rendaient, leur ferveur s'adressait à un souvenir consolateur et fortifiant ; jamais leur superstition intéressée ne s'adressait à sa puissance. Le Bouddha s'est mis personnellement, ou plutôt a mis l'homme, fort au-dessus de tous les dieux, absurdes et cruels du panthéon brahmanique ; ses sectateurs lui ont conservé cette place éminente et suprême ; mais ils ne sont pas allés plus loin. Ni l'orgueil de Çâkyamouni, ni le fanatisme des croyants n'a conçu un sacrilége. Le Bouddha, tout grand qu'il se croit, n'a point risqué l'apothéose ; et la tradition même, toute pieuse qu'elle a pu être, toute ardente qu'elle a été dans ses adorations, ne l'a point risquée non plus pour lui. Les temples et les statues lui ont été prodigués. Des milliers d'ouvrages ont été consacrés à raconter sa vie et même à célébrer sa puissance surnaturelle, mais jamais personne n'a songé à en faire un dieu.

Il ne faudrait pourtant pas faire honneur de cette retenue au bon sens des peuples bouddhistes. S'ils ont été aussi sages sur ce point délicat, c'est par des motifs assez simples que la raison ne dictait point, et qui, d'ailleurs, s'accordent trop bien avec l'aveuglement dont ces peuples ont donné le triste spectacle. Dans leur croyance, le Bouddha est si loin d'être un Dieu qu'il a été précédé de plusieurs autres Bouddhas, aussi saints que lui, et qu'il aura

pour successeurs d'autres Bouddhas non moins accomplis et non moins vénérables. Il a sauvé l'univers par sa doctrine ; mais c'est l'univers où il a paru, comme les autres ont sauvé ou sauveront l'univers dont ils seront ou dont ils ont été les guides. Le Tathâgata lui-même n'a-t-il pas prédit à une foule de ses auditeurs des destinées non moins brillantes que les siennes ? Ne leur a-t-il pas appris qu'ils seraient des Bouddhas aussi bien que lui ? Ne leur a-t-il pas décrit point par point les mondes splendides où ils règneront ? N'a-t-il point fixé la durée de leur règne ? Tout homme peut donc, comme le Bouddha lui-même, atteindre, par la vertu et par la sainteté, à cette haute dignité ; et tout adorable qu'est le Bouddha, tout ineffables que sont ses qualités, il n'est pas de disciple, quelque obscur qu'il soit, qui ne puisse les atteindre et les égaler. Si le Bouddha était un Dieu, par hasard, il y aurait autant de dieux possibles qu'il y a d'hommes capables de comprendre « les Quatres vérités sublimes, ou l'En-
« chaînement connexe des causes réciproques, et de
« suivre la Voie aux huit parties, qui mène au nirvâna. »

Voilà un premier motif qui a empêché les Bouddhistes, malgré la plus ardente et la plus sincère dévotion, de faire un dieu du Bouddha. En voici un second qui, pour être tout aussi puissant, n'est guère plus honorable pour leur raison.

Il est vrai que le Bouddha, dans toút le cours de sa vie, après le grand triomphe de Bodhimanda, n'a pas cessé de faire des miracles, et que les puissances les plus extraordinaires et les plus surnaturelles ont été son partage. Mais d'abord les Brahmanes, ses adversaires, luttaient avec lui, et faisaient assaut de prodiges. Ce n'était donc pas un privilége exclusif de Çâkyamouni. Il était plus fort que ceux qu'il combattait parce que sa science était plus grande que la leur. Il les surpassait en puissance, parce qu'il les surpassait en vertu. Et puis, ne sait-on pas que la science confère à l'homme des pouvoirs surhumains ? Ne sait-on pas que le yogui, quand il a passé par tous les degrés de l'initiation, parvient infailliblement à la puissance magique, et qu'il est désormais au-dessus de toutes les conditions de la nature ? Le Brahmanisme le plus éclairé a toujours eu cette ferme croyance; les systèmes de philosophie les plus sages l'ont propagée ; tout le monde dans l'Inde y a foi; et le Bouddhisme, s'il l'avait répudiée, se serait mis, par cela seul, fort au-dessous de ses antagonistes. Les miracles du Bouddha n'ont donc rien qui le distinguent. Il est donné à tous les hommes de parvenir à en faire de non moins étonnants. A ce titre il n'est pas plus Dieu qu'il ne l'est à tout autre.

C'est, on le voit, par un sentiment d'orgueil tout ensemble et par une superstition insensée que le Bouddhisme a été conduit à ne pas diviniser le Bouddha, sans parler de son incapacité insurmontable à concevoir en rien l'être infini.

On doit pouvoir maintenant se rendre compte assez bien de l'entreprise générale du Bouddhisme. Par une impuissance radicale de remonter plus haut, ou par une perversité de raison, il n'a demandé, pour comprendre et sauver l'homme, que l'homme lui-même. Il en a fait le plus grand des êtres, en quoi il ne s'est pas trompé s'il a voulu s'en tenir à ce monde; mais il en a fait un être subsistant par lui-même, n'ayant de supérieur ni pour son origine, ni pour sa fin, placé seul dans cet univers qu'il remplit de sa personnalité vague et partout répandue, sous les formes les plus contraires, ne s'occupant que de lui exclusivement, et ne songeant ni à la nature avec laquelle il se confond dans ses métamorphoses infinies, ni à Dieu qu'il ne connaît pas. Je ne dis point que l'idée manque d'une certaine grandeur apparente; mais je dis qu'elle manque de vérité, et que l'homme ainsi conçu n'est qu'un monstre qui, malgré ses prétentions, se prendra bientôt en horreur parce qu'il ne pourra parvenir à se comprendre. Mais il ne serait point équitable de combattre le Boudhisme avec la théodicée de Platon ou de Descartes, c'est-à-dire avec les lumières de peuples et de temps plus favorisés. Il faut n'employer contre lui que ses propres armes; et puisqu'il a fait de la douleur l'homme tout entier, il faut voir ce que la douleur est dans l'homme et ce qu'elle y suppose. Par cette voie comme par toute autre, il est possible à l'homme d'arriver à Dieu. Le chemin est plus pénible pour notre faiblesse, mais il n'est pas moins sûr; et Dieu n'éclate pas moins dans les maux que dans les biens de l'humanité.

J'ai reproché plus haut à Çâkyamouni d'avoir donné trop d'attention à la douleur physique (1); mais j'ai dit aussi qu'il avait fait une certaine part à la douleur morale. Il veut délivrer l'homme à jamais de la maladie, de la vieillesse et de la mort, en le délivrant de la loi de la renaissance; mais il veut aussi le soustraire au vice. Il ne nie donc pas que si l'homme souffre dans son corps, il ne puisse souffrir aussi, et plus vivement encore dans une autre partie de son être. Le *Kléça* comprend, dans sa vaste extension, le mal corporel et le mal moral; et quand Adjâtaçatrou vient faire au Bouddha lui-même l'aveu de son forfait parricide, c'est qu'il est déchiré par le remords. Il confie le secret de ses tortures au sage qui doit le soulager et le guérir. Ainsi le Bouddhisme reconnaît la douleur sous sa forme la plus poignante et la plus vraie,

(1) Voir plus haut, pag. 223 et 224.

quoique la moins apparente et la plus cachée. Seulement il insiste trop peu sur cette grande observation qui pouvait lui révéler toute la nature de l'homme, et le faire monter en même temps plus haut que l'homme lui-même.

On doit le demander au Bouddhisme : Y a-t-il au monde un autre être que l'homme qui puisse éprouver ces douleurs que la conscience lui impose dans certains cas, et que vous connaissez bien, puisque vous vous chargez de las apaiser par vos conseils et par les expiations solennelles que vous recommandez ? Croyez-vous que les êtres dont l'homme est entouré éprouvent comme lui ces supplices intérieurs auxquels les plus puissants des rois, tout assurés qu'ils sont de l'impunité, ne savent point se soustraire ? On vous concède, si vous l'exigez, que l'homme, avant de revêtir sa forme actuelle, a passé par tous les états de la matière, depuis la plus inerte jusqu'à la mieux organisée ; mais dans la disposition présente des choses, niez-vous que l'homme soit seul à subir ces tourments, suite de ses fautes et parfois de ses crimes ? Croyez-vous que les animaux les sentent comme lui ? Croyez-vous que la matière brute, que vous placez vous-même au-dessous des animaux, puisse également les sentir ? Non sans doute ; et malgré tous vos aveuglements, vous n'êtes point descendus jusqu'à celui-là. L'homme a donc le privilége de cette douleur qui n'est qu'à lui. C'est un fait qu'on ne saurait contester ; on peut le déplorer, comme on déplore la vieillesse et la mort ; mais on ne peut pas dire qu'il n'existe point.

D'où vient cette douleur à l'homme ? Et qui la cause en lui, quand elle arrive bouleverser tout son être, empoisonner toutes ses joies, et le mettre à l'agonie, au milieu de tous les enivrements du pouvoir ? Vous même vous répondez à cette question : l'homme n'éprouve ces affreuses douleurs que parce qu'il se sent coupable d'avoir transgressé la loi. S'il ne se disait point qu'il devait et pouvait agir autrement qu'il n'a fait, il n'aurait point le remords qui l'amène à vos pieds humble et soumis, malgré son orgueil et toute sa puissance. Mais cette loi qu'il a violée et qui le punit, ce n'est pas vous qui l'avez faite pour lui ; car ce grand coupable, quand il a commencé à se repentir, ne vous connaissait pas, et il ignorait que vous eussiez défendu le meurtre. C'est bien moins encore ce coupable lui-même qui a fait une loi dont le juste châtiment l'accable. Loin de la promulguer contre lui, il la détruirait, si l'abolir était en son pouvoir. Il effacerait, s'il ne dépendait que de lui, jusqu'au souvenir de sa faute, pour guérir en même temps les blessures que ce souvenir lui cause et rouvre sans cesse. Mais cette loi est supérieure à l'homme, elle ne relève pas de lui ; et en dépit de toute sa perversité, qui parfois la brave, il ne peut faire taire dans son propre cœur cette voix implacable, qui va peut-être trouver tout à l'heure des échos non moins terribles dans le cœur de ses semblables.

Je sais bien que le Bouddhisme peut répondre, si ce n'est par Çâkyamouni, du moins par Nâgârdjouna, auteur de la Pradjnâ pâramitâ, que si l'homme éprouve des douleurs morales de cet ordre, c'est par cet unique motif qu'il est ainsi fait ; que c'est sa nature (svabhâva) ; qu'il n'est pas besoin de chercher une autre explication ; que les êtres sont ce qu'ils sont par leur nature propre ; que l'homme a la sienne, comme les animaux, comme les plantes, comme les minéraux ont la leur ; et enfin que vouloir aller au-delà est inutile. Cette réponse n'explique rien au fond, précisément parce qu'elle refuse d'expliquer quoi que ce soit ; c'est une fin de non-recevoir universelle. Il faut se borner à observer des faits sans jamais prétendre remonter jusqu'à leur cause ; la douleur morale qui suit le crime est un fait, le Bouddhisme l'avoue ; et par l'organe de sa plus grande école de métaphysique, il déclare qu'il s'en tient là, et qu'il n'a point à s'enquérir d'où vient ce fait et quelle est son origine. Mais le Bouddhisme a beau se couvrir de cet argument facile, il s'est interdit à lui-même cette défaite trop commode. La réponse peut être à l'usage du scepticisme de disciples qui n'ont pris dans les leçons du maître que la moins bonne partie, et qui s'en tiennent à la plus sèche logique ; mais le maître ne peut l'admettre ; il n'a point passé avec cette hautaine indifférence devant la douleur morale, et loin d'y voir un effet de la nature propre de l'homme, c'est-à-dire un effet immuable, il a mis ses soins les plus attentifs et son espoir le plus noble à guérir ces maux qu'il ne croyait point incurables. Il a donc reconnu, non pas seulement que l'homme viole une loi supérieure à lui quand il commet la faute, mais de plus qu'il peut, d'une certaine manière, réparer le mal commis et rétablir entre lui et cette loi violée le rapport qu'a brisé son crime. Le Bouddha n'avait plus qu'un pas à faire : c'était d'attribuer cette loi, que sa vertu trouvait juste apparemment, à un être plus puissant que l'homme, et ami de l'ordre et du bien, qu'il sait révéler et maintenir par ces moyens énergiques et secrets.

Il semble même que le Bouddha pouvait encore aller un peu plus loin dans cette voie. Il n'avait qu'à interroger son âme héroïque et vertueuse, et à comparer la paix profonde et inaltérable dont il jouissait en sa conscience, avec les tempêtes dont il voyait l'âme des coupables agitée. Cette quiétude des bons, devant la loi qu'ils accomplissent, était un fait non moins certain que le trouble des méchants. Le Bouddha personnellement en était un admirable exemple. Il pouvait donc se dire que si l'auteur de la loi morale punit le mal, il récompense aussi le bien, et que sa mansuétude égale au moins sa rigueur.

Ces simples réflexions sur la douleur morale ne dépassaient point certainement le génie de Çâkyamouni ; et s'il les avait faites, elles étaient de nature à modifier le cours entier de ses pensées et à changer tout son système. Par cette voie, sans parler de tant d'autres que le spectacle de la nature extérieure lui pouvait ouvrir, il serait arrivé à mieux comprendre l'homme ; il serait arrivé surtout à calmer cette épouvante qui l'aveugle et le précipite dans le désespoir. En face de l'être tout-puissant qui est juste et qui sait être tout à la fois bienveillant et sévère, son âme se serait rassurée. Loin de voir dans la vie un supplice, il aurait reconnu une épreuve qu'il dépend de nous de rendre moins pénible. L'homme n'a point à déplorer sa condition ici-bas, puisqu'il peut l'améliorer et l'embellir. Il n'est pas perdu dans cet univers, puisqu'il se sent sous le joug de lois raisonnables et bienfaisantes. Il lui a été donné de s'y soumettre et de les comprendre. S'il peut les renverser, il peut aussi s'associer à elles, en y obéissant. Bien plus, il peut, dans une certaine mesure, s'associer à celui qui les a faites et qui les lui révèle également par la vertu et par le crime. Ce n'est donc pas à un dominateur ou à un tyran que le cœur de l'homme s'adresse, c'est plutôt à un père ; et il doit se dire que loin d'être égaré ou orphelin en ce monde, il peut y vivre comme dans une vaste famille, où il occupe un bien beau rang, puisque ce rang est le second.

Mais ce côté des choses, qui n'est pas seulement le plus grand, et qui est aussi le plus vrai, n'a pas touché Çâkyamouni. Il n'a regardé que le côté misérable de l'homme, et il s'est abandonné sans mesure à la douloureuse sympathie que lui causait ce spectacle lamentable.

Parce que l'homme meurt ici-bas après y avoir plus ou moins bien vécu, il l'a condamné à mourir éternellement. L'espérance du néant lui a paru devoir suffire à cet être uniquement préoccupé du souci d'échapper à la douleur. On souffre dès qu'on existe; et le seul moyen de ne pas souffrir, c'est de ne pas être. Le nirvâna est le seul refuge assuré; on est bien certain de ne plus revenir, du moment qu'on ne sera plus.

Mais il est temps de clore ces considérations déjà bien longues sur le Bouddhisme, et que je pourrais étendre encore en traitant ces grands sujets. Je résume mes critiques en les appliquant à quelques théories fondamentales:

La transmigration, qui est le point de départ de toute cette doctrine, n'est qu'une hypothèse insoutenable, que le Bouddha n'a point inventée sans doute; mais qu'il a acceptée et dont il a tiré les plus déplorables conséquences;

Sa morale est incomplète et vaine en ce qu'elle s'appuie sur une vue très-fausse de la nature de l'homme et de la vie;

Le nirvâna, ou le néant, est une conception monstrueuse qui répugne à tous les instincts de la nature humaine, et à la raison, et qui implique l'athéisme.

Réduit à ces termes, le Bouddhisme devrait inspirer encore plus de pitié que de mépris; et c'est à peine s'il serait digne des regards de l'histoire; mais il a dominé pendant des siècles, comme il domine encore sur des peuples sans nombre; et il offre à leur crédulité les tristes doctrines que je viens de passer en revue comme seul aliment de leur foi, qui est d'autant plus ardente qu'elle est plus absurde. Il les plonge, par l'idée de la transmigration, dans un monde fantastique qui ne leur permet de rien comprendre aux vraies conditions de celui dans lequel ils vivent. Sa morale, qui n'a pu sauver les peuples, n'a pu surtout les organiser en sociétés équitables et intelligentes. Sa doctrine du nirvâna les a ravalés même au-dessous des brutes, qui ont au moins sur l'homme cet avantage de ne point déifier le néant, auquel elles ne songent point. En un mot, il a méconnu, de quelque point de vue qu'on l'envisage, la nature, les devoirs, la dignité de la personne humaine. Il prétendait la délivrer, il n'a fait que la détruire ; il voulait l'éclairer, il l'a jetée dans les plus profondes ténèbres. Ses intentions ont pu être généreuses: mais son action générale, sauf quelques rares exceptions, a été fatale ; et l'on peut se demander avec une trop juste anxiété, si les nations qu'il a perdues pourront jamais trouver, ni même accepter, un remède aux maux qu'il leur a faits, et qu'il leur fera longtemps encore.

Sans doute le Brahmanisme, quand il expulsa de son sein la réforme bouddhique, par une persécution implacable, ne se dit point contre elle tout ce que nous pouvons lui reprocher au nom de la religion, de la philosophie et de la raison. Pendant près de mille ans, la société brahmanique eut pour les Bouddhistes une tolérance qui l'honore; elle les laissa répandre en paix leurs théories, comme elle laissait à d'autres prétendus sages une égale liberté. Selon toute apparence quand la persécution commença pour ne s'arrêter qu'après l'extermination, ce furent des motifs assez peu relevés qui la décidèrent et la rendirent si terrible. Des rivalités d'influence et d'intérêts, des luttes de domination et d'orgueil, poussèrent les Brahmanes à tant de rigueur après tant de longanimité ; et le Bouddhisme serait demeuré dans l'Inde qui l'avait vu naître, si par d'incessants progrès, il n'eût menacé l'organisation des castes et les priviléges de la plus puissante.

Mais, cependant, il est permis de croire aussi que le Brahmanisme, sans bien comprendre tout ce qu'avaient de hideux les doctrines bouddhiques, ressentit contre elles quelque chose de l'aversion qu'elles nous donnent. Il n'avait pas le droit, si l'on veut, de les répudier, car c'était lui qui les avait provoquées; et il les partageait à plus d'un égard; il croyait à la transmigration; et s'il n'admettait pas le nirvâna, il laissait planer sur les destinées de l'âme humaine une incertitude périlleuse; ou bien il l'absorbait dans la nature et l'esprit universel du monde. Mais le Brahmanisme ne voulut pas se reconnaître dans les affreuses conséquences tirées de ses principes. Il est possible que le Bouddhisme n'eût que le tort d'être trop logique; et qu'en partant de certaines données admises par tout le monde dans la société indienne, il ne se fût pas trompé dans ses déductions aussi rigoureuses qu'absurdes. Mais on eut horreur de lui; on redouta son mortel poison quoiqu'on l'eût préparé; et l'on renvoya ses ravages chez des peuples qui pouvaient vivre de ces doctrines délétères sans y succomber. C'était déjà trop que l'Inde eût été le berceau du Bouddhisme; on ne voulut pas souffrir qu'elle en devînt le séjour et le foyer durables.

L'histoire ne possède rien de précis ni de complet sur les phases de cette persécution; on ignore à peu près entièrement quelles en furent les causes particulières et les diverses péripéties. On sait beaucoup mieux comment le Bouddhisme naquit et se développa dans l'Inde, qu'on ne sait comment il y mourut, bien que ces derniers événements soient plus rapprochés de nous de onze ou douze cents ans tout au moins. Mais en attendant que des découvertes nouvelles nous dévoilent l'histoire de ces temps malheureux et nous expliquent les détails de ce fait immense, les causes générales n'en peuvent être douteuses : c'est l'intérêt matériel des Brahmanes, ce sont les intérêts moraux de la société indienne qui ont exigé cette expulsion violente. La prétendue réforme qu'apportait le Bouddhisme n'était qu'un mal plus grand. Le Brahmanisme, tout défectueux qu'il est, valait encore mieux que lui ; et par une de ces réactions que ne comprennent jamais les peuples qui les font et qui en profitent, on détruisit, à l'avantage d'erreurs anciennes et respectées, des erreurs nouvelles encore plus fâcheuses. La réforme disparut pour laisser une place méritée à la vieille croyance, et elle fut réduite à n'infecter que les nations voisines, si dégradées qu'elles purent encore y trouver un progrès. L'Inde n'y pouvait trouver qu'une chute dont elle se préserva peut-être avec plus de sagesse que de clémence. C'était un présent bien étrange que d'apporter aux hommes l'athéisme avec l'espoir du néant ; mais il y avait des hommes et des populations immenses pour qui c'était là une lumière, et que le Bouddhisme, tout monstrueux qu'il était, appelait du moins à une vie morale qu'elles n'avaient jamais connue. C'était beaucoup que de leur offrir l'idéal du Bouddha, même déparé par ces extravagantes ou abominables doctrines.

A la fin du XVII° siècle et dans le siècle suivant, une question s'était élevée entre quelques esprits éminents, à l'occasion de la Chine, que l'on commençait alors à mieux connaître : on s'était demandé s'il était possible qu'une société d'athées existât, et si l'accusation d'athéisme portée contre ce vaste empire avait quelque apparence de raison et de probabilité. Bayle rendit la discussion fameuse en se prononçant pour l'affirmative, que Voltaire devait contredire après lui. Les opinions furent très-partagées, et la question sembla demeurer indécise, en l'absence de faits suffisamment connus pour la trancher. Aujourd'hui, et en face des révélations si complètes et si évidentes que nous font les livres du Bouddhisme découverts et expliqués, le doute n'est plus permis. Les peuples bouddhiques peuvent être sans aucune injustice regardés comme des peuples athées. Ceci ne veut pas dire qu'ils professent l'athéisme, et qu'ils se font gloire de leur incrédulité, avec cette jactance dont on pourrait citer plus d'un exemple parmi nous; ceci veut dire seulement que ces peuples n'ont pas pu s'élever, dans leurs méditations les plus hautes, jusqu'à la notion de Dieu, et que les sociétés formées par eux s'en sont passées, au grand détriment de leur organisation et de leur bonheur. Mais, en fait, ces sociétés existent, très-nombreuses quoique impuissantes, fort arriérées quoique très anciennes, corrompues et raffinées, et profondément malheureuses par une ignorance et par des vices que les siècles ne font qu'accroître, loin de les corriger. Bayle avait donc raison de soutenir que de telles sociétés étaient possibles; nous savons aujourd'hui qu'elles sont réelles. Mais, peut-être aussi, faut-il dire avec Voltaire: « Ces peuples ne nient ni n'affirment « Dieu; ils n'en ont jamais entendu parler. Prétendre « qu'ils sont athées, est la même imputation que si l'on « disait qu'ils sont anti-Cartésiens; ils ne sont ni pour ni « contre Descartes. Ce sont de vrais enfants; un enfant « n'est ni athée, ni déiste; il n'est rien (1). » Ce jugement de Voltaire est encore le plus vrai et le plus consolant. Çâkyamouni n'est pas plus un athée que Kapila; seulement il a eu la faiblesse et le malheur d'ignorer Dieu; il aurait fallu qu'il l'eût combattu pour qu'on pût avec équité lui reprocher son athéisme. Les peuples auxquels

---

(1) Voltaire, *Dictionnaire encyclopédique*, article *Athéisme*.

sa doctrine devait convenir étaient aussi aveugles que lui, et il a été prouvé par la science de nos jours qu'ils ne connaissent pas Dieu, même de nom. M. Abel Rémusat a constaté que les Chinois, les Tartares et les Mongols, auxquels on pourrait, je crois, ajouter les Tibétains, n'ont pas de mot dans leur langue pour exprimer l'idée de Dieu (1). En présence d'un phénomène aussi curieux et aussi déplorable, que confirme d'ailleurs toute une religion, on pourrait se demander si l'intelligence de ces peuples est faite comme la nôtre, et si, dans ces climats où la vie est en horreur et où l'on adore le néant à la place de Dieu, la nature humaine est bien encore celle que nous sentons en nous. D'ailleurs, la foi de ces peuples, tout insensée qu'elle peut nous paraître, a été si exclusive qu'ils lui ont consacré leur pensée tout entière; ils n'ont de livres que leurs livres sacrés; ils n'ont pas permis à leur imagination, toute déréglée qu'elle était, de se distraire ou de s'égarer sur d'autres; et la plupart des nations bouddhiques n'ont de littérature que celle des Soûtras (2).

Si j'ai tant insisté sur le Bouddhisme, c'est d'abord à cause de son importance historique dans le passé et même dans le présent de l'humanité; mais c'est aussi pour prévenir, autant qu'il dépendra de moi, l'illusion qu'il peut faire à quelques esprits. Sans doute, il n'est pas à craindre que son effrayant ascétisme fasse des prosélytes parmi nous; la transmigration et le néant avec l'athéisme ne comptent pas, je crois, beaucoup de fidèles dans nos

---

(1) M. Abel Rémusat, *Foe Koue Ki*, page 138.
(2) C'est là, sans doute, ce qui fait que les Soûtras sont à la fois si nombreux et si extravagants; ils doivent tenir lieu de tout aux peuples qui croient au Bouddha.

rangs. Mais le Bouddhisme a certains côtés par lesquels il peut séduire. Le personnage du réformateur lui-même est fort grand ; et l'on peut dire qu'il est accompli. Dans sa vie, telle que nous la connaissons, il n'y a pas une faute, pas une tache. Les vertus qu'il a inspirées ont été très-sincères et parfois éclatantes, si d'ailleurs ses principes étaient faux. Héros lui-même, il a produit d'héroïques imitateurs. Cette morale, tout erronée qu'elle est, rachète du moins ses erreurs par une austérité que rien ne peut désarmer ; ses vices n'ont rien de vulgaire ni de bas ; le renoncement poussé à ce point, même quand il s'égare, est encore digne de quelque estime ; on peut plaindre la folie de l'ascète, mais on ne la méprise point. Je ne m'étonne donc pas que le Bouddhisme, surtout quand il était moins connu, ait provoqué quelque admiration. Les ressemblances même qu'il pouvait offrir avec le christianisme n'ont pas laissé que de tromper, non-seulement des esprits hostiles à la foi chrétienne, mais aussi des croyants. Les uns ont voulu y trouver un rival de la religion qu'ils combattaient ; les autres y voyaient un reflet des doctrines, objet de leur culte. Je crois qu'aujourd'hui toutes ces méprises, également insoutenables, doivent se dissiper. Le Bouddhisme est parfaitement original en ce sens qu'il n'a point emprunté à des peuples étrangers ou à des civilisations meilleures des principes et des théories qu'il a corrompus ; il est exclusivement indien, et il est sorti tout entier du passé de l'Inde elle-même : sans le Brahmanisme qu'il a prétendu réformer, sans les systèmes philosophiques qu'il a propagés, peut-être à son insu, il n'eût pas été possible, et il ne se comprendrait pas. Mais si le Bouddhisme n'a pas pris de leçons du christianisme, ce serait une erreur bien plus grande encore de supposer qu'il puisse lui en donner. Le

Bouddhisme est fort intéressant à connaître, je l'avoue, et des travaux comme ceux de MM. Burnouf, Hodgson, Schmidt, Csoma, Turnour, Stanislas Julien, Ch. Lassen, Foucaux, etc., méritent toute notre gratitude. Ils nous révèlent une page jusqu'à présent inconnue ou mal comprise des annales humaines; ils nous font pénétrer dans la vie morale et intellectuelle de ces peuples qui, après tout, sont nos frères, si ce n'est tout à fait nos semblables. Mais hors de là le Bouddhisme n'a rien à nous apprendre, et son école serait désastreuse pour nous. Malgré des apparences parfois spécieuses, il n'est qu'un long tissu de contradictions; et ce n'est pas le calomnier que de dire, qu'à le bien regarder c'est un spiritualisme sans âme, une vertu sans devoir, une morale sans liberté, une charité sans amour, un monde sans nature et sans Dieu. Que pourrions-nous tirer de pareils enseignements? Et que de choses il nous faudrait oublier pour en devenir les aveugles disciples! Que de degrés il nous faudrait descendre dans l'échelle des peuples et de la civilisation!

Le seul, mais immense service que le Bouddhisme puisse nous rendre, c'est, par son triste contraste, de nous faire apprécier mieux encore la valeur inestimable de nos croyances, en nous montrant tout ce qu'il en coûte à l'humanité qui ne les partage point.

FIN.

ERRATA.

Pages.

73. ligne 23, *au lieu de :* mois, *lisez :* années.
119. note 2, *au lieu de :* Williams, *lisez :* William.
121. note 2, *effacez :* pag. 363 de l'éd. de M. Max. Müller et.
123. ligne 14, *au lieu de :* position, *lisez :* punition.
166. ligne 19, *au lieu de :* troisième, *lisez :* second.
184. note 2, *au lieu de :* tome xxx, p. 13, *lisez :* p. 90.

TABLE DES MATIÈRES.

	Pages.
AVANT-PROPOS.	V à VII
I. — Chronologie du Bouddhisme.	1
II. — Caractère et vie de Çâkyamouni.	28
III. — Légende de Çâkyamouni.	83
IV. — De la Morale bouddhique.	124
V. — Influence de la Morale de Çâkyamouni.	150
VI. — De la Métaphysique de Çâkyamouni.	179
VII. — Critique du système de Çâkyamouni.	206
Errata.	249

Orléans. — Imp. de Colas-Gardin.

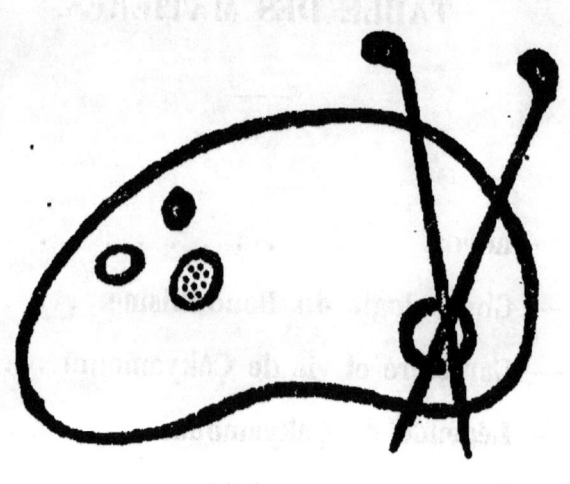

Original en couleur
NF Z 43-120-8

www.ingramcontent.com/pod-product-compliance
Lightning Source LLC
Chambersburg PA
CBHW070619170426
43200CB00010B/1848